CASUS CONSCIENTIAE

VOL. I.

De praecipuis huius aetatis peccandi occasionibus

FRANCISCUS TER HAAR C. SS. R.

CASUS CONSCIENTIAE

VOL. I.

De praecipuis huius aetatis peccandi occasionibus

Editio III recognita.

DOMUS EDITORIALIS MARIETTI
Sanctae Sedis Apostolicae et Sacrae RR. Congregationis Typographi

APPROBATIO

—

Permissu Superiorum Congr. SS. Redempt.

NIHIL OBSTAT

Augustæ Taurinorum, die 30 Aprilis 1944.

Can. ALOYSIUS CARNINO, *Censor Deleg.*

IMPRIMATUR

Can. ALOISIUS COCCOLO, *Vic. Gen.*

Printed in Italy — IUS PROPRIETATIS VINDICABITUR (20-V-44).

Copyright (1944) by Casa Editrice Marietti - Torino (Italy).

PROOEMIUM
ad primam editionem

Ex quo tempore opus nostrum « De Occasionariis et Recidivis » publici iuris fecimus, mens nostra erat de eadem materia scribendi etiam « casus conscientiae », velut prioris operis complementum. Nam etsi in ipso praxim cum theoria semper coniungere sategimus, multis tamen placet in concretis casibus videre, quo modo doctrina aliqua ad vitae usum applicetur.

Exstant utique multi iique optimi libri qui « casus conscientiae », « casus morales », etc. inscribuntur. Sed hi fere universam complectuntur theologiam moralem, cuius quidem pars longe maior, utut confessariis scitu necessaria, in ministerio tamen sacri tribunalis non ita saepe usu venit; paucis autem paginis in his absolvi solet illa pars quae de occasionariis et recidivis agit et quae usus est quasi quotidiani. Praesertim enim in recenti nostra societate in immensum creverunt et numero et varietate occasiones, antiquis temporibus fere ignotae, tum quoad fidem tum quoad mores, per quas aeterna salus christifidelium quotidie gravissimis periculis exponitur. Quam ob rem utile esse duximus de hac sola materia plurimos in unum colligere *casus practicos*, eosque varios et diversos « de praecipuis huius aetatis peccandi occasionibus ».

Atvero, quo magis hoc opus ad optatum finem conducat, valde opportunum esse aestimavimus proponere etiam *media aptiora magisque specialia*, a Christi ministris pro diversis suis officiis inculcanda vel adhibenda contra singulas illas occasiones, quibus mundus animas illaqueare et in aeternum barathrum pertrahere nititur. Quemadmodum enim Ecclesiae inimici hodie multo magis quam antea omnibus viribus et mediis per falsa principia et sensuum oblectamenta integram societatem christianam corrumpere et funditus evertere conantur: ita quoque sacerdotes Dei ad hoc potissimum accingant se oportet, ut omnibus quae praesto sunt mediis fideles ab his pravis occasionibus et oblectamentis abstrahant, eosque ad vitam vere christianam agendam perducant.

Quae hic diximus plane consentanea nobis videntur iis quae Summus Pontifex Pius XI praecepit in Epistola Apostolica, die 1ª Augusti 1922 data ad Emin. Cardinalem Bisleti, de excolenda « Theologia pastorali », « qua quidem, inquit, proxime animarum quaeritur salus » et in qua « erit temporum habenda ratio diligentissime. Multa enim in populi christiani mores rerum cursus induxit, patrum nostrorum inaudita temporibus: quae pernovisse hodie sacerdotem oportet, ut *nova novis remedia malis* in Iesu Christi virtute reperiat, et salutarem Religionis vim in omnes venas afferat humanae societatis »[1].

Hoc igitur novum opus theologico-pastorale ante omnes quidem scripsimus in commodum c o n f e s s a r i o r u m, qui hic non solum solutionem invenient casuum nostris diebus in sacro tribunali saepissime occurrentium, sed etiam remedia adhibenda quibus poenitentes mundi occasiones evitent vel necessario in hisce positi periculum peccandi remotum reddant. Casus illos solvimus iuxta mentem et spiritum S. Alphonsi, Ecclesiae Doctoris, qui a Leone XIII dictus est: « il più insigne e mite dei moralisti »[2], qui, ut ait Pius IX, « inter implexas theologorum tum laxiores tum rigidiores sententias tutam munivit viam per quam christifidelium animarum moderatores inoffenso pede incedere possunt »[3], cuius denique doctrina, sicut priore nostro opere ostendimus, non solum validissimis rationibus

---

[1] *A. A. Sedis*, 1922, p. 456.
[2] *Enciclica ai Vescovi d'Italia*, 8 Dec. 1902; cfr. Leonis XIII *Acta*, t. 22, p. 253.
[3] *Litt. Apost.* de S. Alphonso M. de Ligorio titulo Ecclesiae Doctoris aucto, die 7 Iulii 1871.

internis est innixa, sed gravissima etiam aliorum auctoritate est confirmata et ad nostra quoque tempora apprime accommodata[1].

Sed pariter illud destinatum esse voluimus animarum pastoribus, in primis p a r o c h i s, qui, pro gravi suo officio, multiplicia mundi scandala quantum possunt a suo grege amovere debent. Hi nimirum hic praeterea reperient varia media et consilia practica quibus etiam in foro externo haec scandala fructuose impugnare possint.

Valde quoque utile hoc opus fore aestimamus s a c r i s c o n c i o n a t o r i b u s, quippe quum abundantem praebeat materiam, multaque argumenta et monita pro vitae praxi, quo fiet ut eorum conciones et instructiones non in abstracto velut in aëre pendentes haereant, sed, sicut sermones Christi et Apostolorum, ad usum vitae quotidianae descendant et bonos fructus pro vita christiana informanda et reformanda proferant. — Denique spem fovemus fore ut etiam doctiores illi confratres, quibus incumbit casus conscientiae componere pro c o n f e r e n t i i s seu c o l l a t i o n i b u s m o r a l i b u s, hic haud pauca inveniant quae pro sui districtus clero dioecesano utilia esse possint.

Opus nostrum est bipartitum. In *prima* Sectione proponuntur casus practici de o c c a s i o n e p e c c a n d i in g e n e r e, variisque eius s p e c i e b u s, in quorum solutione et responsione simul notiones, principia, argumenta ad varias illas species pertinentia exponuntur. Hic praesertim saepe remisimus ad maius nostrum opus « De Occasionariis et Recidivis », cuius doctrinam haud raro brevi compendio contraximus, interdum etiam novis quibusdam additis explicavimus et confirmavimus. — In *altera* Sectione, eaque principali et longiore, complures proposuimus et solvimus casus de praecipuis nostrae aetatis peccandi o c c a s i o n i b u s in p a r t i c u l a r i ; atque ibidem maxime tractavimus remedia omnis generis ab Ecclesiae ministris contra diversas illas occasiones inculcanda et adhibenda.

Ut videt prudens lector, hic liber satis multum differt ab aliis libris qui « casus conscientiae » inscribuntur, quia copiosius prae re-

---

[1] Cfr. *De Occas. et Recid.*, n. 150, n. 153-158, n. 517-527.

teris tum theoretice tum practice tractat materiam in vita pastorali usu frequentissimam et idcirco scitu magis necessariam.

Praesens hoc opus humili animo et supplici prece commendamus Sanctissimo nostro Redemptori in undevicesimo anno saeculari Eius Mortis et Resurrectionis, quippe qui in hac vita degens tam saepe tantaque vi turbas suosque discipulos contra huius mundi scandala et peccandi occasiones praemonuit.

Romae, in Collegio S. Alphonsi, die 25 Decembris 1933.

NOTA. — Ubi in hoc libro lectorem remittimus ad *Opus*, semper intelligitur opus nostrum maius cui titulus: *De Occasionariis et Recidivis iuxta doctrinam S. Alphonsi aliorumque probatorum Auctorum*, pp. XVI-450; Marietti, Taurini-Romae, 1939; Pr. 35 *lib. ital.*

SECTIO PRIMA

DE OCCASIONE PECCANDI IN GENERE VARIISQUE EIUS SPECIEBUS

Quum genuina occasionis proximae definitio intime cohaereat cum notione periculi probabilis, primo in aliquot casibus de utraque notione agemus; sequuntur tum complures casus de variis occasionis proximae speciebus. Hinc

ARTICULUS I.

De periculo probabili et occasione proxima.

Casus I.

De notione periculi probabilis deque obligatione illud vitandi.

1. — Richardus sacerdos, curam agens alicuius paroeciae ruralis, in civitate in qua antea fuit vice-parochus seu capellanus, novit Annam quamdam, suam quondam poenitentem, quam iter faciens et per illam civitatem transiens visitare desiderat. Nullam quidem

causam seriam eam invisendi habet; hoc solum vult, quia haec visitatio ipsi et etiam Annae iucunda ac laeta erit.

Anceps autem haeret, num hoc sibi liceat. Cognitam enim habens tristi experientia suam fragilitatem in hac lubrica materia, suas graves tentationes et frequentem in bonis propositis inconstantiam, cognitam quoque Annae indolis amoenitatem et illecebras eiusque animi mobilitatem ac levitatem, omnesque alias circumstantias sincere secum recogitans, fateri debet, vere probabile esse se in hoc periculo cum Anna, osculis saltem vel amplexibus, graviter esse peccaturum. Attamen hac de re nequaquam moraliter certus est. Forte enim non solus cum sola conversabitur. Deinde in aliis similibus periculis frequenter quidem lapsus est, sed etiam frequenter victor egressus. Neque cum Anna hactenus graviter saltem peccavit; et firmiter proponit se in hac visitatione tentationi non esse cessurum, sed oraturum ut non cadat. Unde versatur in dubio positivo de futuro eventu: utrumque, tam lapsus quam eius vitatio, ipsi solide probabile videtur. Scit quidem Richardus ex theologia, iuxta S. Alphonsum aliosque plurimos auctores graviter prohibitum esse se tali periculo sine seria et proportionata causa exponere; sed pariter scit aliquot antiquos et recentes auctores benignius sentire et docere, solum periculum, in quo lapsus praevideatur moraliter quasi certus seu probabilissimus vel saltem omnino probabilior, sub gravi esse vitandum, non vero si etiam lapsus vitatio est quasi aeque solide probabilis. Neque haec sententia a Sede Apostolica proscripta est; imo etiam professor sui seminarii eam iudicabat practice probabilem. De peccato veniali parum cogitat, vel saltem hoc levi aliqua ratione, puta amicitiae aut honesti solatii, excusare conatur. In hac ergo animi dispositione Richardus censet legem prohibentem, saltem ob auctoritatem extrinsecam, esse dubiam; et idcirco, innixus principio reflexo, concludit, se sine peccato gravi Annam visitare posse. Sed tamen anxius adhuc manet. Quapropter confessarium aliquem interrogat, utrum hanc animi anxietatem pro scrupulo habere possit, an contra sub gravi teneatur ab hac visitatione abstinere.

Quaeritur I. Quid est periculum probabile peccandi?
   II. Estne sub gravi prohibitum committere se periculo solide probabili peccandi mortaliter?
   III. Quid de Richardi solutione eiusque rationibus dicendum?

I. DE NOTIONE PERICULI PROBABILIS PECCANDI.

2. — Periculum peccandi est aliquid homini sive internum sive externum, quod ipsum ad peccatum futurum moraliter movet et sollicitat. Periculum distinguitur duplex: 1° *Certum* (saltem lato sensu), quando eius coniunctio cum peccato futuro habetur moraliter vel quasi moraliter certa seu probabilissima; quod *a posteriori* constat, si quis in eo constitutus fere semper vel plerumque vel saltem omnino frequentius cecidit. 2° *Probabile*, quando haec coniunctio est quidem graviter probabilis, sed ita ut etiam peccati futuri vitatio solide probabilis habeatur. Hoc *a posteriori* constat, si quis in eo constitutus cecidit frequenter, etsi non plerumque aut frequentius; vel generatim *a priori*, « quando prudenter timetur ipsius lapsus », ut ait S. Alphonsus (VI, 452), ita tamen ut etiam probabiliter et prudenter expectetur lapsus vitatio. Hoc ultimum periculum dicitur ergo probabile, non quidem *in se* — quia periculum est certum —, sed *ratione effectus*, quia peccatum probabiliter tantum ex eo sequetur; a. v. quia praevidetur, aliquem, etiamsi nunc peccatum committere non velit, in periculo tamen constitutum eiusque illecebris sollicitatum, probabiliter suam voluntatem esse mutaturum in eoque lapsurum. Vocatur hoc periculum etiam *grave*, quum periculum non solide probabile dicatur *leve*.

II. DE OBLIGATIONE VITANDI PERICULUM PROBABILE.

3. — 1° Certum est apud omnes, exponere se periculo *levi* peccandi mortaliter non esse in se peccatum grave. Si tamen id sine ulla prorsus causa fiat, erit *per se* peccatum veniale, utpote actio irrationalis ac proinde levis quaedam inordinatio; imo *per accidens* paulatim propter consuetudinem grave peccatum fieri posset, ut ostendimus in *Opere* (n. 32).

2° Pariter certum est, non esse peccatum grave exponere se periculo *probabili* peccandi mortaliter, si adest causa *gravis et proportionata* admittendi tale periculum. Ratio est, quia, quum periculum non sit in se peccatum, illud admittere ideo dumtaxat fieri potest peccatum, quia esset causa indirecta inducens ad peccatum futurum. Sed quando quis habet rationem relative gravem illud admittendi, non temere se huic exponit, ac propterea, si adhibet remedia vigilantiae et orationis, merito a Deo expectare potest gratiam, qua adiutus in tali gravi periculo non sit lapsurus.

3° Exponere autem se *sine causa proportionata* periculo hic et nunc vere solideque *probabili* peccandi mortaliter, est peccatum grave; a. v. est *gravis obligatio* vitandi non solum certum, sed etiam probabile periculum peccandi mortaliter. — Ita S. Alphonsus (V, 63; VI, 453) cum sententia longe communiore theologorum, contra aliquos antiquiores et paucos recentiores, qui solum periculum moraliter quasi certum sub gravi vitandum esse contendunt, periculum autem probabile sub levi dumtaxat, si etiam lapsus vitatio probabilis appareat (*Opus*. n. 33 sqq.). Primam sententiam S. Alphonsus « omnino tenendam » esse dicit; et merito quidem. Probatur autem rationibus quae sequuntur.

4. — *a*) Qui sine ratione se committit periculo, in quo se probabiliter lapsurum praevidet, supremo Legislatori non levem, sed gravem irreverentiam infert, ipsoque facto eum contemnit; quia, etsi non verbis, facto tamen indifferentem se ostendit, utrum Ipse, occasione suae actionis, graviter offendatur necne.

Apposite Viva: « Eodem modo adversus reverentiam regi debitam delinquit, qui regem laedit, et qui citra necessitatem exponit se periculo illum laedendi » (*In prop. I Innoc. XI*, n. 16). Unde generatim S. Thomas: « Quicumque non cavet pericula, videtur *contemnere* id cuius detrimentum pericula inducere possunt » (*Quodlib*. III, a. 9, ad . 3) - (*Opus*. n. 36 sq.).

b) Ut quis certus sit, se in probabili peccandi periculo vel in gravi tentatione peccatum formale vitaturum — ad quod vitandum stricta obligatione tenetur —, expectare debet Dei gratiae auxilium quo adiuvetur. Homo enim lapsus sine gratiae auxilio, suis viribus relictus, graves illas tentationes non certo, sed probabiliter tantum superare potest. Est haec veritas theologice certa. Atqui ex-

pectare a Deo auxilium in gravi periculo, cui homo libere se obiicit
et a quo ipsemet se liberare potest, illud scilicet non adeundo vel
illud relinquendo, est gravis praesumptio et temeritas, imo, ut S. Thomas ait, tentatio Dei « interpretativa », quia « absque utilitate et
necessitate » hoc auxilium expectat. « In hoc Dei tentatio consistit,
quando praetermittit homo facere quod potest ad pericula evadenda,
respiciens solum ad divinum auxilium » (II-II, qu. 97, a. 1) - (*Opus.*
n. 38 sqq.).

Brevi ita Lehmkuhl: « Theologia docet hominem moraliter non posse suis
viribus gravem tentationem vincere, sed indigere ad id auxilio divinae gratiae,
quam in eiusmodi circumstantiis sperare temerarium est » (*Casus conscientiae*, II,
596). Neque petitio auxilii Dei tunc quidquam valet; « quin etiam, ut scite
advertit Wouters (*Man. Th. Mor.* II, 459), eiusmodi petitio ne honesta quidem
est », adeoque illicita, quia invocatur Deus ut adiutor peccati temeritatis. Profecto,
ut scripsimus in *Opere* (n. 39), absonum est dicere, Deum cum sua gratia actuali
qua peccatum vitetur semper praesto esse etiam ei qui sine causa se periculo
solide probabili Ipsum offendendi exponit, illudque relinquere potest sed non
vult. Unde si talem gratiam nihilominus peteret, saltem « interpretative » Deum
tentaret, ut ait S. Thomas; imo ille quasi irridens Deo diceret: « Et ne nos
inducas in tentationem », quandoquidem ipsemet sine ratione adeoque imprudenter se inducit in tentationem seu in periculum Deum graviter offendendi.

c) Deus statuit hunc ordinem, ut homo faciat quod possit ad
finem debitum consequendum, in casu ad vitandum peccatum mortale. Quod si facit homo, tunc Deus adiuvat ad ulteriora, quae homo
non potest et humiliter a Deo petit. Est haec iterum certa doctrina
catholica, quam post S. Augustinum concilium Tridentinum his
verbis exprimit: « Deus impossibilia non iubet, sed iubendo monet et
facere quod possis, et petere quod non possis; et adiuvat ut possis »
(sess. VI, cap. 11). Atqui qui sine causa proportionata se gravi et
probabili peccandi periculo exponit, certe non facit quod potest, ut
finem suum consequatur, a. v. ut peccatum vitet. Ergo in re gravi
perturbat ordinem a Deo statutum.

d) Ille homo peccat contra charitatem erga seipsum, utens
opinione probabili in periculo circa grave damnum animae suae, aliis
verbis, in *dubio facti*, cuius vitatio non pendet ex dictamine conscientiae suae. S. Alphonsus hoc argumentum, quod « convincens »
vocat, ita exponit: « Si est illicitum uti opinione probabili sine
iusta causa cum periculo damni alieni spiritualis vel corporalis, uti
certum est apud omnes: quanto magis id non licebit ubi periculum

imminet propriae animae?» (V, 63). Videlicet in utroque casu, tum damni temporalis vel corporalis, tum damni animae propriae, est gravis temeritas sine iusta causa se exponere probabili et gravi periculo. Licet enim quis nunc firme proponat se non lapsurum et hoc probabile reputet, probabile tamen etiam habet se in hoc periculo constitutum, ob naturalem suam inconstantiam et proclivitatem ad malum, voluntatem esse *mutaturum* et ita in peccatum, grave animae suae damnum, lapsurum (*Opus*. n. 41 sq.). Haec *gravis temeritas* in re tanti momenti, ut est peccatum mortale et mors propriae animae, facit, ut graviter *inhonesta* sit, non solum *actio futura* peccati probabiliter sequentis, sed etiam ipsa *actio praesens* se sine causa proportionata exponendi tali peccati periculo.

e) Denique qui vult ponere causam, vult etiam, saltem indirecte, effectum quem praevidet ex illa causa non solum certo, sed etiam vere probabiliter secuturum, nisi proportionata adsit ratio ponendi hanc causam: est enim ille effectus voluntarius in causa. Sic qui captus dulcedine veneni quod praevidet, non certo quidem, sed probabiliter mortem allaturum, illud nihilominus sine ratione sumit, ab omnibus suicidii reus habetur, etiamsi mors aeque probabiliter non sequatur; quia licet directe tantum intendat dulce venenum, tamen *indirecte* et *in causa* vult mortem. Alia exempla vide in *Opere* (n. 45). Atqui in casu nostro periculum est causa quae, iuxta praevisionem operantis, probabiliter producet effectum malum, nempe lapsum in peccatum; neque ulla est, ut supponitur, iusta et proportionata ratio ponendi hanc causam, id est adeundi hoc periculum. Ergo qui vult hoc periculum probabile, vult etiam, saltem *indirecte* et *in causa*, ipsum effectum seu peccatum probabiliter secuturum (ib. n. 44 sqq.).

Praeterea, talis homo ipso facto monstrat, se *hic et nunc* tantum habere *affectum* ad aliquam rem vel personam (in casu Richardus ad Annam), ut probabili periculo exponere velit gratiam et amicitiam Dei potius quam illam rem aut personam vitare. Nemo autem prudens, ut opinor, dubitabit, quin talis affectus animique sensus, voluntarie admissus, sit hic et nunc Dei gravis offensa. Est videlicet gravis incuria vel contemptus saltem implicitus supremi Legislatoris eiusque amicitiae; et sic redimus ad primam rationem (supra *a*).

Ex probatis profluit hoc magni momenti principium, quod Suarez sapienter his verbis enuntiat: « In moralibus perinde est aliquid facere et exponere se periculo faciendi » (*De sacram. in gen*. disp. 16, sect. 2).

5. — Has rationes fuse lateque expositas, dilucidatas et ab obiectionibus vindicatas vide in *Opere* (n. 36-51). Quapropter sententia paucorum contradicentium, nostro iudicio, vere probabilis dici nequit. Etiam S. Alphonsus, postquam illorum sententiam exposuit, simpliciter ait: « Omnino tenendum oppositum » (V, 63). Idem tenent ingenti numero praestantissimi theologi antiqui et recentes. Fuit enim haec sententia *moraliter communis* per duo saltem saecula, scilicet a medio saeculo XVII, quo haec quaestio in propriis terminis magis ex professo tractari coepit, usque ad ultimam partem saeculi XIX (*Opus*. n. 52-55, n. 63-65)[1].

Praefata argumenta, ut cuivis patet, pariter militant contra illam sententiam, quam quidam haud feliciter « mediam » vocavit, quae scilicet docet, obligationem gravem imponi non posse, nisi tantum sit periculum ut praevideatur in eo culpa *vere frequentior* quam victoria. Omnia enim illa argumenta hoc ipsum ostendunt, iam in dubio positivo, ubi utrumque: et lapsus (culpa) et lapsus vitatio (victoria), praevideatur quasi *aeque probabile* (vel aeque frequens), grave esse peccatum atque inordinationem sine iusta causa se tali periculo committere. Solum concedendum est, eo *gravius* esse peccatum mortale, quo *certius* et *probabilius* sit periculum, quia hoc casu maior ostenditur voluntatis pravitas et affectus ad peccatum.

---

[1] Auctoribus in *Opere* citatis nuperrime alii accesserunt. Sic egregius Salsmans S. I., qui in ultima editione « *Theologiae Moralis* » Génicot, huius auctoris sententia relicta, admittit iam severiorem S. Alphonsi sententiam. Ait enim: « Priorem sententiam (S. Alphonsi) *veriorem putamus*: quia reverentia summo Legislatori debita, caritas erga seipsum et supernaturalis prudentia sub gravi prohibere videntur, ne quis *temere* se mortali peccato exponat, in adiunctis scilicet ubi libere et expedite occasionem auferre potest, nec ullam bonam rationem habet ad eam adeundam. — Insuper unaquaeque *virtus* iubet ut non sine proportionata ratione homo se exponat occasioni, quae aequivalenter est causa per se violationis huius virtutis: quod si, ut in hypothesi, nulla est talis ratio, et peccatum timendum grave et connexio *vere probabilis*, non videtur cur non *graviter* haec virtus violaretur a temere se exponente » (II, n. 372; ed. 1931, p. 329). Idcirco editor merito etiam omisit omnia responsa Génicot ad argumenta S. Alphonsi, quae responsa nos in *Opere* (n. 40, 42) confutavimus. — Ita quoque cl. Napholc S. I. (*Periodica*, 1932, p. 142* sqq.), qui optime ostendit, nostram sententiam niti illo fundamento dogmatico, quod paucis supra (n. 4, *b*), *c*) et latius in *Opere* (n. 36 sqq., n. 43) exposuimus. Ait enim: « Utrum annon graviter peccet, qui sine iusta et proportionata causa se exponit periculo hic et nunc vere ac solide probabili peccandi mortaliter?... Non obstantibus motis difficultatibus, quaestioni affirmative respondendum esse censemus » (*l. c.*, p. 136*, 142*). Quod responsum ita probat: « Non potest (homo) *certo* vitare peccatum in gravibus tentationibus et periculis animae vere probabilibus, sed ad id gratia Dei indiget » (p. 143*). Atqui « prorsus negandum est, quod Deus gratia supernaturali contra tentationes et pericula spiritualia hominem munire soleat, quando non facit quod potest, immo ipsemet temere et sine iusta causa se illis committit » (p. 150*). Utramque propositionem et maiorem et minorem ulterius fuse probat. — Novissime etiam optime contrariam sententiam confutant Merkelbach, O. P. (*Summa Th. M.* III, n. 664), et Wouters, C. SS. R. (*Manuale Th. M.* II, n. 459).

III. Casus solutio.

6. — Richardus sub gravi tenetur ab hac visitatione desistere. Opposita enim sententia theoretice vere probabilis non est, et practice est valde periculosa. — Hoc argumentis convincentibus tum supra (n. 4), tum in *Opere* nobis probasse videmur atque confirmasse gravissima plurimorum auctoritate, quos inter ipse Caramuel qui, rationibus convictus, pristinam suam laxiorem sententiam laudabiliter confutavit et oppositae sententiae, quam iam suo tempore « communem » vocat, adhaesit (*Opus*. n. 54 et 64).

Neque Richardi rationes quidquam pro sententia quam sequi vult probant. Enimvero

a) Quod aliqui auctores antiqui et recentes hanc sententiam adhuc sustentant non facit eam pro praxi probabilem, tum quia hisce obstant multo plures et graviores theologi qui illam probabilitatem negant, tum quia probabilitate extrinseca tunc solum uti licet, quando vere dubia est aliqua sententia, non autem si opposita videtur moraliter certa. « Omnes docent, inquit S. Alphonsus, auctoritatem extrinsecam sapientum magni non posse esse ponderis, ubi intrinseca ratio certa videtur et convincens » (I, 82; 79, ed. Gaudé). — Praeterea accedit hic ratio prorsus specialis pro nostro casu, in quo agitur de periculo peccandi, non solum materialiter sed etiam *formaliter*, seu de periculo *damni* quod cuique vi legis naturae omnino vitandum est, sed cuius vitatio nulla ratione pendet ex probabilitate sententiae oppositae. Namque quod aliqui theologi hanc opinionem benigniorem adhuc speculative vel etiam practice solide probabilem habent, nequaquam impediet, quominus qui eam in praxim ducunt probabiliter in verum et formale peccatum sint lapsuri, propriaeque animae mortem sibi sint adscituri. Graviter igitur errant non solum hi aliqui theologi qui *directe* contrarium docent, sed etiam illi qui via *indirecta*, scilicet propter illorum aliquorum auctoritatem, eamdem opinionem laxiorem permitterent, iterumque in theologiam moralem inducerent et ita, inscii utique ac bona fide, causa essent multorum peccatorum formalium, quae utique impedivissent, si tutiorem S. Alphonsi aliorumque plurimorum sententiam fuissent secuti (cfr. infra n. 6, ad *e*).

b) Neque quod Ecclesia illam sententiam non condemnavit, ratio esse potest cur eam sequi liceat. Sedes enim Apostolica nullatenus suo silentio approbare intendit omnes quae circumferuntur opiniones, etiamsi ad eius tribunal delatae fuissent, uti expresse declaratur in decreto Innocentii XI (2 Martii 1679) quo 65 opiniones laxiores proscribuntur [1]. Unde etiam S. Alphonsus asserit: « Multae meo iudicio supersunt (opiniones) quae damnandae essent » (*Opus.* Prooem., p. XV).

c) Neque quod professor seminarii, in quo studuit Richardus, illam opinionem censebat probabilem, quidquam pro licito eius usu probat. Falsus est enim, forte quia deerat ipsi tempus ulterius examinandi hanc quaestionem, vel ex quacumque alia causa. Si omnes confessarii libere sequi possent omnes opiniones *eo ipso* quod ab aliquo professore tutae habentur, magna sequeretur in Ecclesia opinionum et morum relaxatio. Aliquando quidem praesumptio quaedam pro tali professore quoad suos discipulos stare potest; sed in casu haec praesumptio cedit veritati moraliter certae, et eliditur praesumptione longe fortiore quae stat pro S. Alphonso.

Sedes Apostolica per responsum S. Poenitentiariae diei 7 Iulii 1831 de solo S. Alphonso, post sedulum et iteratum eius operum examen, declaravit, quemlibet confessarium sequi posse omnes eius opiniones « non perpensis etiam eius rationibus »; intellige: si Ecclesia postea illas opiniones non reformavit. Qua de re merito ita Avanzini: « Quod ex eo responso causam iuvat illud est, quod nullus auctor de rebus moralibus scribens peculiarem illam declarationem sibi vindicare possit; quo factum est ut conscientiarum moderatores de uno probato auctore per ipsam S. Sedem certi essent. Quod, inspecta ratione agendi S. Sedis, res est magni momenti » [2]. Potest tamen quis etiam aliorum auctorum opiniones sequi, modo eas practice solide probabiles habeat, neque eis rationes convincentes obstent.

d) Neque Richardum iuvat suum firmum propositum non peccandi; huiusmodi enim proposita ob hominis fragilitatem, praesertim in materia turpi, in ipsa occasione temere quaesita facile mutantur; et ipse Richardus iam hanc mutationem ut probabilem praevidet. — Neque iuvat propositum orandi, nam, ut ait S. Alphonsus cum communi Ecclesiae sensu: « Deus non adiuvat temere se periculo exponentes » (V, 63). Quinimo ipsa petitio iam peccatum est, utpote tentatio Dei (cfr. supra n. 4, *b*). — Neque quod cum Anna hactenus

---

[1] Iam antea Alexander VII damnaverat hanc propositionem 27am: « Si liber sit alicuius iunioris et moderni, debet opinio censeri probabilis, dum non constat reiectam esse a Sede Apostolica tamquam improbabilem ».

[2] *Acta S. Sedis*, vol. VI, p. 314, Nota.

nondum graviter peccavit, per se ipsum ab hoc periculo vitando excusat; nam non ex sola experientia lapsus in eodem periculo, sed ex aliis quoque rationibus iam *a priori* lapsus futurus graviter probabilis iudicari potest, et in casu ab ipso Richardo iam ut probabilis praevidetur (cfr. infra n. 10).

e) Denique falso prorsus Richardus adduxit hic principium aliquod reflexum, puta: « lex dubia non obligat ». Haec enim principia valent dumtaxat in dubio de sola actionis honestate, minime vero in *dubio facti* seu in *periculo mali* quod quis omnino vitare tenetur, scilicet peccatum mortale, sed quod praevidet se ob *mutatam* in illo periculo voluntatem probabiliter commissurum. Certe utrum in periculo utrimque graviter probabili *factum* lapsus in peccatum sit futurum necne, nequaquam pendet ex alicuius reflexa conscientia. Agitur hic, ut supra (ad *a*) diximus, de vitando peccato non solum materiali, sed etiam *formali*, seu de gravi offensa Dei deque gravi damno animae propriae. Huiusmodi ergo mali periculum grave et probabile, libere et sine ratione admissum, non per principium reflexum, sed per solam fugam remotum ac improbabile reddi potest. Ut brevi dicam: lex fugiendi hoc periculum non est dubia, sed plane certa. Contrarium asserere vel in praxim ducere propter auctoritatem aliquorum, esset falsa et periculosa probabilismi applicatio ad *dubium facti* seu mali necessario vitandi. Haec autem doctrina et praxis iam in sua radice reprobata est a Suarez contra Vasquez aliosque, qui axioma: « qui probabiliter agit prudenter agit » ultra iustos limites extendebant (*Opus.* n. 409, 37, 42 sqq.).

7. — Richardus igitur illam animi anxietatem circa propositum visitandi Annam nequaquam ut inanem scrupulum considerare potest: est enim velut vox interna conscientiae naturaliter christianae seu potius gratiae Spiritus Sancti. Si nihilo secius propositum exsequitur, mortaliter peccat, utpote sine gravi causa se exponens periculo solide probabili et quaerens occasionem proximam liberam, etiamsi hac vice nihil ulterius contingat. Et si dubitans sive ante sive post factum casum suum confessario exponit, hic ipsi sub gravi iniungere debet, ut ab usu illius opinionis, utpote practice improbabilis et minime tutae, abstineat.

Ex proposito casu cuilibet prudenti liquet, quam periculosa sit sententia quam Richardus sequi desiderat, non pro laicis dumtaxat, sed etiam pro sacerdotibus et utriusque sexus religiosis. Hi enim, hac praesertim nostra aetate, haud raro gravibus mundi periculis cum circa fidem tum maxime circa mores obnoxii sunt. Si ergo illa doctrina pro practice probabili habeatur, certe multi ex hisce qui Dei servitio specialiter sunt consecrati, sed qui, proh! dolor, peccata venialia non satis curare solent, illa pericula, in quibus tum lapsus tum lapsus vitatio est quasi aeque probabilis, non fugient, sed eis temere se exponent, et sic saepe misere cadent (cfr. infra n. 21 sqq.). Et utinam semel tantum! Nam valde timendum est, ne hunc lapsum alii multi sequantur, praecipue quia talis lapsus non ex sola humana fragilitate contingit, sed quia principium quoddam generale, i. e. doctrina nimis laxa et improbabilis, huic ansam praebet. Imo quod Richardus, ut dicitur in casu, antea iam frequenter in similibus occasionibus graviter lapsus est, nemo certe mirabitur, quia videtur iam pridem in re adeo periculosa aequo largiorem sibi formasse conscientiam [1].

CASUS 2.

De notione occasionis proximae, deque criteriis quibus cognoscitur.

8. — Catharina famulatur in familia, cuius herus, matrimonio iunctus, ipsam impuro amore prosequitur. Saepe iam eam propositis impudicis, blanditiis aliisque modis ad gravia peccata sollicitare conatus est; sed hactenus famula semper eum repulit. Nihilominus et ipsa hanc ob causam haud raro gravibus tentationibus contra castitatem vexatur. Ingenue omnia cuidam Titio confessario manifestat ipsumque rogat, num hunc famulatum relinquere debeat. Titius censet, hanc occasionem nondum esse proximam, quia Catharina ne semel quidem lapsa est. Unde permittit ut in illo famulatu, etsi eum sine gravi incommodo relinquere posset, maneat; ipsam tamen serio

---

[1] Ignoscat nobis benevolus lector, quod hunc primum casum proposuimus de Richardo sacerdote. Huiusmodi autem casus cum suis adiunctis et consequentiis aptissimus nobis visus est, ut tum summum momentum tum cardo quaestionis de vitando periculo probabili et de notione occasionis proximae iam ab initio nostri operis, cuius velut fundamentum est, cuivis luculenter appareant. Probe quidem novimus, maximam sacerdotum partem, ad seipsos quod spectat, haec pericula vere probabilia et voluntaria iam sponte sua evitare. Sed arbitramur etiam, si omnes Dei servitio specialiter consecrati persuasum haberent his periculis sine iusta et proportionata causa se exponere iam grave esse peccatum, etiam plures ea revera esse vitaturos, in peccata mortalia non lapsuros, magisque ferventes in sublimi sua vocatione permansuros, ac proinde, si etiam confessarii sint, maiorem adhuc operam sibi daturos, ut alios quoque christifideles ab huiusmodi periculis avertant.

ad orationem et vigilantiam hortatur. Post mensem vero Catharina ad confessarium redit et fatetur, se semel aut bis heri sollicitationi cessisse et graviter peccasse, se tamen sincere dolere et proponere; herum quoque, ut ait, facti poenituisse et promisisse, se deinceps eam non amplius esse tentaturum. Titius arbitratur, etiam nunc nondum adesse occasionem proximam, quia non frequenter lapsa est; ac propterea neque hac vice separationem sub gravi urget; sed solum suadet. Interim instantius poenitentem ad cautelas adhibendas excitat.

Quaeritur I. Quae est genuina notio occasionis proximae?
II. Unde constat, occasionem aliquam esse proximam?
III. Estne in casu occasio proxima?
IV. Quid dicendum de Titii solutione, tum prima tum altera vice?

I. DE DEFINITIONE OCCASIONIS PROXIMAE.

9. — Occasio peccandi generatim est obiectum externum (persona, societas, res, domus, locus, liber, circumstantia quaedam), quod aliquem ad peccandum inducit. Dividitur in occasionem proximam et remotam.

Occasio *proxima*, sensu proprio et formali sumpta, quam quis scilicet per se, idest nisi adsit causa proportionata et relative gravis excusans, sub gravi vitare debet, definitur: *Obiectum externum, quod aliquem hic et nunc inducit in probabile saltem seu grave periculum peccandi mortaliter, a. v. in periculum probabiliter saltem peccandi.* Si periculum labendi non graviter, sed leviter tantum est probabile, occasio dicitur *remota*. Quid sit periculum graviter probabile, supra (n. 2) diximus. — Haec definitio logicâ consequentiâ deducitur ex obligatione vitandi periculum probabile, quam supra (n. 4 sqq.) probavimus. Nam occasio nihil aliud est quam obiectum externum periculosum; ergo occasio proxima, quae nempe alicui subiective et per se est vitanda, illa dicenda est quae continet periculum vere probabile, seu quae aliquem inducit, sollicitat et movet ad futurum lapsum vere et graviter probabilem. Vide hanc definitionem magis explicatam et probatam, atque plurimorum theologorum antiquorum et recentium auctoritate confirmatam in *Opere* (n. 3 sq. et thesi 2, n. 57-65)[1].

Nuper cl. Napholc proposuit occasionem distinguere in *remotam, propinquiorem* et *proximam*. Huic divisioni, si sensu auctoris accipitur, theoretice nihil est quod opponatur. Per *remotam* enim occasionem intelligit eam ex qua « levis tantum probabilitas lapsus sequatur »; per *propinquiorem,* in qua quis « periculum vere probabiliter peccandi incurrat adeoque prudenter lapsum timere debeat »; per *proximam* vero, « in qua ut plurimum, semper, fere semper vel saltem frequentius peccatur ». Tum statim pergit: « Ultimae duae species occasionum *sub gravi* fugiendae sunt: etiam occasio, quam *propinquiorem* nominamus, nisi ex gravi et proportionata causa adeatur » (*Periodica*. 1932, p. 154* sq.). Itaque, ad rem quod spectat, hic auctor nobis consentit, quum admittat et optime probet, non solum periculum moraliter certum, sed etiam « periculum *vere probabiliter* peccandi » sub gravi esse fugiendum (supra n. 5 nota). Sed tamen pro praxi haec nova divisio minus placet. Neque enim a theologis, neque a populo christiano adhiberi solet; quapropter ipse auctor concedit, « praxim contrariam in usu loquendi invaluisse et haud facile mutari posse ». Hinc etiam in linguis recentibus duplex dumtaxat peccandi occasio distinguitur. Quia ergo etiam iuxta auctorem nostrum illa occasio « propinquior » *sub gravi* est vitanda, triplex illa distinctio ad praxim parum attinet et facile confusionem ingeret. Quapropter satius esse videtur, etiam in theologia morali conservare, sicut divisionem periculi in remotum et proximum, sic quoque illam communiter acceptatam divisionem in occasionem remotam et proximam, ita ut ad hanc postremam etiam illa, quam auctor « propinquiorem » vocat, reducatur; id quod etiam grammatice rectius esset (cfr. *Opus*. n. 13).

II. Quomodo occasio proxima dignoscatur.

10. — Occasionem esse proximam triplici ratione constare potest.

1° *Ex communiter contingentibus*, quando scilicet occasio natura sua seu ex obiecto suo adeo periculosa est, ut homines communiter ut plurimum in ea peccent, v. g. lupanar, concubinatus, liber valde obscenus, spectaculum admodum turpe, etc. Dici potest, occa-

---

[1] Ex recentibus qui post S. Alphonsum scripserunt sequentes verbotenus ibi (n. 65) adduximus: Scavini-Del Vecchio, Panzutti, Gousset, Bouvier, Martinet, Jaugey, Theol. Claramontensis, Berardi, Konings, D'Annibale, Van Rossum, Lehmkuhl, Marc, Aertnys, Ciolli, Tanquerey, Prümmer, Schüch, Benger, Ojetti, Morino. Quibus nuper accesserunt Salsmans, Napholc, Merkelbach, Wouters, ut supra (n. 5 nota) vidimus; item Schilling (*Moralth*. n. 154), Tillmann (*Kathol. Sillenlehre*. 1934, p. 276 sq.). Logice et implicite huic definitioni adhaerent S. Thomas omnesque illi ingenti numero theologi, qui tenent periculum probabile peccati mortalis sub gravi esse vitandum (*Opus*. n. 52 sqq., n. 63 sq.).

sionem tunc esse *per se*, *absolute* (i. e. generatim, obiective, materialiter, communiter) proximam. Si enim homines generatim ut plurimum, plerumque, fere semper in ea labuntur, tunc *per se*, i. e. abstractione facta a particularibus circumstantiis, valde probabile est, etiam hunc hominem in ea esse lapsurum. Erit nimirum proxima ex iusta *praesumptione*, non tamen semper et pro omnibus singulatim. Nam si cui *in particulari*, ob naturalem frigiditatem vel aetatem vel consuetudinem vel singularem pietatem aliasve circumstantias, non crearet probabile peccandi periculum, ipsi quasi *per accidens* non erit formaliter et sensu proprio proxima. « Aliquando, inquit S. Alphonsus, occasio quae respectu ad aliquos communiter est proxima, respectu ad aliquem valde pium et cautum potest esse remota » (*Praxis*. n. 63) - (*Opus*. n. 5-7, 10-12, 57-60).

Merito S. Alphonsus ad talem occasionem *per se* vel *absolute* proximam postulat, ut plerumque seu *ul plurimum* in ea peccetur, et non solum *frequenter;* secus enim omnis fere caupona, omnes choreae, omnia spectacula profana etc. essent occasio proxima per se, absoluta et obiectiva, quia in iis *frequenter* ab hominibus communiter sumptis peccatur (*Opus*. n. 11). Neque etiam ex eo quod homines frequenter vel saepe in cauponis, spectaculis, choreis peccent, vera adest *praesumptio* quod etiam hic homo in particulari in eis peccabit; secus omnes illae occasiones profanae *per se* sub gravi essent vitandae; quod nemo sane dicet. — Ad hoc non satis attendisse videntur aliqui auctores recentes hanc S. Doctoris definitionem vituperantes.

2° Ex sola *fragilitate intrinseca*, quando scilicet occasio quaedam, non quidem hominibus communiter, sed alicui in particulari, propter pravam eius inclinationem vel propter subiectivam eius dispositionem et vehementem ex ea ortam tentationem, in gravi ac probabili versatur labendi periculo, ita ut, licet hactenus nondum lapsus sit, prudenter timeatur lapsus, hicque sit vere et solide probabilis. Sic v. g. haec puella pro hoc iuvene, caupona quaedam pro ebrioso, liber leviter tantum obscenus pro aliquo ad turpia valde disposito et facile excitato etc. Est haec occasio *relative* seu *subiective* et *per accidens* proxima; idque *a priori* iam ante lapsum constat (*Opus*. n. 8, 10, 60).

3° Ex sola etiam *experientia* dignosci potest, aliquam occasionem esse proximam, quando scilicet ex lapsibus praecedentibus prudenter et probabiliter timetur novus lapsus. Ut hic autem prudenter timeatur, non requiritur ut quis fere semper vel plerumque vel omnino frequentius sit lapsus: sufficit ut *frequenter* lapsus sit,

etsi frequenter quoque lapsum vitaverit. Qua de re ita S. Alphonsus:
« Quidam auctores volunt, non esse occasionem proximam nisi eam,
in qua homo fere semper vel ut plurimum ceciderit. Sed communior
et verior sententia docet, occasionem proximam esse illam in qua frequenter quis peccaverit» (*Praxis.* n. 63). Hoc autem « frequenter »
sumendum est tum relative, v. g. circa quinquies in decem casibus,
tum absolute, v. g. semel fere singulis mensibus per annum. Erit
tunc occasio proxima cognita *a posteriori* (ib.).

11. — Ex dictis liquet in dignoscenda aliqua occasione proxima, non nimis
attendendum esse ad computationem mathematicam. Nam saepe id iam *a priori*
constat, sive ex natura obiecti per se valde allicientis, sive ex fragilitate subiecti,
ut diximus. Unde merito Roncaglia: « Solum ad iudicandum ex frequentia
actuum de occasione proxima recurrere debet confessarius, quando non satis
apparet an res extrinseca, vel ex natura sua, vel attenta fragilitate illius qui in
ea se ponit, importet grave periculum peccandi» (tr. 19, qu. 5, cap. 4, q. 1,
resp. 1). In praxi haec varia occasionis proximae indicia saepe coniunctim
reperiuntur, puta fragilitas puellae post unum alterumve lapsum (*Opus.* n. 8, 9).

III. DE OCCASIONE PROXIMA IN CASU.

12. — Occasio, in qua versatur Catharina, est utique *per se*,
absolute, ac vi ipsius *obiecti* allicientis proxima, quia in tali famulatu
apud talem herum ancillae in universum ut plurimum labuntur,
adeoque in nostro casu merito praesumitur etiam Catharinam esse lapsuram. Fieri tamen potest, ut talis famulatus per accidens pro aliqua
persona non sit proxima occasio, ut supra (n. 10, 1°) dixit S. Alphonsus. Praeterea, si Catharina est persona fragilis in materia castitatis et
fortiter tentata nec multum pia, haec occasio ipsi erit quoque *relative*
seu *subiective* proxima, idque iam *a priori* seu ante experientiam
lapsus. Secus vero dicendum, si ipsa esset valde pia et cauta, quia
tunc lapsus non esset graviter probabilis. Qua de re ita S. Alphonsus:
« Cum occasio externa coniungitur cum passione vehementi vel habitu vitioso vel forti tentatione, peccat qui eam non relinquit, etsi
nondum cesserit tentationi, quia raro accidit quod talis se continebit,
si ab occasione non separetur. Unde ancilla vivide sollicitata ab hero,
tenetur ab illius domo discedere... Haec tamen intelligenda sunt, si
huiusmodi persona sit fragilis et parum devota; nam si esset pietati
dedita et cauta, et opportuna adhiberet remedia ad tentationes repellendas ac passioni obviandum, tunc eam non obstringerem ad occa-

sionem auferendam» (VI, 452). Ex variis ergo adiunctis pendebit, utrum necne famulatus in casu sit pro Catharina occasio vere et formaliter proxima.

IV. Casus solutio.

13. — Supponitur in casu hanc occasionem non esse moraliter necessariam, sed liberam, quam Catharina sine gravi incommodo externo relinquere possit. Quo supposito de Titii agendi ratione ita dicendum.

1° Titius iam prima vice nimis propere et inconsideranter casum solvit. Diligentius enim indagare debuisset varia huius casus adiuncta, specialiter indolem et virtutem huius poenitentis. Si enim Catharina est puella mediocris virtutis et parum devota, si debilis est in materia castitatis et iam alias forte contra eam peccavit, tunc sane periculum lapsus erit vere grave et solide probabile, ac proinde haec occasio ipsi erit proxima. Crescit adhuc periculum, si ipsa quoque quadam vanitate aut levitate hero complacere nititur, si forte iam aliquoties obvium osculum aliamve familiaritatem permisit, praecipue si et ipsa sentit in se vehementem passionem erga herum. In omnibus hisce adiunctis Catharina omnino hunc famulatum, si moraliter potest, deserere debet, etiamsi hactenus nondum graviter lapsa est, imo etiamsi nunc firmiter proponit non pertingere usque ad peccatum mortale. Rationem dat S. Alphonsus: « Qui enim libere commoratur ubi tam periculose ad malum allicitur, non potest rationabiliter sperare victoriam tentationis, nisi auxiliis gratiae extraordinariae, quae sperari sine temeritate nequeunt ab eo qui libere periculum vitare potest et non vitat» (VI, 452). Ratio quam Titius pro sua solutione adducit, quod nimirum nondum lapsa est, non valet, quia si aliunde *a priori* iam constat de periculi gravitate, experientia lapsus minime necessaria est (n. 10, 2°).

Atvero, si Catharina est femina solidae virtutis, praesertim in materia castitatis, si est pietati ac orationi dedita et hactenus cauta fuerat in avertendis tentationum periculis, tunc hic famulatus ipsi subiective non erit occasio proxima nec probabilis lapsus causa, etiamsi adhuc aliquas non adeo graves tentationes experiatur. Potest proinde Titius ipsi permittere, ut saltem ad tempus in eo permaneat. Ipsam tamen hortetur, ut saepe ad confitendum redeat, et ad S. Communionem frequenter, imo si potest quotidie accedat; ut sedulo oret,

non mane et vespere solum, sed etiam interdiu laborando, imprimis
vero in actu tentationis; ut quoad possit quotidie paululum ex aliquo
libro spirituali legat vel meditetur; ut praeterea sola cum hero esse
fugiat, generatim cum ipso rigida sit ac austera, statimque repellat
quamcumque cum ipso familiaritatem et, si hic eam vi arripere velit,
illico aufugiat, vel os aperiat acsi clamare velit, imo ipsi minetur se
rem cum uxore communicaturam. Haec si praestiterit Catharina, merito expectandum est ut lapsura non sit, imo ut ipsa in virtute pro-
ficiat et forte ad heri conversionem contribuat. Haec de Catharina,
quae prima vice nondum lapsa confessum venit.

14. — 2° Quum autem altera vice redit et iam lapsa est, rerum
conditio iam prorsus mutata est. Ille enim lapsus ostendit, eam non
esse forti virtute praeditam neque valde cautam. Quare hanc occasionem, utpote proximam, ipsi esse relinquendam, etiam *a posteriori*
constat. Neque, ut id constet, frequens relapsus requiritur, quemadmodum iam supra diximus. Neque in casu attendendum est ad pro-
missiones heri. Saepe enim sincerae non sunt, vel saltem non constantes et efficaces, praecipue si, ut in hoc casu, herus vehementi
passione in illam feratur. Fieri quidem potest, ut herus, timens
uxoris suspiciones et gravia cum illa dissidia, in posterum a famula
tentanda abstineat, ac proinde ut haec non amplius recidat; sed haec
possibilitas vel etiam probabilitas nequaquam impedit, quominus, si
Catharina in illo famulatu permaneat, iteratus relapsus sit etiam graviter probabilis; quod sufficit ut illam occasionem, utpote vere proximam, relinquere debeat. Male ergo fecit Titius non praecipiendo
ut hanc occasionem deserat. Imo imprudenti sua indulgentia Catharinam maiori exposuit periculo, quia quo diutius in eo remanetur, eo
magis crescere solet mutuus affectus, eoque difficilior fit postea occasionis remotio.

Casus 3.

Periculosa quaedam occasionis proximae definitio.

15. — In quadam regione, ubi fides viget et plerique omnes utriusque sexus fideles praeceptum Paschale explere solent, Caius, iunior sacerdos, confessionem excipit Arnoldi operarii, qui quavis Dominica frequentat suspectam quamdam cauponam in qua, ab amicis excitatus, saepe, puta vicies per annum, potui nimis indulget ita ut mentis impos fiat, eaque occasione graviter turpia loquitur, rixatur et blasphemat. — Apud eumdem Caium confiteri solet Clara puella, quae a tribus quatuorve mensibus amorem facit cum aliquo iuvene sine probabili spe matrimonii. Saepius per hebdomadam se invisunt et ex illo tempore quinquies vel sexies tactus graviter impudicos vel etiam copulam commiserunt. — Alia vice ad ipsum confessum accedit Mauritius, homo in scientiis et rebus profanis cultus, sed in religione parum vel mediocriter institutus. Hic legere solet diaria et libros, quorum lectione saepe incidit in gravia dubia et tentationes contra fidem, quibus aliquando etiam libere consensum praestitit. Caius autem in seminario didicerat, multos graves auctores docere occasionem tum solum esse proximam, quando quis « ut plurimum », « fere semper » vel saltem « vere frequentius » in ea cadere solet. Quapropter illos poenitentes serio quidem ad dolorem et firmum propositum non amplius peccandi excitat. Sed quia neque Arnoldus, neque Clara, neque Mauritius ut plurimum, fere semper vel frequentius, pro vicibus quibus in iis occasionibus versabantur, lapsi sunt, idcirco eos solum hortatur ut illas occasiones vitent, sed id eis sub gravi non praescribit, etsi prudenti timore non teneatur ne ob hanc praescriptionem usum sacramentorum derelinquant. Atque ita facit cum omnibus poenitentibus in variis occasionibus: choreis, cinematographis, pravis sociis etc. Neque ipse solus

ita agit, sed etiam multi alii sacerdotes qui in eadem regione confessiones audiunt.

Paulatim haec praxis ad aures pervenit Sempronii, qui antea fuit in seminario professor, nuper autem nominatus est decanus seu vicarius foraneus illius partis dioecesis. Hic, adhaerens sententiae S. Alphonsi aliorumque plurimorum, in quadam conferentia seu collatione casuum moralium illam praxim improbat, utpote nimis laxam bonisque moribus illius regionis perniciosam. Caius vero eiusque iuniores confratres respondent, oppositam quam sequuntur sententiam esse multorum auctorum, quippe qui aliter definiant occasionem proximam, hanc etiam sententiam esse saltem extrinsece probabilem, ac proinde se non habere ius imponendi poenitentibus sententiam quam Sempronius amplectatur.

> *Quaeritur* I. Quid de illa occasionis proximae definitione dicendum?
> II. Quid dicendum de auctoritate extrinseca illius definitionis?
> III. Num merito Sempronius illam casuum solutionem improbat?

I. Proposita definitio improbatur.

16. — Navarrus (Martinus Azpilcueta), qui primus occasionem proximam definire conatus est, dicit: « Occasio propinqua... est omnis illa et sola... qua credit vel credere debet confessarius vel poenitens *numquam vel raro* se usurum esse sine peccato mortali..., qua credit se *fere semper* ad sic peccandum impulsum iri » (*Manuale Conf.* cap. 3, n. 10). Hunc auctorem, etsi haesitanter et timide loquentem, complures alii antiqui auctores secuti sunt, dicentes ad occasionem proximam requiri, ut quis « semper aut fere semper », « ut plurimum », « plerumque », vel saltem « omnino frequentius » labatur; ac proinde inter occasionem et futurum lapsum postulant connexionem « moraliter necessariam », « certitudinem moralem ». Si ita non

est, occasio erit *remota*. — Suarez vero prudentius loquitur postulans solum ut quis «frequenter» labatur; idque ex proposito dicere videtur, ut definitionem Navarri sibi certe notam limitet et moderetur. Doctorem eximium permulti alii secuti sunt. Haec definitio recta quidem est, sed non completa; quia occasio etiam a priori potest esse proxima, etsi quis frequenter lapsus non sit (cfr. supra n. 10, 2°). — Deinde, ut (n. 5) vidimus, inde a medio saeculo XVII et deinceps invaluit et quasi communiter acceptata est illa quam supra (n. 9) exposuimus definitio (*Opus*. n. 69). — Atvero ultimis temporibus aliqui auctores iterum ad illam Navarri definitionem redierunt (ib. n. 61). Nostro autem aliorumque iudicio hoc parum feliciter factum est.

17. — Primo quidem quia gravissimae rationes intrinsecae demonstrant, illam definitionem theoretice rectam esse non posse (supra n. 4 sq., 8).

Secundo etiam quia illa denuo redintegrata definitio, si ad verba sumitur, in praxi est *valde periculosa* pro fide et moribus Christifidelium, ut in *Opere* (n. 48, 61) ostendimus. Qui v. gr. sine iusta causa sed solum sui recreandi gratia profanos facit amores, bis terve per hebdomadem amasiam visitans, si singulis dumtaxat Dominicis graviter cum ea contra castitatem peccat, a confessario sub gravi obligari non posset hanc occasionem abrumpere: non enim esset proxima, sed tantum remota, quia non *fere semper*, aut *ut plurimum* labitur, neque etiam *frequentius* pro numero visitationum. Nemo non videt, quanta morum relaxatio in populo christiano sequeretur ex hac doctrina aliis quoque occasionibus applicata, puta: cauponis, choreis, cinematographis, pravis consortiis, etc. Idem dic de multis nostrae aetatis fidei periculis: libris, diariis, pravis societatibus etc. Si enim pro regula statuitur, has occasiones non esse proximas, nisi quis credat se *numquam vel raro* iis usurum sine peccato mortali, vel — quod eodem recidit — se *ut plurimum*, *fere semper*, vel omnino *frequentius* in iis contra fidem graviter peccaturum, profecto haec doctrina, vitae usui applicata, ad valde dolendas duceret consequentias quoad iacturam fidei plurimorum catholicorum. Neque confessarius in sacro tribunali posset eis sub gravi prohibere, ne illis occasionibus, utpote remotis dumtaxat, utantur. Arbitramur autem, ipsos defensores huius definitionis ab hisce consequentiis, etsi logice ex ea deductis, abhorrere.

Neque dixeris cum Napholc in praeclara sua dissertatione (*Periodica*. 1932, p. 138*), funestas illas consequentias non esse rationem quae probet illorum auctorum definitionem esse falsam: in theologia morali alias etiam esse sententias probabiles, v. g. in materia castitatis, iustitiae etc., quae imprudenter propositae fidelibus scandalum praebere et ad laxiorem praxim ducere possent; neque etiam hanc doctrinam publice praedicari debere. Hoc, inquam, ne dixeris. Etenim, etiamsi haec doctrina non publice praedicaretur, agitur hic praesertim de praxi a confessario in administratione sacramenti Poenitentiae sequenda seu de monitione facienda, utrum v. gr. huic poenitenti, ceterum sufficienter disposito, sub gravi prohiberi possit et debeat, ne hunc librum legat, hanc personam visitet, hanc societatem frequentet, hoc oblectamento (chorea, spectaculo etc.) utatur, quando haec obiecta ipsi sunt occasio ac causa, non quidem moraliter certo et fere semper, sed tamen vere probabiliter labendi in peccatum mortale. Hi casus autem frequentissime occurrunt et poenitentes saepe de iis interrogant, ut norunt omnes qui confessionalis usum habent. Ceterum, notio ac definitio occasionis proximae in doctrina quoque christiana et praedicatione publice est exponenda et declaranda, utpote usus quotidiani etiam pro fidelibus, qui secus saepissime ex ignorantia vel ex conscientia laxius sibi formata hisce periculis probabilibus temere se exponerent ac graviter peccarent. Itaque doctrina quae *directe* et *logice* ad tales funestas consequentias practicas ducit — ut est in nostro casu — nequaquam probabilis haberi potest, sed intrinsece improbabilis dicenda est. Ceterum ipse Napholc eam reiiciendam esse aliunde optime probat (supra n. 5, *nota*).

II. Difficultati ex auctoritate respondetur.

18. — Sed, rogabis, quid tunc dicendum de auctoribus, qui illam definitionem tradiderunt, inter quos plures sunt vere graves et probati? Num hi omnes laxismi damnandi sunt?

Respondeo: absit a nobis ut hos omnes laxismi insimulare velimus: multi enim vere egregia de re morali scripserunt. Quapropter nobis visum erat haud raro multorum saltem verba benigne intelligi posse iuxta alia ab ipsis dicta (*Opus*. n. 67 sqq.). Ita quoque Berardi (*De Occas*. n. 15). Certe aliquam obscuritatem, confusionem et inconsequentiam in eorum expositione nemo negare poterit. Si quis tamen contenderit, benignam aliquam interpretationem eorum menti conformem non esse — quod pro pluribus eorum quidem concesserim —, tunc respondeo: transeat. Tunc simpliciter dicendum, illos auctores hac in re errasse, eosque inconsiderate, parum accurate, imo periculose esse locutos. Neque hoc dicendo quidquam reverentia eis debita deficimus: errare enim humanum est. Etiam S. Alphonsus dicit, eos « perperam » locutos esse (VI, 452). Cardenas

illorum definitionem vocat « valde periculosam »; Reuter-Lehmkuhl
ait: « male ab aliquibus dicitur » (*Opus*, n. 61, 66). Ratio erroris est
quod illi auctores hanc materiam non tractarunt in relatione cum
quaestione de vitando probabili peccandi periculo; quae quaestio,
inde a Caramuele praesertim agitata, fundamentum praebet logicum,
imo etiam dogmaticum, uti Napholc quoque egregie ostendit, ge-
nuinae notionis occasionis proximae (supra n. 4).

Ceterum hoc etiam notandum est, illos auctores plerosque scripsisse ante
proscriptas ab Alexandro VII et Innocentio XI propositiones, quo tempore, ut
ait Decretum S. Inquisitionis diei 24 Sept. 1665, prodierunt « complures opiniones christianae disciplinae relaxativae et animarum perniciem inferentes », et,
ut loquitur Lehmkuhl: « etiam *prudentissimi quique* scriptores facile hinc
inde in opinionem, quae postea damnabatur, impegerunt » (*Th. Mor.* t. II,
Append. II). Unde in hac nostra quaestione de notione occasionis proximae pluris
facienda est auctoritas illorum theologorum qui post damnatas propositiones
scripserunt, quia tunc praecipue, ut diximus, haec notio magis declarata, accurata
et expolita est. « Contigit hac in re, ita scripsimus in *Opere,* quod in multis aliis
materiis theologicis: videlicet progressu temporis haec notio occasionis proximae,
quae initio implexa et confusa erat, paulatim explicata, evoluta et elucidata fuit,
maxime per theologos qui post proscriptas ab Alexandro VII et Innocentio XI
propositiones intimam naturam periculi peccandi eiusque vitandi obligationem
magis ex professo declararunt. Nunc autem haec notio iam ita certa et definita
esse videtur, ut nullis oppositionibus et tergiversationibus infirmetur. Quapropter
redire velle ad illas antiquatas, ambiguas et periculosas locutiones vel definitiones
nobis quidem videtur scientiae moralis regressus et prona ad morum relaxationem via » (n. 70).

III. Casuum solutio.

19. — Occasiones quibus Arnoldus, Clara et Mauritius se exponunt sunt liberae; quia sine gravi incommodo vitari possunt. Quod
etiam sunt vere proximae, certum quoque est; ad occasionem enim
proximam constituendam, ut satis superque (n. 4 sqq., 9) probavimus, non requiritur ut plerumque vel frequentius cum futuro lapsu
coniungatur; sufficit *a posteriori* lapsus simpliciter frequens, vel,
iam *a priori*, prudens timor ne quis ob periculum solide probabile
in ea sit lapsurus, etsi etiam lapsus vitatio sit probabilis.

Perperam ergo egit Caius exhortando solum tres illos poenitentes, ut ab illis occasionibus abstineant. Quum confessarius etiam
doctoris munere fungatur, eos praeterea serio monere debuisset et

sub gravi eis prohibere, ne in posterum adeant illas occasiones utpote vere proximas. Quodsi poenitentes paternis eius monitionibus non cederent, neque eas vitare sincere promittere vellent, deberet eis, utpote non dispositis, absolutionem denegare. Eorum enim poenitentia non esset vera sed falsa, quia, periculo probabili temere seu sine iusta causa se exponendo, peccatum non vere vitare, sed illud, saltem *indirecte* et *in causa*, adhuc admittere volunt (supra n. 4, *e* et *Opus*, n. 44 sqq.).

Merito igitur Sempronius censet, praxim quae oppositae definitioni innititur, non solum ipsis poenitentibus valde periculosam esse, sed etiam bonis moribus populi illius regionis admodum exitiosam. Etenim maxima certe pars poenitentium qui huiusmodi occasionibus irretiti sunt ad illos iuniores confessarios confluent, propterea quod has occasiones non severe prohibent. Hoc sensu scripsit S. Alphonsus: « Multi (confessarii) propter nimiam facilitatem sunt causa quod tot animae perdantur, et negari non potest quod isti in maiori sint numero et maius damnum afferant, quia istis in maiori numero accedunt peccatores habituati » (*Praxis*. n. 77). Plurimi ergo in illis occasionibus manebunt, peccatorum numerus semper crescet, et mores in illa regione magis dissolventur. Morum autem dissolutio viam sternere solet ad fidei deminutionem. Quapropter, nisi confessarii illi unitis viribus iisdemque innixi principiis — prudenter utique sed et fortiter — hisce occasionibus se opponunt, certe valde timendum est ne illa quoque regio paulatim a christianis moribus plus plusque desciscat, neve digna sacramentorum frequentia ipsaque etiam fides decrescant. Optimo igitur iure Sempronius insistit severiori et uniformi confessariorum praxi quoad illos occasionarios. — Quodsi nihilominus plures ex illis confessariis laxiorem absolvendi rationem sequi pergerent, Sempronius prudenter hunc casum ad Episcopum deferret — agitur enim de bono communi et publico —, ut hic pro sua sapientia et auctoritate opportuna remedia adhibeat.

Casus 4.

Occasio proxima a priori. Causa proportionata.

20. — Pancratius, sacerdos, in variis suis pro salute proximi operibus efficaciter et gratuito adiuvatur a Iulia, pia honestae familiae filia, imprimis in dirigenda pia confraternitate, in propagandis bonis libris, ephemeridibus etc. Idcirco saepius per hebdomadam inter se conveniunt et diu de rebus loquuntur. Paulatim maior inter illos exsurgit familiaritas: difficultates internas et domesticas solatii causa inter se communicant; affectus naturales mutuo produnt; particularis amicitiae signa ostendunt per blanda verba et ioca, per leves oculorum ictus, manuum constrictiones pressiores etc. Imo quum quodam die Pancratius Iuliae proponeret ipsi obvium dare osculum, honestum, uti aiebat, in signum amicitiae, haec illud, initio quasi reluctans, haud aegre tamen accipit atque restituit. Idem ultimis septimanis bis terve repetitum est. Uterque diverso tempore confitetur apud Titium, qui post debitas interrogationes comperit, neutrum hactenus peccatum certo mortale commisisse; sentiunt quidem tentationes, Iulia leves tantum, Pancratius etiam satis graves; sed iis non consentiunt. Illa autem familiaritatis signa, quum obiter tantum et sine mora fiant, per se nondum notabiliter in graves commotiones venereas influunt, neque ex fine libidinoso praebentur, sed ex affectu nimis naturali et ex quadam animi levitate. Titius hortatur eos, ut ab illis affectus signis prorsus abstineant, quum valde periculosa sint et, sacerdotem praesertim, maxime dedeceant.

Quaerit vero: I. Num ea signa sub gravi prohibenda sint.
II. Num etiam separationem physicam seu cessationem a mutuo labore ipsis iniungere debeat?

I. Occasio proxima ob nimii affectus signa.

21. — Etsi confessarius censet, ob iustam causam licitum ipsis esse mutuum illum laborem pro proximi salute continuare — de qua re statim —, tamen omnino ipsis sub gravi prohibeat oportet specialia illa mutui affectus signa, idque ratione gravis periculi cadendi in mortalia. Etenim, si ab hisce non prorsus abstineant, per illa signa brevi crescet hic affectus, et ex naturali fiet carnalis ac venereus. Imo, hic affectus carnalis nasci iam coepit, ut patet ex illis tentationibus, etsi ea signa nondum data fuerint ex hoc pravo affectu, neque illis tentationibus consensum praebuerint. Iamvero, spectata humana fragilitate, praesertim in materia luxuriae, spectatis etiam mutuo illo affectu sensibili et tentationibus quas iam experiuntur, non quidem certum, sed tamen vere probabile est et prudenter timendum, eos, nisi sensus custodiant et ab his signis plane abstineant, ulterius progressuros esse et in peccatum mortale lapsuros, etiamsi praeservatio quoque a futuro lapsu in mortale adhuc vere probabilis haberi possit. Hoc, proh! dolor, tristis experientia nimis comprobat: multorum enim sacerdotum ruina, qui prius ferventes erant spiritu, ab hisce incepit levitatibus, quibus initio non satis efficaciter obsistebatur. « Ah quot sacerdotes, gemens hic exclamat S. Alphonsus, qui antea erant innocentes, ob similes adhaesiones, quae spiritu coeperant, Deum simul et spiritum perdiderunt! » (*Praxis.* n. 119). Est ergo hic periculum probabile ac proinde occasio proxima *a priori* (supra n. 10). Unde lex naturae praecipit hoc grave et probabile periculum vitare. Quapropter fortis sit Titius in prohibendis illis osculis et manuum constrictionibus aliisque nimii affectus signis, idque etiam, si opus est, sub comminatione denegatae absolutionis. Secus enim nimia sua indulgentia facile causa erit gravis utriusque lapsus et forte, tractu temporis, etiam scandali in populo.

II. Casus solutio iuxta causam proportionatam.

22. — Ad secundam quaestionem respondendum est, hoc pendere ex causa ob quam hoc periculum admittatur. Haud raro enim probabili lapsus periculo se committere licet, modo tamen adsit causa *relative gravis* seu *proportionata* gravitati periculi. Nam ob

talem iustam, gravem et proportionatam causam periculum adire fit quodammodo necessarium; unde tunc homo, si ex sua parte specialia adhibet media, vigilando scilicet et orando, ex parte Dei certo expectare potest speciale auxilium, quo lapsus praecaveatur; ac proinde periculum cessat esse hic et nunc probabile, sed ex proximo et gravi fit remotum et leve. Ita S. Alphonsus: « Quae media, licet non sufficiant ad excusandum ubi non adest iusta causa, eo quod Deus non adiuvat temere se periculo exponentes; bene tamen opem suam praestat ei qui ex iusta causa occasionem non deserit, dum is eo casu non ex affectu ad peccatum, sed ex quadam necessitate in illa occasione permanet » (V, 63).

Ad iudicandum autem de gravitate proportionata huiusmodi causae hae generales regulae statui possunt: « *a*) Quo gravius et probabilius est peccandi periculum, eo gravior requiritur causa. *b*) Quo gravius timetur peccatum, eo gravior iterum requiritur causa: sic gravior causa adsit oportet, ut quis se periculo luxuriae consummatae exponat quam periculo simplicis delectationis morosae. *c*) Quo peiores consequentias haberet peccatum futurum, eo graviores iterum causae requiruntur: sic graviores rationes postulantur, ut quis periculo perdendi fidem se committat quam periculo perdendi castitatem ». Ita scripsimus in *Opere* (n. 34).

Itaque, si in casu nostro *nulla specialis* adest causa iusta, cur Pancratius huius Iuliae opera utatur, a. v. si facile aliam personam minus periculosam quae ipsum adiuvet invenire potest, certe graviter ipsi suadendum est ut occasionem hanc dimittat prorsusque abrumpat. Imo, si etiam post confessarii prohibitionem illa signa dare pergit, hoc sub gravi etiam confessarius iniungat oportet; nam tunc serio et prudenter timendum est ne Pancratius ob suum erga sociam affectum vel ob fragilitatem in hac lubrica materia suamque mediocrem virtutem in graviores semper tentationes et probabiliter etiam in peccatum mortale, etsi solius delectationis morosae, sit lapsurus. Eadem ratione etiam Iulia discedat oportet, si gravem lapsum, non solum certo, sed probabiliter dumtaxat praevidet, v. g. ex quadam animi debilitate erga Pancratium sollicitantem. Tunc enim pro utroque haec occasio erit proxima eaque plane *libera*. — Si autem vix aut non nisi cum magna difficultate aliter huic bono operi, paroeciae perutili, provideri possit, aderit causa *gravis* et *proportionata* permittendi ut simul laborare continuent; tunc enim occasio lato quodam sensu moraliter necessaria dici potest. At vero, ut in hoc casu periculum lapsus amoveatur, primo uterque serio promittere debet, ut omnibus illis specialis affectus signis abstineat, quemadmodum supra dictum est. Quapropter, si possunt, vitent solitudinem, associando etiam aliam piam personam in hoc labore. Praeterea confessarius alia insuper perseverantiae media praescribat, uti sunt meditatio, oratio, mortificatio sensuum, praesertim oculorum, recta intentio, saepe repetita boni propositi renovatio, frequens confessio, etc. Haec si praestiterint, merito a Deo speciale auxilium sperare possunt quo peccatum evitent.

23. — Fac tamen advertas, nos in hoc casu supposuisse, nihil grave hactenus inter utrumque contigisse. Quod si res iam ulterius processit, et ambo aliquoties iam graviter lapsi sunt, puta tactibus impudicis, osculis vel amplexibus pressioribus per notabilem moram cum gravi commotione spirituum venereorum vel aliquando etiam cum pollutione etc., generatim separatio physica imponenda est. Nam per illos lapsus sensus pudoris valde deminutus est, contra periculum novorum lapsuum multum increvit; ac propterea mutuus ille labor etiam pro bono opere ordinarie non erit ratio *proportionata*, relate ad multo gravius periculum.

Dixi: *ordinarie;* quia si illud opus pium, cui Iulia auxilium praestat, alicui paroeciae vel loco omnino necessarium esset, si praeterea nulla ratione neque pecunia aliquis conduci posset qui idem praestaret, haec causa iterum proportionata gravitati periculi haberi posset; ac propterea per aliquod tempus tentari posset, utrum per remedia diligentius adhibita periculum removeri possit necne. — Denique si, adhibitis etiam remediis, ob internam utriusque fragilitatem semper eodem fere modo relabantur, separatio physica prorsus iniungenda est, etiam si bonum opus idcirco interiret, quia nulla causa potest esse proportionata continuis illis relapsibus et gravissimis animae propriae damnis (infra n. 59; *Opus*. thes. 8[a]).

Casus 5.

Occasio proxima ut causa movens.

24. — Adrianus, vir matrimonio iunctus, ancillam habet Euphemiam, quacum aliquoties per annum, puta ter quaterve, graviter peccat. Nullam quidem specialem inclinationem erga eam habet, et lapsus illi potius accidunt ratione alicuius circumstantiae, v. g. quando subinde diutius suae uxoris usu abstinere cogitur ob huius absentiam aut infirmitatem, vel quando nimis potui indulget; quod tamen raro contingit. Euphemia quoque nullam pravam propensionem habet erga Adrianum; quinimo ordinarie ab hoc peccato abhorret; eidem tentanti initio quidem resistit, sed tandem ex quadam animi debilitate importunis heri sollicitationibus saepe cedit et tactus graviter impudicos cum eo committit, saepe etiam usque ad finem resistit, sed tunc Adrianus vadit ad lupanar suam pravam concupiscentiam expleturus. Atque ita quidem per aliquot iam annos vivunt. Uterque tamen sacramenta frequentant: Adrianus pluries per annum, Euphemia singulis fere mensibus. Iam age, postquam ita iterum lapsi sunt, occasione alicuius festi, uterque confessum eunt, herus apud Caium, ancilla apud Titium. Peccatum vere dolent firmumque habent propositum non amplius peccandi. Neuter tamen confessarius obligationem physicae separationis imponit, sed tantum usum remediorum praescribit.

Quid de utriusque casus solutione dicendum?

Solutio.

25. — Nostro iudicio Caius recte casum suum solvit; non ita Titius, saltem si Euphemia non habet rationem valde gravem permanendi in illo famulatu. Ratio est, quia Adrianus non versatur in vera occasione proxima sicut Euphemia. Etenim ad rationem

occasionis proximae, sensu theologico acceptae, requiritur ut obiectum externum alliciat et excitet concupiscentiam internam, ita ut quis per illud, velut per causam *moventem*, in grave periculum lapsus inducatur. Hinc supra (n. 9) in definitione occasionis proximae diximus: « Obiectum externum quod aliquem *inducit* etc. ». Atqui Euphemia non est tale obiectum pro Adriano, quia habitualiter ancillae praesentia nullatenus eius libidinem provocat; et quod aliquoties cum ea peccat causa est tum propria eius fragilitas interna, tum circumstantia aliqua, uti uxoris absentia, nimius potus. Unde non Euphemia, sed hae potius circumstantiae eius lapsus occasio proxima dicendae sunt, quippe quae illum inducant ut suam libidinem expleat. Idem enim peccatum, Euphemia resistente, cum meretrice committit; haec ergo ancilla non graviter in eius lapsum influit et potius peccati *medium* est quam occasio proxima. Ad summum dici potest, eam esse occasionem proximam interruptam, fere sicut meretrix in lupanari. Ergo Adrianus per se obligari nequit ut ancillam eiiciat, quum sibi non sit occasio continua seu « in esse ». Aliis tamen remediis suam libidinem frenare debet. Quod si iam alias promiserit, sed inaniter, tractandus est ut recidivus ob occasionem interruptam. Quapropter si antea iam identidem, puta ter quaterve, absolutus fuerat et parum vel nihil se emendarat, confessarius, si aliunde nihil obstat, ipsi absolutionem differat, quo salutari perculsus timone a peccando abstineat, nisi nunc signa exhibeat extraordinaria, quibus iterum solida emendationis spes effulgeat (cfr. infra n. 32; *Opus.* thes. 4ª).

26. — Aliter tamen res se habet cum Euphemia. Haec enim per solum obiectum externum, scilicet per importunas heri sollicitationes, excitatur et provocatur ad peccandum, non peccatura, si haec sollicitatio abfuisset. Unde Adrianus eiusque sollicitatio ipsi non solum medium est peccandi, sed vera occasio seu causa *movens* eius passionem ipsamque constituens in gravi peccandi periculo. Atque haec occasio pro Euphemia etiam proxima dicenda est; nam illi lapsus iam *frequenter* contigerunt, et experientia probat eam in hisce circumstantiis saepe debilem esse et misere peccare. Quapropter per se Euphemia hanc occasionem relinquere debet. — Attamen possent esse rationes graves, quae hanc occasionem plus minusve necessariam redderent, v. g. quod alium famulatum, in quo minus esset periculum, non inveniret; quod eius vires corporales alibi non sufficerent, etc. Hoc igitur casu Titius alia specialia magisque efficacia remedia ipsi assi-

gnet, v. g. ut se magis pietati tradat, quavis hebdomada, si possit, confiteatur et saepius etiam communicet, melius oret mane, vespere, per diem et praesertim quando instant heri tentationes. Evitet etiam esse solam cum illo, claudat cubiculi sui ianuam etc. Haec agendo, accedente illa necessitate, maiores a Deo gratias sperare licet, quibus illa occasio e proxima remota fiat. Quodsi, adhibitis remediis, semper eodem fere modo recidisset, tandem occasionem hanc, licet moraliter necessariam, relinquere deberet (cfr. n. 59).

Casus 6.

Occasio proxima et periculum probabile in communi.

27. — Eugenius, optimus catholicus, parochum suum consulit de futura filii sui destinatione. Hic enim religiose educatus aetatem iam habet praeparandi se ad certum vitae statum. Desiderat autem adire universitatem gubernii civilis, ut legibus studeat; quod consilium etiam patri placet. Sed obstat pia mater, quae id nequaquam approbare potest, hac inducta ratione quod in universitatibus illius regionis maior iuvenum pars fidei et morum iacturam facit. Parochus partes matris sustentat, innixus hoc principio, non solum certa sed etiam vere probabilia et gravia pericula esse vitanda.

Quid de parochi agendi ratione dicendum?

Solutio.

28. — Perperam ratiocinatus est parochus. Etenim principium: « Non licet se exponere probabili periculo peccandi » non intelligitur de periculis probabilibus *in communi* seu de omnibus periculis longinquis et indeterminatis, sed de aliquo periculo *in particulari, determinato* atque *hic et nunc instanti*, ut diximus in definitione (supra n. 9). Ratio est, quia pericula gravia et probabilia, sed in communi tantum, innumera sunt in hoc mundo et in omnibus fere vitae statibus et conditionibus; quae omnia, collective sumpta et e longinquo futura, vitare, pro hominibus communiter onus esset importabile:

exeundum enim foret hoc mundo. Haec igitur vitandi moralis impossibilitas est *iusta causa* amplectendi vitae statum, officium seu munus, in quo postea haec singula pericula plus minusve gravia advenient, puta militis, nautici, causidici, argentarii, curialis etc., ac propterea etiam praeparandi se ad haec officia in scholis superioribus aut universitatibus. Sufficit ergo illa vitare pericula gravia et probabilia, quae in particulari *hic et nunc* instant, neque ea sine causa proportionata adire. Quoad alia indeterminata et e longinquo futura fidendum est Deo, qui suo tempore dabit vires ea vitandi, sive physice, si voluntaria sunt, sive moraliter seu adhibitis praesidiis, si ob causam relative gravem erant moraliter necessaria (*Opus.* n. 33, 51)[1]. Accedit quod, si optimi iuvenes catholici, ut se ad talem vitae statum praeparent, scholas superiores vel universitates civiles et acatholicas frequentare non possent, in multis regionibus magnum oriretur damnum pro Ecclesia et societate civili, quum brevi inter laicos deessent defensores ordinis naturalis et supernaturalis. — Sunt ergo illa pericula in communi occasiones non liberae, sed *necessariae*, etiam pro re publica et catholica; unde ob iustas rationes iis se exponere licet, modo debitae adhibeantur cautiones.

Parochus ergo patri dicat ut, quoad id sinant adiuncta, meliorem vel saltem minus malam universitatem eligendam curet, ceteroquin filii conversationi quantum potest invigilet. Filium vero paterne hortetur, ut vitet malos socios, domus, libros, consortia, ludos illasque occasiones liberas in particulari in quibus instat non solum certum, sed etiam probabile peccandi periculum; ut in occasionibus necessariis apta adhibeat praesidia orationis et vigilantiae; ut unum alterumve probum amicum eligat, frequenter apud eumdem sacerdotem confiteatur, bonos libros legat etc.; praesertim vero ut ubi primum in civitatem destinatam advenerit, sine mora nomen det associationi catholicae studiosorum, pro cuius directore parochus ipsi etiam dabit litteras commendatitias (infra n. 77). Tunc enim merito a Deo sperare licet speciale auxilium, quo hic iuvenis illa pericula futura incolumis evadat.

---

[1] Eodem modo ita recte ratiocinatur Lugo in simili materia. « Diximus, inquit, esse obligationem, quando fieri potest, vitandi causam *determinatam* peccati in communi; non vero est eadem obligatio vitandi causam in communi; quia eo ipso quod sit causa in communi affert secum gravissimam difficultatem ad hoc ut auferatur. Scit homo v. g., se pro sua fragilitate ex aspectu feminarum labi graviter. Non tenetur tamen ad vitandas omnes feminas, ut vitet hoc periculum; quia non est una causa, sed plures, quae difficillime possunt vitari » (*De Poen.* disp. 15, n. 50).

29. — Secus tamen esset, si illa pericula, licet communia et indeterminata neque hic et nunc instantia, pro aliquo tamen iuvene ob circumstantias speciales aut subiectivas futura essent adeo multiplicia, continua et gravissima, ut, omnibus prudenter consideratis, longa peccatorum series, imo ipsa iactura salutis aeternae probabilissima ac moraliter certa essent. Ad haec enim continua et gravissima pericula superanda opus esset Dei auxiliis prorsus extraordinariis, quae, quum talis vitae status omnino necessarius non sit, sine temeritate expectari non possunt. Propterea si in casu nostro certo praevideatur fore ut ille iuvenis frequentans universitatem, ob indolem suam valde levem et volubilem aut superbam, in fide et moribus naufragium faciat, in alia autem vitae conditione se probabiliter salvet, parochus omnem operam adhibere debet, ut patrem et filium a proposito avertat. Tunc enim filius certe non sufficienter vitaturus est occasiones voluntarias, neque etiam in necessariis debitas adhibiturus cautiones et praesidia, quibus periculum proximum removeatur.

Atque idem ob eamdem rationem dicendum foret, si qua schola aut aliquod collegium internum tam pravum esset, ut vix unus alterve illud salvis fide et moribus relinqueret, quemadmodum contingere potest in institutis ab Ecclesiae inimicis, puta iuxta principia coëducationis, conditis, vel in aliis directis a magistris pessimis. Neque enim haec specialis et valde periculosa schola necessaria est, ut filius ad convenientem vitae statum perveniat; vel saltem ratio adeundi tale collegium non est proportionata ad gravissima quae ibi incurruntur pericula subeunda. Unde immerito a Deo expectaretur auxilium quasi miraculosum, quo ille iuvenis, velut alter Daniel in lacu, immunis servaretur. Hisce ergo in casibus tum pater tum filius per se etiam sub poena denegatae absolutionis obligari possent ut a proposito desisterent (cfr. infra n. 78, *Instructio S. Officii de scholis*).

ARTICULUS II.
De occasione proxima voluntaria.

30. — Occasio proxima distinguitur in voluntariam et necessariam. *Voluntaria* seu *libera* est quae facile seu sine gravi incommodo vitari vel relinqui potest. Occasio *necessaria* est sive physice, sive etiam moraliter, quae scilicet vitari vel relinqui nequit sine gravi damno vel incommodo extrinseco. Praeterea occasio proxima alia dicitur *interrupta*, quae ex proposito per intervalla alibi quaeritur, alia *continua* (seu « in esse »), quae semper praesens est. Haec postrema distinctio inde a S. Carolo Borromaeo a theologis communiter admittitur et pro praxi est gravissimi momenti. De obligatione gravi vitandi occasionem proximam in primo articulo satis superque egimus (n. 3 sqq., n. 9). Vitari autem potest occasio proxima aut *physice*, tollendo ipsum obiectum periculosum, aut *moraliter*, removendo per remedia eius influxum in voluntatem adeoque eius periculum (*Opus*. n. 86, 3°; 91).

De variis his occasionum speciebus varios casus pro confessariorum praxi exponemus.

Casus I.
Varia confessariorum praxis circa occasionem voluntariam interruptam.

31. — 1° Titius confessarius, profunde persuasus de periculis occasionis proximae, passim absolutionem differt — utique verbis valde humanis — omnibus qui relapsi sunt propter occasionem proximam interruptam, quam se vitaturos esse in praecedenti confessione promiserant. Vult enim, uti ait, eis salutarem incutere terrorem, ne ite-

rato eamdem occasionem adeant in eademque recidant. Unde, etiamsi dispositi sunt ut a confessario tamquam iudice absolvantur, tamquam medicus tamen eis absolutionem differendam esse censet. Sic agit cum Godefrido qui nuper militiae adscriptus, a pravis sociis seductus, iterum lupanar adiit ibique cum meretrice peccavit. — Item cum Petro qui legit librum, a quodam sodali sibi commendatum, quem sciebat esse valde pravum. — Item cum Ludmilla, quae ab amasio sollicitata, iterum graviter cum illo contra castitatem peccavit. — Etiam cum Helena, quae ex curiositate contra expressum confessarii praeceptum in templo haeretico concioni adstitit.

2° Caius e contrario peccatores occasionarios, si interrupta tantum est occasio, semper absolvit, quando ordinaria praebent doloris et propositi signa. Hinc toties quoties absolvit luxuriosos qui lupanaria adire solent, ebriosos qui cauponas frequentant, iuvenes qui amores illicitos fovent, eos qui prava theatra corruptosque socios adire vel libros vere obscenos legere solent, modo hi omnes post brevem aliquam exhortationem serio promittant se tales occasiones non amplius adituros. In hac autem praxi sequenda Caius his nititur rationibus. Primo quia, quum praesto sint signa ordinaria doloris, si poenitens proponit occasionem fugere, non adest maior ratio quaerendi num negari aut differri debeat absolutio quam quoad alia peccata. Secundo, quia si hisce omnibus absolutio esset differenda, huiusmodi dilatio esset frequentissima et populus a confessione alienaretur.

Quaeritur I. Quaenam est regula generalis de absolvendis iis qui peccant propter occasionem proximam interruptam?

II. Quid dicendum de utriusque confessarii praxi, deque eorum rationibus?

I. Regula generalis de absolvendis peccantibus ob occasionem voluntariam interruptam.

32. — Supponimus illos relapsus in eadem occasione ex sola transeunte passione accidisse, non autem ex vitioso habitu proprie dicto [1]. Iamvero de hisce occasionariis nondum habituatis *regula generalis* haec est: 1° Qui peccat propter aliquam occasionem proximam voluntariam et interruptam, eamque se non amplius aditurum sincere promittit, aliquoties, v. g. bis terve, absolvi potest. — 2° Quodsi postea emendatio non appareat, sed eodem modo lapsus sit, generatim a confessario, ut iudex est, absolvi nequit, nisi speciale quoddam doloris et propositi indicium praebeat.

Certe aliquoties quidem hisce poenitentibus, occasionem non amplius adire promittentibus, absolutio concedi potest, quia relapsus per se nondum probat defuisse firmam voluntatem, sed voluntatem esse mutatam. Atvero, si saepius, puta plus quam bis terve, id iam promiserint, et tamen occasionem, quam sine gravi incommodo vitare poterant, ex industria eodem fere modo adhuc quaesierint, gravem utique praebent praesumptionem suum propositum non fuisse vere firmum; et etiamsi ipsimet bona fide hoc forte credant, se ipsos decipiunt, velleitatem quamdam sumentes pro firma voluntate, quam ipso facto ostendunt fuisse infirmam. Eodem modo iudicatur in vita quotidiana de illis qui semper aliquid promittunt, sed propositum numquam exsequuntur (*Opus.* n. 107 sq.). — Ita expressis verbis docent S. Carolus Borromaeus, S. Leonardus a P. M., S. Alphonsus, Suarez, Laymann, Reuter aliique innumeri auctores antiqui et recentes (ib. n. 110 sqq.; item thesi 14ᵃ). — Solum si poenitens non eodem modo lapsus esset aut per signa specialia seu extraordinaria maiorem sui propositi firmitatem ostenderet, ipsi nunc iterum fides haberi posset, quia illis specialibus signis praesumptio elideretur.

II. Iudicium de solutione casuum utriusque confessarii.

33. — 1° Titii agendi ratio, generatim loquendo, iusto severior est et practice periculosa. Hi enim poenitentes, utpote rite dispositi, ius habebant ad absolutionem statim accipiendam, nisi gravis adesset

---

[1] De occasionariis relapsis in habitum peccandi vide *Opus.* n. 336.

ratio eam paulo differendi. Neque ut medicus, seu ad praevertendum relapsum, medium dilatae absolutionis passim adhibere poterat. Nam, quum illae occasiones sint interruptae, prima et etiam altera adhuc vel tertia vice merito eorum sinceris promissis fidem habere poterat. Et si quod infidelitatis periculum supererat, hoc aliis mediis magis aptis removeri poterat, scilicet ipsa gratia absolutionis et S. Communionis, oratione, brevi reditu ad eumdem confessarium, ad quae media adhibenda Titius paterna exhortatione eos excitare debebat. Hac sua benignitate ordinarie melius eos ab adeundis iisdem occasionibus averteret quam absolutionis dilatione; quod quidem medium saepe est periculis plenum. Namque multi, qui se illas occasiones non amplius adituros sincere promiserant, offenderentur, si eis propter semel fractam promissionem absolutio differretur, vel saltem, hac difficultate obtinendae veniae territi, animum desponderent, a confessione alienarentur et ita in nova peccata laberentur. Valde idcirco timendum est, ne Titius, importunum illum timorem incutiendo, contrarium obtineat quam quod intendit, scilicet ne frequenti usu remedii dilationis poenitentes non avertat ab occasione iterum adeunda, sed ab usu sacramentorum, quibus tamen hi maxime indigent. Generatim ergo iis qui ob occasionem interruptam lapsi sunt, primis saltem vicibus gratia sacramenti statim collati, cum ferventi confessarii adhortatione, plus proderit quam absolutionis dilatio; ac proinde haec praxis Titii, si generalis fieret, animarum saluti valde noceret.

Dixi: *generatim* loquendo. Nam negare noluerim, aliquando in casu quodam extraordinario brevem absolutionis dilationem ad incutiendum terrorem etiam prima vice bonum effectum habere posse, praecipue si agatur de occasione valde periculosa, modo confessarius moraliter certus sit poenitentem ad se rediturum esse, neque alia dilationis pericula sint timenda; de qua re iudicare ad confessarii prudentiam spectat.

34. — 2° Contra praxis Caii rectae rationi et communi theologorum sententiae adversatur, ac proinde nimis remissa dicenda est (*Opus.* tres. 4ª et 14ª). Sane, si omnibus hisce occasionariis recidivis semper statim datur absolutio, modo se dolere et proponere serio asserant, permulti, numquam quae promittunt exsequentes, se ipsos de propositi firmitate fallunt et sine vera poenitentia absolutionem accipiunt. Praeterea etiam in posterum occasiones non fugient, per annos in peccatis tabescent, paulatim animum magis magisque obduratum habebunt; interim aliis plerumque grave scandalum praebebunt, imo saepe etiam in ipsa fide, operibus non suffulta, pericli-

tabuntur. Recordetur ergo Caius moniti Suarezii de nostro casu dicentis: « Oportet confessores in hoc esse cautos et constantes, ne graventur peccatis alienis » (*De Poen.* disp. 32, sect. 2).

Neque Caii rationes subsistunt. Nam ad 1um neganda est rationis identitas pro peccatoribus occasionariis et pro iis qui « alia peccata » committunt. Illi enim peccant propter eamdem occasionem proximam, quam utpote liberam facile vitare possunt, sed quam semper ex industria quaerunt; hi vero peccant propter varia pericula sive intrinseca sive extrinseca, eaque communia, quae, quum ubique obvia sint, generatim vitari nequeunt. Quapropter saepe repetitus in eadem peccata lapsus, propter determinatam aliquam occasionem facile vitabilem, multo magis propositi infirmitatem ostendit, quam multi lapsus in diversa alia peccata, quae cum eadem occasione connexa non sunt.

Ad 2um quod attinet, verum non est quod iuxta praxim, supra in regula generali statutam, dilatio absolutionis esset frequentissima, tum quia hisce occasionariis, licet promissa plane fefellerint, adhuc bis terve absolutio impertiri potest, tum quia etiam postea, etsi pluries relapsi fuerint, persaepe tamen specialia firmi propositi exhibent signa, sive iam ante confessionem per aliquam emendationem, sive post ferventem confessarii exhortationem in ipsa confessione. Concedimus tamen, dilationem absolutionis haud ita infrequentem fore in pluribus illis regionibus et cum illis poenitentibus in quibus fides est adhuc vivida, qui proinde certo ad eumdem vel alium confessarium sunt redituri: hisce quippe recidivis talis dilatio, suavi modo imposita, erit maxime utilis, imo haud raro necessaria ut occasiones evitent, quemadmodum id docent probatissimi theologi cum S. Alphonso et testantur sancti missionarii (*Opus.* n. 110-112). Rara autem erit illa praxis in illis regionibus, ubi fides valde elanguit, praecipue apud viros et iuvenes; imo admodum rara vel nulla erit cum illis poenitentibus de quibus merito timetur, ne propter talem dilationem sacramenta sint deserturi, modo saltem dubie dispositi sint, nec adsit ratio scandali ob publicum eorum ad sacramenta accessum (*Opus.* n. 517 sqq.).

Casus 2.

De modo vitandi occasionem proximam voluntariam.

35. — Cornelius iam per annum quavis circiter hebdomada graviter peccare solet cum famula sua domestica quam vesano amore prosequitur, et quae simili erga eum passione fertur. Quum res ignota sit, deest scandalum publicum. Occasione autem missionis, tristem suum statum et aeternae damnationis periculum pervidens, extraordinario corripitur dolore et firmissimum habet propositum numquam amplius peccandi. Hoc etiam testatus est famulae, quae eosdem animi sensus concepit. Proponit quoque omnia adhibere media opportuna: vitabit familiaritatem et solitudinem cum ea, imo eius aspectum; gravem ipsi exhibebit faciem, melius orabit, saepius accedet ad sacramenta etc. Ita armatus fortior erit ad resistendum et sperat se perseveraturum. Nam, licet feminam dimittere possit, hoc tamen durum ei videtur, quum haec hactenus adeo bona et obsequiosa ipsi fuerit. Cum hac igitur dispositione accedit ad confessarium. Hic, perpendens extraordinarium illum dolorem ac firma proposita, et innixus aliquorum theologorum auctoritate, censet separationem *physicam* necessariam non esse, sed periculum *moraliter* removeri posse, ac proinde tunc occasionem iam non esse proximam, et Cornelium probabiliter peccatum esse vitaturum. Non adest quidem periculum Cornelium sacramenta esse relicturum, si ipsi imponeret obligationem dimittendi hanc famulam; sed tamen, quum obligationem incertam imponere nolit, de illa dimittenda non loquitur; unde confirmans bonam Cornelii dispositionem et exhortans ut brevi ad confessionem redeat, ipsi absolutionem impertit.

Quid de hac agendi ratione confessarii dicendum?

Solutio.

36. — Nostro iudicio male egit confessarius. Occasio enim proxima, si est *voluntaria* et sine gravi incommodo extrinseco relinqui potest, non moraliter, sed *physice* est fugienda. Tum ob rationes intrinsecas, tum ob condemnationem propositionis 61^{ae} ab Innocentio XI et operis Pellizarii a S. Congregatione Indicis, sententia Lugonis et aliorum quorumdam theologorum, cui confessarius in hisce casus circumstantiis innititur, vere probabilis non videtur, sicut fusius ostendimus in *Opere* (n. 91-95).

Prop. 61^a ab Innocentio XI proscripta haec est: « Potest aliquando absolvi qui in proxima occasione peccandi versatur, quam potest et non vult omittere, quinimo directe et ex proposito quaerit, aut ei se ingerit ». Certe verba « omittendi », « quaerendi », « se ingerendi » sensu obvio de sola vitatione physica, non de morali intelligi possunt. Advertas tamen, Lugonem et Pellizarium scripsisse ante hanc damnationem.

Sane, manet occasio proxima, etiamsi Cornelius hic et nunc habet « dolorem et propositum extraordinarium »: talis enim dolor ob praesentiam obiecti turpiter amati diu perseverare non solet, uti experientia constat; ac proinde Cornelius domum rediens elapso aliquo tempore valde probabiliter iterum cum femina peccabit. Solum si constans et permanens esset mutatio voluntatis — quod non nisi diuturna experientia probari posset —, haec occasio e proxima, qualis antea erat, fieri posset remota. Sed valde imprudenter ageret confessarius, si idcirco non urgeret separationem physicam ut prius experientia probaret hanc constantem voluntatis mutationem. Nam sine illa experientia ex communiter contingentibus ille relapsus etiam a priori est solide probabilis; id quod sufficit ut iam nunc gravis obligatio physicae separationis exsistat et urgeatur. Pauci relapsus facile erunt initium longae seriei novorum peccatorum seu gravium offensarum Dei. Manet quoque occasio proxima, etsi Cornelius nunc illa omnia remedia adhibere sincere statuit; quia manet grave periculum, eum, personae praesentia excitatum, illa remedia efficaciter non esse adhibiturum. Ceterum media naturalia sine speciali Dei gratiae auxilio certo efficacia non erunt; illa autem gratia, etiam per orationem obtinenda, sine fundamento expectaretur a Deo, quippe qui exaudire non soleat temere se exponentes gravi periculo, a quo per fugam seipsos liberare possunt. Neque etiam sufficit adhibere media quibus relapsus « probabiliter » dumtaxat praecaveri possit; nam media adhibenda ita apta esse debent, quibus *certo* sperari possit boni propositi exsecutio; secus propositum non est vere efficax (cfr. supra n. 4 sq.). — Denique in universum sententia opposita in praxi est valde periculosa et facilem praebet ansam magnae morum relaxationis (*Opus.* n. 94, 3°).

Itaque, quum haec occasio sit plane voluntaria et sine gravi incommodo physica separatione abrumpi possit, indulgentia confessarii est praepostera et falsa, utpote rectae rationi adeoque legi Dei contraria; unde inhumanitas potius dicenda est erga animam Cornelii eiusque complicis. Confessarius ex illis est, quos S. Alphonsus post S. Thomam a Villanova « impie pios » vocat.

Hoc unum hic pro praxi addendum est: Si ad vitandam infamiam forte oriundam famula in ipsa missione dimitti non posset, debet saltem statim post confessionem contractus conductionis renuntiari, ut quamprimum post missionem exsecutioni mandetur; interim aliae quaedam rationes, v. g. rixae etiam fictae, praetendi possunt.

Casus 3.

De facienda monitione circa obligationem vitandi occasionem proximam voluntariam.

37. — 1° Titius, confessarius, summopere desiderans peccatores avertere ab occasione proxima, omnes quos videt aliqua occasione voluntaria implicatos de illa vitanda aut relinquenda monet, eisque si eam fugere nolunt absolutionem differt. Ita agit etiam cum iis qui illam obligationem bona fide ignorant, imo cum iis quoque de quibus prudenter timendum est ne idcirco in peiorem statum ruant. Tempore igitur Paschali ad ipsum accedit Thomas, qui occasione ludi multas eructat blasphemias, adeundo cinematographum et legendo libros amatorios saepe indulget turpibus cogitationibus, in caupona quadam haud raro inebriatur, frequentat conventus socialistarum ubi loquuntur contra Ecclesiam eiusque ministros et derident fidei dogmata; quod et ipse aliquando ex respectu humano fecit. Thomas

quidem sincere dolet peccata sua atque emendationem proponit; sed de fugiendis hisce occasionibus vix cogitat. Titius graviter insistit, ut omnes et singulas has occasiones, scilicet ludos, cinematographa, libros, cauponam, conventus socialistarum, non amplius adeat; quod quum Thomas de conventiculis socialistarum, non de ceteris occasionibus promittere velit, a confessario sine absolutione dimittitur. — Ratio Titii est quod illi qui occasionem, utpote peccati causam, vitare nolunt, peccata non sincere dolent adeoque dispositi non sunt. Remissiorem aliorum confessariorum praxim censet oppositam doctrinae Ecclesiae, quae patet ex proscripta ab Innocentio XI propositione 61, ex Rituali Romano quod absolutionis incapaces dicit eos « qui proximam peccandi occasionem deserere nolunt » (tit. 3, cap. 1, n. 23) et ex constitutione Benedicti XIV « Apostolica », 26 Iunii 1749 (§ 20).

2° Caius contra, timens ne peccatores a sacramentis avertantur, fere numquam eos monet de vitanda occasione proxima, quando ipsimet hanc obligationem non perspiciunt. Ita agit *a*) cum Nicolao, qui in universitate ex mera curiositate haud raro assistit praelectionibus alicuius professoris increduli dogmata fidei impugnantis; — item *b*) cum Antonio, viro potente in quadam regione plane catholica, qui suo exemplo alios attrahit ad adeundum congressum spiritistarum, etsi pro ipso non adsit perversionis periculum; — item *c*) cum Ioanne sacerdote qui frequentat domum suspectam et publice legit pravum folium quotidianum; — item *d*) cum Gulielmo qui in aliqua parochia rurali, ubi hactenus non adsunt matrimonia mixta, sine gravi causa visitat intuitu matrimonii puellam haereticae sectae addictam; — item *e*) cum Susanna, optimae familiae filia, quae sacramenta frequentat sed cum amica saepe lapsa est in peccata turpia, de quibus tamen statim post dolet. — Rationes Caii sunt quod, quum illi omnes non satis perspiciant obligationem vitandi has occasiones, periculosum esset eos hac de re monere, quia probabiliter eas tamen non vitarent et sic plura peccata formalia committerent; imo plures moniti iam non amplius ad confessionem redirent. Censet praeterea, confessarium in tribunali poenitentiae solum ad bonum sui poenitentis attendere debere, non ad bonum commune; hoc pertinere ad episcopum, parochum etc.

Quaeritur I. Daturne ignorantia invincibilis circa obligationem vitandi occasionem proximam, et quando?

II. Quando occasionarii, circa hanc obligationem in bona fide existentes, moneri debent; quando monitio omitti aut differri debet?

III. Quid censendum de utriusque confessarii praxi, deque eorum rationibus?

I. Ignorantia invincibilis
circa obligationem vitandi occasionem proximam.

38. — Certum est, haud raro existere bonam fidem circa huius modi obligationem, sive quod poenitens nescit aliquam occasionem sibi esse proximam, sive quod videt quidem obligationem vitandi peccatum, non autem vitandi etiam eius occasionem proximam. Huiusmodi ignorantia invincibilis vix aut ne vix quidem admitti potest quoad concubinatum aliasque occasiones per se admodum periculosas, quarum proximus finis est peccatum, uti lupanar, spectaculum ex professo turpe, liber omnino impius aut valde obscenus. Raro etiam existet quoad occasiones relativas « in esse » valde periculosas, praecipue in materia turpi, v. g. persona domestica. Saepe tamen aderit circa occasiones relativas interruptas, uti sunt choreae, cauponae, ludi, theatra, pravi amici, visitationes adamantium etc., praecipue si agitur de solis peccatis cogitationum aut oris, vel si aliqua, etsi non sufficiens causa eas adeundi adest (*Opus.* n. 96).

II. Quando facienda, quando omittenda sit monitio.

39. — *Regulariter* quidem poenitentes de relinquenda occasione proxima monendi sunt; imo multo magis urget haec monendi obligatio quam circa alia peccata materialia, v. g. de facienda restitutione; quia occasio est causa multorum peccatorum non solum materialium sed etiam formalium. Ast haec regula *exceptiones* patitur,

quando nimirum poenitens versatur in bona fide et nullus fructus, neque pro individuo neque pro bono communi, ex monitione expectatur, sed sola maior poenitentis ruina.

Praecipue igitur facienda est monitio, si agitur de occasionibus pessimis in re turpi, de gravissimis fidei periculis, de praeveniendo malo communi; item si non statim quidem sed brevi post speratur fructus pro poenitente. — Contra, omittenda est monitio de vitanda occasione, quando haec quatuor adiuncta simul concurrunt: 1° Si adsit ignorantia vere invincibilis; 2° si ex omissa monitione nullum maius damnum pro communitate oriatur; 3° si occasio non sit adeo pessima adeoque periculosa in rebus fidei et morum, ut per se quasi semper ad peccatum ducat; 4° si agatur de poenitente debili in fide et praxi religiosa, qui propter monitionem et gravem obligationem impositam per longum tempus in peiorem rueret statum. — Vide haec magis exposita et probata in *Opere*, n. 97-102.

III. Casuum solutio.

40. — Titius praxim sequitur iusto rigidiorem, Caius aequo laxiorem: uterque peccat, quia sine debita distinctione nimis generaliter procedunt.

1° Titius male egit non attendens exceptionem generalem de omittenda monitione, si nullus fructus neque privatus neque publicus ex ea expectatur (*o. c.* n. 98). Exitus valde probabilis illius imprudentis rigoris erit, quod Thomas nullam vitabit occasionem, neque etiam conventus socialistarum, quod proinde in multo plura peccata incidet, imo diu, forte semper sacramenta relinquet. Debuisset ergo Caius hac vice contentus esse promissione vitandi conventus socialistarum, utpote occasionem maxime periculosam pro ipsa etiam fide; ad alias occasiones quod spectat poenitentem non ita graviter et sub denegatione absolutionis monere debuisset, sed eum solum paterne hortari ut illas quoque, quantum fieri possit, vitaret, postea nixurus plura obtinere.

Ratio Titii non valet; quia qui ignorat obligationem vitandi occasionem proximam non potest dici hic et nunc non velle eam vitare; ad summum dici potest quod id non vellet, si illam obligationem scivisset. « Sed, ut scite advertit S. Alphonsus, confessarius non debet attendere ad indispositionem interpretativam quam poenitens haberet, sed ad actualem quam nunc habet » (VI, 610). Neque igitur ob eamdem rationem obstat prop. 61 ab Innocentio XI proscripta, neque Rituale Romanum, neque etiam Const. Benedcti XIV, qui tantum statuit, « regulariter » faciendam esse monitionem iis qui « in proxima peccati occasione versantur ».

2° Contra, Caii praxis generatim rectae rationi ac sensui Ecclesiae contraria est, et morum relaxationi valde favens (*Opus.* n. 97). Certe in solvendis illis casibus Caius aequo remissius processit, ut patet ex supra (n. 39) dictis, quae fusius in *Opere* (n. 101) exposuimus. Moneri enim debuit de vitanda occasione: *a*) Nicolaus, quia hic agitur de gravissimo fidei periculo (*opus.* n. 101, 2°); — *b*) Antonius ob bonum commune (ib. 3°); — *c*) Ioannes ob malum exemplum (ib. 4°); — *d*) Gulielmus, quia initio mali publici resistendum est (ib. 5°); — *e*) Susanna, quia non erat probabile periculum maioris mali (ib. 6°).

Rationes quas adducit Caius non valent. Funestae scilicet consequentiae vix procedunt, si regula generalis cum debitis exceptionibus prudenter applicatur. Falsum quoque est eius principium, confessarium ad solum bonum sui poenitentis attendere debere, transmisso bono communi. Qua de re ita S. Alphonsus cum communi auctorum sententia: « Non obstat quod pro illo (poenitente) tunc admonitio sit ei causa ruinae; quia confessarius est minister non tantum constitutus pro consulendo bono particularium poenitentium, sed etiam pro bono totius reipublicae christianae, ideoque praeferre debet bonum commune bono privato sui poenitentis » (*Hom. Ap.* tr. XVI, n. 116; item *Th. M.* VI, 615). Si secus faceret, confessarius, unam volens salvare animam, alias complures cooperando perderet, ac proinde sacramentum Poenitentiae conferret non ad augmentum totius Corporis Christi, quod est Ecclesia, sed ad eius detrimentum.

Casus 4.

Praxis circa occasionem voluntariam continuam seu « in esse ».

41. — 1° Caius, ab aliquibus annis in quodam loco confessarius valde quaesitus, facile absolvit omnes occasionarios, modo de peccatis vere doleant et promittant se deinceps occasionem proximam esse

vitaturos aut dimissuros. Ita statim, id est antequam occasionem dimiserint, absolvere solet etiam illos qui versantur in occasione voluntaria « in esse » semperque praesenti, v. g. concubinarios occultos, heros peccantes cum persona cohabitante, aliena bona iniuste possidentes, libros contra fidem et bonos mores retinentes etc., etiamsi illi sine gravi incommodo huiusmodi occasiones ante datam absolutionem removere possent. Autumat enim, regulam de dimittenda occasione voluntaria continua antequam detur absolutio, esse nimis duram, esse dumtaxat consilium a theologis suggestum, quo confessarius aliquando velut remedio uti possit, sed non teneatur.

2° Titius vero, eius parochus, pro regula habet differre absolutionem omnibus versantibus in occasione voluntaria « in esse », usquedum eam dimiserint. Ita facit v. g. cum Ferdinando, qui legit librum valde obscenum quem domi adhuc retinet. — Item cum Stephano, qui aliquam pecuniae restitutionem facere debet. — Item cum Augustino, qui diu et saepe peccavit cum ancilla sua, quam velut concubinam occultam habet, sed qui nunc, occasione missionis, maximo corripitur dolore eamque statim dimittere serio promittit. — Item cum Bertha, quae in civitate vicina aliquoties per hebdomadam graviter impudica committere solet cum socia in eadem officina sibi semper praesenti, licet ipsa ad Titium redire non possit nisi post plures menses.

Quaeritur I. Potestne absolvi qui versatur in occasione proxima voluntaria « in esse », antequam occasionem reliquerit?

II. Quid dicendum de agendi ratione tum Caii, tum Titii?

I. Regula generalis in occasione continua seu « in esse ».

42. — Sententia verior et longe communior antiquorum et recentium theologorum dicit, versantem in occasione proxima continua seu « in esse » quam statim dimittere potest, *ordinarie loquendo*, ne prima quidem vice esse absolvendum, nisi antea occasionem re ipsa removerit. — Ratio est, quia peccat, ac proinde absolutione indignus est, qui se libere seu sine causa proportionata committere vult periculo solide probabili et proximo peccandi graviter. Atqui hoc facit qui occasionem proximam praesentem, puta concubinam, non removet ante absolutionem; nam, ut experientia constat, si talis poenitens semel est absolutus, ob magnum affectum quo tenetur erga illam personam vel rem sibi praesentem, exponit se periculo vere gravi infringendi propositum et illam occasionem adeo caram non dimittendi, atque adeo relabendi in eadem peccata. Qua de re — ita concludit S. Alphonsus — si talis vellet absolvi antequam occasionem deserat, esset indispositus; quia se constitueret in probabili periculo infringendi propositum. Ac propterea confessarius qui eum absolveret, ipsum relinquendo in tali periculo, utique peccaret tam contra officium iudicis, quia absolveret indispositum, quam medici, non applicando illi remedium suae saluti necessarium » (VI, 454). — Vide *Opus* (n. 113-130), ubi hanc sententiam rationibus et gravissimis auctoritatibus probavimus, obiectionesque refutavimus, ita ut sententia opposita vere probabilis non esse videatur [1].

---

[1] Exscribere lubet ex *Opere* (n. 117) aliqua dumtaxat sanctorum virorum testimonia. S. *Thomas a Villanova* praecipit: « Prius vadat (poenitens) et concubinam e domo pellat, pecuniam alienam restituat...; ac tunc ad confessarium redeat et absolvatur. Hic rectus est ordo... Haec contra quosdam confessarios nostri temporis, pie impios et impie pios, dicta sint, qui ne confitentem aliquantisper contristent, illum in sua nequitia manere permittunt ». — S. *Carolus Borromaeus* circa talem poenitentem praecipit: « Confessarius ipsum absolvere non debet, nisi prius occasionem de facto relinquat » (ib.). — S. *Franciscus Xaverius* de iisdem peccatoribus, non solis exercitia facientibus, sed communibus, dicit: « Talia (i. e. occasionis amotionem) quantumvis prolixe ac serio pollicentibus haud tuto creditur sine pignore. Fac repraesentent in antecessum quod se praestituros asseverant. Ergo antequam illos salutari sententia culpis solutos omnibus dimittas, haec ut praevertant omnino exige. Alias brevi relapsos in praecipitium inutiliter dolebis » (ib.). — S. *Leonardus a P. M.* de iisdem occasionariis « in esse » ait: « Certum est, in similibus casibus absolutionem dandam non esse nisi prius actu amputetur occasio. Respiciendum non est ad poenitentis promissa, sed sancto quodam rigore aperte ipsi dicendum: Vade, tolle occasionem, et redi ad absolutionem accipiendum » (ib.). — *Ven. Segneri* contrariam praxim vocat: « errorem probrosissimum », graviterque increpat confessarium qui non utitur « remedio quod est unicum adversus hoc malum, nempe urgendo ut ea ad quae tenetur (poenitens) praemittat

43. — Diximus tamen cum S. Alphonso (VI, 454): *ordinarie loquendo*, quia illa regula exceptiones patitur, videlicet:

1° Si occasio peccandi est quidem continua, sed tamen non valde periculosa et admodum alliciens, ita ut de eius amotione illico facienda prudenter ambigi nequeat;

2° Si poenitens in aliquo raro casu ostendit dolorem et propositum adeo extraordinarium, ut merito censeatur eum post confessionem protinus dimissurum esse occasionem;

3° Si poenitenti notabiliter gravius esset redire ad eumdem confessarium vel apud alium confessionem repetere, quam occasionem illico removere;

4° Si dilatio poenitentis famae graviter noceret. — In hisce enim casibus, aut periculum frangendi promissa non est graviter probabile, aut ob iustam rationem occasio fit ad hoc brevissimum tempus quasi necessaria, ac propterea poenitenti sincere promittenti occasionis amotionem statim absolutio concedi potest vel etiam debet.

Accedit 5°: Si poenitens ita esset infirmus in fide, ut graviter timeatur, ne propter hanc dilationem sacramenta deserat et in peccatis tabescat (*Opus.* n. 114, 123-128).

II. Casuum solutio.

44. — 1° Perperam agere solet Caius. Eius praxis, ut vidimus, adversatur rectae rationi, et reprobatur a sanctis confessariis atque a theologis numero longe maiore. — Neque quae opponit quidquam valent. Nam regula haec, ordinarie sequenda et temperata iuxta supra dicta, nequaquam « nimis dura » est, sed charitate plena, quia a miseris his peccatoribus certius aufert occasionem, peccatorum causam. Contra, dura potius dicenda est praxis contraria, exponens eos sine iusta causa gravi periculo relapsus. Neque ille poenitens qui se temere probabili periculo infringendi propositum committere vult, haberi potest obiective « dispositus ». Deinde sancti et auctores quasi communiter hanc regulam non ut « merum consilium » dant, sed

---

et differendo absolutionem usquedum omnia impleverit » (ib.). — *S. Alphonsus* quoque gravis peccati reum esse dicit confessarium secus agentem: « Propter praedictum periculum frangendi propositum, mortaliter peccat poenitens qui ante remotionem occasionis absolutionem petit, et gravius peccat confessarius qui illum absolvit » (*Praxis.* n. 66). Hisce sanctis doctisque viris, « qui, ut merito ait Lehmkuhl, in tractando foro poenitentiali eximie versati erant », consonant alii theologi plerique omnes et antiqui et recentes.

eam sequendam praecipiunt, uti eorum verba clare demonstrant. Est
enim praeceptum legis naturalis non se exponendi gravi periculo
infringendi propositum atque ita remanendi in occasione proxima
(*Opus.* n. 130).

45. — 2° Ex altera parte Titius nimis absolute, ac proinde
generatim nimis rigide solvit casus propositos, non satis attendens
ad exceptiones faciendas. Nam ad Ferdinandum quod attinet, si hic
retentioni huius libri quem iam legit non erat valde addictus, iure
ipsi huius destructionem promittenti credi poterat. — Idem dic de
Stephano, saltem si agitur de pecuniae summa relative parva, neque
ipse iam alias eius restitutionem promiserat. Sin autem quaestio est
de restitutione magni valoris, generatim haec obligatio notabiliter
gravior est quam reditus ad confessarium, ac propterea dilatione
absolutionis urgenda; secus propter magnum illum affectum ad pecuniam sine gravi causa relinquitur in periculo proximo non resti-
tuendi. Ita S. Alph. (*Th. M.* III, 682; *Praxis.* n. 43). — Quod cum
Augustino iusto severius egerit Titius, dicere non ausim. Theoretice
quidem admittit S. Alphonsus, absolutionem statim dari posse, si
poenitens signa adeo extraordinaria exhibeat ut prudenter expectari
possit proxima illius personae dimissio; sed practice id applicatum
dumtaxat vult, « quando est moraliter impossibile quod concubina
ante absolutionem brevi dimitti possit; vel quando urgeat necessitas
communicandi ad vitandam magnam infamiam. Nam alias, inquit,
semper absolutio est differenda; quia experientia nimis constat quod,
obtenta absolutione, difficulter occasio postea aufertur, et sic facillime reditur ad vomitum » (III, 436). Itaque in praxi « si absolutio
commode differri posset » (VI, 454), differatur. — Denique Bertham
statim absolvere potuisset et debuisset, si ipsi magnum onus esset
confessionem apud alium sacerdotem iterare, neque adeo vehemens
esset adhaesio ad hanc amicam; quia tunc, quemadmodum in occasione necessaria, ratione huius gravis oneris, merito a Deo expectantur
vires abrumpendi quamprimum illam occasionem. Sin autem ipsi
notabiliter minus grave esset confessionem apud alium repetere, quam
confestim removere occasionem illius sociae laboris, iterum per dilationem urgenda esset separatio ab amica complice, v. g. petendo
antea ad officinae directore alium laborem, aliam sociam, vel alio
quo fieri posset modo. Quod magis etiam faciendum erat, si Bertha
iam alias id promiserat, sed in eadem occasione voluntarie manens
iterum erat relapsa.

Casus 5.

Occasionarius « in esse » et canon 886 C. J. C.

46. — Sempronius, sacerdos, in magna civitate tempore Paschali multas audit confessiones. Accedit ad eum primo Ludovicus, qui iam inde fere ab anno domi tenet ancillam, velut concubinam, quacum singulis pene hebdomadibus copulam aut actiones graviter turpes commisit, secreto tamen ita ut nullum sit scandalum apud fideles. Est ceterum catholicus firmiter stans in fide, qui omnino praeceptum Paschale implere vult. Sempronius ipsi declarat, eum versari in occasione proxima, adeoque prorsus dimittere debere hanc ancillam. Poenitens quasdam movet difficultates, minime quidem serias, sed eas ortas ex magno suo erga ancillam affectu; attamen confessarii exhortationibus adductus tandem sincere promittit, se domum reducem quamprimum eam esse dimissurum. Confessarius autem probe videns quam arduum hoc futurum sit Ludovico, graviter timet, ne poenitens, licet nunc vere dispositus, semel tamen absolutus, pravae suae inclinationi et ancillae precibus atque illecebris sit cessurus et promissum non exsecuturus. Vult igitur iuxta fere communem auctorum probatorum sententiam poenitenti iniungere, ut primum occasionem hanc amoveat et deinde redeat absolutionem recepturus. Quapropter ipsi persuadere conatur, ut brevem absolutionis dilationem libenter accipiat, dicens hoc efficacissimum esse contra relapsum remedium. Sed Ludovicus, etsi sine gravi incommodo statim ancillam dimittere et brevi redire possit, huic dilationi invitum se ostendit et petit illico absolvi: statuerat enim hodie die solemni Paschatis communionem accipere, aliasve allegans parvi momenti rationes. Sempronius igitur anceps haeret: non timet quidem gravius ob dilatam absolutionem incommodum, v. g. poenitentem ita graviter offendi ut non sit rediturus et sacramenta relicturus; sed timet eius in proposito inconstantiam. Praesertim vero angitur ob can. 886 Cod. Iuris, qui dicit: « Si confessarius dubitare nequeat de poenitentis dispositionibus et hic absolutionem petat, absolutio nec deneganda nec differenda est ». Nam in Codice nulla exceptio innuitur. Itaque Sempronius, legi Ecclesiae scrupulose obedire volens, tandem accedit petitioni Ludovici, ipsique statim absolutionem confert, utut semper graviter metuens ut ancilla ab eo non dimittatur.

Brevi post ad eumdem Sempronium accedit Henricus, paterfamilias, qui nomen dedit pravo folio quotidiano, nominatim prohibito ab auctoritate ecclesiastica. Ipse quoque, utpote catholicus, praeceptum Paschale prorsus implere vult, quippe quod in vita sua numquam omiserit. Ast valde adhaeret lectioni huius folii, et non ipse solus, sed etiam eius uxor et filii. Iam anno elapso confessario sincere promiserat, se illud folium non amplius esse lecturum eiusque inscriptioni renuntiaturum; unde absolutionem acceperat. Sed, domum redux, tum propter molestas uxoris filiorumque efflagitationes, tum quia et ipse eius lectioni adeo addictus erat, consilium mutaverat, neque promissioni illud renuntiandi steterat. Sempronius ergo nunc iterum paterne sed serio poenitentem recidivum exhortatur graviterque monet, eum non solum ipsummet folii lectioni et inscriptioni renuntiare debere, sed etiam, quum sit paterfamilias, quantum possit curare, ut uxor et filii illud non legant. Hisce confessarii exhortationibus ac monitis commotus Henricus denuo vere resipiscit videtque se ut catholicum obedire debere Ecclesiae, ac proinde sincere promittit omnia quae confessarius exigit. — Sed nunc denuo animi angitur Sempronius. Ex una parte graviter probabile habet, Henricum, indole debilem et mutabilem, propter easdem rationes ac praeterito anno suis promissis non esse staturum, nisi absolutionis dilatione urgeatur ut antea inscriptionem huius folii administrationi renuntiet. Censet praeterea, poenitentem sine ullo gravi incommodo redire posse, imo ipsum, impulsum desiderio faciendi Pascha, quoque esse rediturum, si haec dilatio ipsi, etsi hic et nunc invito, imponatur. Ex altera tamen parte Henricus serio petit statim absolvi, et dilationi

haud parum reluctantem se ostendit: erubesceret quippe si uxor et
filii scirent sibi hanc ob causam absolutionem fuisse dilatam etc.
Quapropter Sempronius, volens iterum caece obedire legi Ecclesiae
in canone 886 latae, Henrico etiam statim absolutionem concedit,
graviter tamen timens ne poenitens hac etiam vice non sit exsecuturus quae promisit.

Quaeritur I. Quid dicendum de modo agendi Sempronii?
II. Quid de eius interpretatione can. 886?

I. Casuum solutio.

47. — 1° Ex iis quae in alio casu (n. 42, 44) iam diximus patet,
graviter errasse Sempronium solventem casum Ludovici.

Ex una enim parte ipsemet censet, nullum grave incommodum
ex absolutionis dilatione Ludovico esse obventurum; quia poenitens
pro accipienda Communione Paschali moraliter certo rediturus est.
Adhibendo igitur remedium dilationis, confessarius facili negotio
auferet causam peccati, occludetque portam novorum lapsuum. Ex
altera parte ipsemet Sempronius arbitratur, Ludovicum si statim
absolvatur probabiliter non dimissurum ancillam, ac proinde in periculosissima occasione permansurum et misere relapsurum esse. Itaque
non adhibendo remedium dilationis, poenitentem relinquit, ut ait
Segneri, « in faucibus draconis, cum ipsum ex tam atroci periculo,
qualis est relapsus, eripere posset » (*Opus.* n. 117). Sempronius ergo
nimia sua indulgentia grave damnum infert animae sui poenitentis
eritque causa valde probabilis innumerorum eius peccatorum, imo
gravioris etiam periculi aeternae damnationis. Quo magis enim Ludovicus moratur in abrumpenda tali occasione, eo vehementior fit
impudicus affectus, eo intensior pravus habitus, eo maior rationis
excaecatio voluntatisque debilitas, eo difficilior conversio. Nostra aetate
processus moralis huiusmodi animae persaepe desinit in indifferentiam
religiosam et iacturam fidei. Ex hisce facile intelliget lector, cur sancti
illi viri supra (n. 42, *nota*) adeo severe de auferenda occasione ante
absolutionem locuti sint. « In his omnibus, ait adhuc S. Alphonsus,
praesertim ubi turpium lapsuum periculum imminet, advertat sedulus
confessarius quod numquam crudelius se geret cum poenitente quam

benignius agendo; et quo maiorem severitatem adhibebit, eo melius illius saluti consulet» (VI, 452).

Neque *obiiciatur,* si poenitens invitum ostendat animum ad accipiendam absolutionis dilationem, generatim esse rationem timendi gravius damnum, scilicet ipsum omnino relicturum esse sacramenta. Hoc enim nequaquam semper verum est. Ut enim experientia certum est, permulti occasionarii qui adhuc firmiter stant in fide — uti in casu Ludovicus — reluctantes quidem et inviti ob leves rationes parvumque incommodum hanc dilationem accipiunt, sed minime idcirco sacramenta missa facere vellent. Hi namque, praecipue si confessarius bonis rationibus humanisque verbis salutarem huius remedii effectum eis proponit, generatim brevi post, animo magis sedato rem considerantes, ipsimet has rationes pervident, imo haud raro post remotam occasionem confessario gratias agunt pro adhibita hac amara medicina (*Opus.* n. 384 sqq., n. 429).

48. — 2° Atque idem dicendum est de Sempronii agendi ratione cum Henrico. Quod prima vice ipsum absolvit, antequam occasionem removerit folioque nomen dare cessaverit, eo forte explicari posset quod nescivit poenitentem tanto affectu eius lectioni adhaerere ipsumque animo adeo debilem esse erga domesticos suos; nam si affectus non est tam vehemens neque occasionis amotio res adeo ardua, seriis promissis removendi occasionem fides praestari potest (supra n. 43, 1°; *Opus.* n. 114).

Atvero certe valde imprudenter agit Sempronius altera vice illum statim absolvendo: tunc enim experientia iam noverat, Henricum, pro indole sua debili et mutabili, permansurum esse in gravi relapsus periculo, imo ipsemet confessarius, ut dicitur in casu, vere probabile habebat poenitentem promissis non staturum. Ergo confessarius, absolutionem dando ante amotionem occasionis adeo periculosae, illum totamque eius familiam iterum serio exponit permultis gravibus peccatis inobedientiae et rebellionis erga auctoritatem ecclesiasticam. Et si Henricus cum eius familia, legens denuo quotidie per integrum annum illud folium prohibitum, plus plusque pravo eius spiritu imbuitur, ab Ecclesia magis alienatur et tandem sacramenta missa facit — quae omnia pericula utique vere probabilia sunt —, hoc iterum praeposterae Sempronii indulgentiae tribuendum erit. Potuerat enim, absolutionem procrastinando usquedum haec quotidiana occasio esset amota, haec mala antevertere, idque sine graviore incommodo, quia poenitens nunc ita dispositus erat ut, licet dilationem aegre ferens eique reluctans, omnino tamen communionem Paschalem accipere vellet. Neque ratio, ob quam Henricus dilationi invitum se ostendit, ullius erat momenti, imo prona ipsi fuisset occasio pro suo officio patrisfamilias curandi, ut etiam uxor et filii ab hac lectione averterentur.

II. DE INTERPRETATIONE CAN. 886.

49. — Laudandus sane est Sempronius ob promptum suum animum obediendi legi Ecclesiae; ast, nostro iudicio, erravit in interpretatione huius legis. Iuxta eius enim interpretationem canon 886 adversaretur doctrinae communi theologorum qui ante hunc canonem scripserunt, ut alibi demonstravimus (*Opus*. n. 442 sq.). Licet enim complures sapienter moneant, confessarium conari debere ut poenitens libenter dilationem accipiat, nullus tamen huius consensum absolute exigit. Idque merito quidem: ad solum namque confessarium, ut medicum, pertinet de huius remedii utilitate iudicare[1]. — Praeterea talis stricta interpretatio duceret ad praxim animarum saluti haud parum nocivam, et idcirco a sanctis illis viris, qui etiam in exercitio sacramenti Poenitentiae heroica prudentia eminuerunt, graviter reprobatam, ut supra (n. 42, *nota*) vidimus.

Ille ergo canon alio modo interpretandus est; qua de re vide *Opus*. n. 444 sqq. Sufficiat hic exscribere hanc nostram conclusionem:

« Ecclesia per hunc canonem iterum prohibere voluit praxim Iansenistarum atque antiquorum — et quorumdam forte etiam recentium — rigoristarum, qui nimis facile et promiscue peccatoribus absolutionem differebant. *Nihil* autem *novi* contra unanimem antiquorum et recentium theologorum doctrinam introducere voluit, sed solum statuere quid *per se* et *ordinarie* agendum sit, videlicet: poenitenti disposito seu sufficienter contrito generatim absolutio statim concedenda est. Minime tamen prohibere voluit, quominus *per accidens*, propter graves et speciales rationes, quae aliquando occurrere possunt,

---

[1] Egregie Lugo: « Confessarius non solum est iudex, sed etiam medicus. Unde... licet principaliter exerceat munus iudicis absolventis poenitentem dispositum, debet tamen simul procurare ut medicus in ipsa absolutione curationem poenitentis, eo scilicet modo absolvendo qui magis cedat in utilitatem et remedium aegroti. Ad utrumque enim habet ius confessarius; nec potest prohiberi a poenitente quod in ipsa absolutione exerceat officium medici... Cum ergo confessarius iudicat, expedire dilationem absolutionis ad hoc ut poenitens reddatur magis cautus et confirmetur in proposito non peccandi, nec ita facile postea relabatur, *potest certe et debet aliquando* ut medicus hoc remedium poenitenti adhibere; nec potest aegrotus rationabiliter conqueri adversus medicum, cui se in hoc sacramento curandum tradidit. Neque in hoc debemus recedere a *sententia communi;* cui adstipulatur experientia multorum poenitentium, qui hoc remedio adhibito brevi tempore solent curari » (*De Poenit*. disp. 14, n. 167-171; in *Opere* n. 440).

absolutio per breve tempus differatur, si confessarius, ut medicus, id iuxta probatam theologorum doctrinam pro sua prudentia ad poenitentis curationem expedire iudicaverit. Aliis verbis: contra ac rigoristae volebant, sit regula *generalis* poenitenti contrito absolutionem statim concedere; quae regula tamen *exceptiones* patitur ob speciales rationes et circumstantias... Qua de re notandum est, canonem nostrum inveniri in Codice qui proxime ad ius canonicum, non ad theologiam moralem pertinet. Ius canonicum autem exhibet leges obiectivas, et edicit quid *per se* iuxta regulas *ordinarias* faciendum sit; dum theologia moralis, praesertim ea quae etiam pastoralis nuncupatur, confessarios docet, quid aliquando, spectatis variis rerum et personarum circumstantiis, ob rationes speciales et *extraordinarias* quasi *per accidens* vel per modum exceptionis iuxta prudentiae regulas agere expediat » (ib., n. 448). Est haec regula epikeiae, quae pro legibus ecclesiasticis in universum valet [1].

50. — Denique quae hac de re scripsimus confirmantur gravi auctoritate Cardinalis Gasparri qui praecipuus est Codicis auctor et Praeses Commissionis de interpretatione Codicis. Hic enim in novissimo suo opere « Catechismus Catholicus » hanc ponit quaestionem: « Confessarius absolutionem sacramentalem potestne denegare aut differre? » (qu. 456). Respondet autem: « Confessarius absolutionem sacramentalem tunc solum denegare potest et debet, si prudenter iudicet non constare de necessariis poenitentis dispositionibus; aliquando autem ad tempus eam iusta de causa differre potest, praesertim si poenitens consentiat, ut melius sese disponat ». Notentur hic verba: « *praesertim* si poenitens consentiat »; quae quidem significant, consensum poenitentis non semper esse necessarium, sed confessarium, per modum exceptionis, posse absolutionem differre etiam poenitenti rite disposito sine eius consensu explicito, si *iusta de causa* id iudicat medium efficax quo poenitens melius adhuc se disponat, puta relinquendo antea occasionem proximam, adhibendo melius remedia contra relapsum etc. — Per hoc Em.mi Viri testimonium

---

[1] Placet hic addere quid *Il Monitore Ecclesiastico* de hoc loco nostri Operis dicat: « Circa il can. 886 bene dice l'Autore: Il Codice non riguarda tanto la teologia morale quanto il diritto canonico. Questo propone le norme oggettive e fissa quel che per sè e giusta le ordinarie contingenze deve osservarsi; mentre la morale, specie la pastorale, deve istruire il confessore a quel che può e deve nelle varie contingenze, anche per ragioni speciali e straordinarie, anche per accidens e per modum exceptionis. E' l'osservazione più giudiziosa che abbiamo letto su questo tema; e utinam omnes intelligerent! » (Agosto 1927, p. 255). Eodem modo loquitur *La Civiltà Cattolica* laudans pristinam nostram dissertationem de hoc canone (Dicembre 1920, p. 457). Nostrae interpretationi adhaerent alii quoque auctores qui scripserunt post Codicis Iuris publicationem, uti Vermeersch, Tanquerey, Arregui, Racca, Marc-Gestermann, Aertnys-Damen, Génicot-Salsmans, Wouters etc.

controversia de interpretatione illius canonis cuique prudenti, ni fallor, clausa videbitur.

51. — Erravit igitur Sempronius circa sensum et applicationem huius canonis. Errant quoque, nostro iudicio, aliqui pauci recentes qui, hunc canonem strictius interpretantes et urgentes, censent, Ecclesiam hic aliquid *novi* statuere voluisse et doctrinam antiquorum theologorum prohibere, poenitentem de quo in casu, vi huius canonis, ius habere *statim* absolutionem obtinendi, confessarium suum iudicium de usu remedii dilationis submittere debere placito poenitentis, neque hoc remedium adhibere posse, si poenitens eidem quascumque ob causas se invitum ostendat. — Contra, Sempronius in circumstantiis supra in casibus Ludovici et Henrici descriptis, in quibus nullum grave incommodum timendum erat, absolutionem iuxta antiquam doctrinam differre potuit, quinimmo, ordinarie loquendo, debuit, ut hoc remedio urgeret amotionem occasionis cui adeo inhaerent. Secus eos sine causa relinqueret in periculo proximo peccandi; quod semper nefas est, utpote ab ipsa lege naturali prohibitum.

Dico: *ordinarie loquendo*. Nam si quis poenitens, parum firmus in praxi religiosa, dilationi ob rationes leves adeo invitum se ostendat, ut graviter timendum sit ne idcirco in peius ruat vel sacramenta sit plane relicturus, tunc sane ipsi statim absolutio esset concedenda, nisi forte ratio boni communis et scandali vel reservatio auctoritatis ecclesiasticae obstent (cfr. supra n. 43, 5° et *Opus*. n. 457). Ast in casibus a nobis propositis hoc gravius incommodum ex dilatione serio timendum non esse diximus. Unde agitur hic de solo principio: estne ipsa petitio absolutionis ac invitus poenitentis animus circa eius dilationem semper et per se ratio, ob quam confessarius, vi canonis, poenitenti, qui certe dispositus est et praevidetur rediturus, absolutionem differre prohibeatur? Hic sane casus apud poenitentes, qui firmiter adhuc stant in fide, non ita raro occurrit (supra n. 47).

ARTICULUS III.

De occasione proxima necessaria.

52. — Inter omnes theologos constat, poenitentem, qui versatur in occasione proxima sive physice sive moraliter necessaria, hanc regulariter relinquere non debere, ac proinde a confessario, ut iudex est, absolvi posse, modo adhibere velit remedia necessaria quibus periculum peccandi ex proximo reddatur remotum. Erit autem occasio moraliter necessaria, si ex ea relinquenda aut vitanda notabile ac grave damnum aut temporale aut spirituale oriretur. Qua in re iudicanda confessario multa prudentia sedulaque omnium circumstantiarum consideratione opus est; secus aut rigidius aut laxius procederet cum magno utique animarum detrimento. Hinc in *Opere* (n. 133-138) plurima exempla ex S. Alphonso aliisque auctoribus enumeravimus, variasque rationes ex vitae usu perpendendas exposuimus, ex quibus dignosci possit, utrum aliqua occasio necessaria an voluntaria dicenda sit. Atvero, sicut diximus, ut poenitens in hisce occasionibus relinqui possit, prorsus necesse est adhibere remedia necessaria quibus proximum peccandi periculum removeatur; horum alia vim occasionis deminuunt, alia vim passionis temperant, alia vires spirituales augent. Haec remedia singularia explanavimus quoque in *Opere* (n. 142).

Sunt tamen circa hanc materiam aliquae quaestiones graves, quae ulteriorem considerationem postulant, videlicet primum de officio confessarii, ut medici, deinde de removenda physice occasione necessaria, si experientia constat remedia indicata optatum successum non obtinuisse. De his igitur aliquot casus practici proponendi et solvendi sunt.

Casus I.

Officium confessarii, ut medici, in occasione proxima necessaria

53. — Valentinus, iuvenis honestus et religiosus, singulis fere mensibus accedens ad sacramentum Poenitentiae, intuitu matrimonii ineundi, bis terve in hebdomada visitat puellam quamdam, item valde piam. Cum solida adsit spes felicis connubii, utriusque partis parentes id approbant. Iam per aliquot menses ita honeste conversantur, quum ecce, quodam die quum ob circumstantias loci vel temporis Valentinus solus cum sola erat, vehementi abreptus passione, oscula libidinosa tactusque graviter impudicos cum ipsa committit; idemque etiam sequentibus visitationibus aliquoties contigit. Peccata ex corde dolet eaque proxima vice accusat apud Titium, confessarium suum ordinarium. Hic boni iuvenis lapsum sincere commiseratur, eiusque fiduciam in Dei misericordiam excitat. Sed censens, in occasione necessaria statim ab initio efficaciora remedia contra relapsum esse adhibenda, eidem benignis verbis per octo dies absolutionem differt, ut interim necessariis cautionibus et mediis orationis et vigilantiae, iam antea ipsi indicatis, melius utatur. Valentinus hanc dilationem humiliter accipit. Postea vero dubitat Titius, num non nimis severus fuerit cum optimo hoc iuvene.

Quaeritur I. Num confessarius, ut medicus, tenetur efficaciora contra relapsum remedia adhibere?
    II. Num dilatio absolutionis in occasione necessaria est remedium efficacius?
    III. Num Titius recte egit iam prima vice absolutionem differendo?

I. Principium generale in hac quaestione.

54. — Ad primam quaestionem generatim sic respondendum est: confessarius, ex officio medici, non solum potest, sed etiam *tenetur* poenitenti contrito aptare remedia *certe efficaciora* ad eius lapsum praecavendum.

Principium hoc generale, saepe a S. Alphonso inculcatum, certum est, ut probavimus in *Opere* thesi 7ª. — Ratio praecipua haec est: sicut medicus corporalis in gravi mortis periculo tenetur adhibere remedia *certe probabilius* efficacia ut mortem antevertat, ita quoque medicus spiritualis, quando agitur de gravi periculo mortis animae per peccatum mortale (ib. n. 145 sq.). Quae ratio logice valet pro quovis gravi periculo relapsus in talem mortem spiritualem; ergo etiam pro prima vice, quando quis versans in occasione necessaria accusat peccata mortalia et propter illam occasionem adest grave et proximum relapsus periculum. Sufficit confessarium *certo* scire, aliquod remedium in casu esse re vera aptius et efficacius, seu illud certe probabilius salutarem effectum, praeservationem scilicet a relapsu, esse sortiturum, quam alia remedia minus probabiliter efficacia. Sint ergo haec alia remedia *in se* etiam efficacia; si tamen propter poenitentis negligentiam in hoc casu certo praevidentur minus efficacia et valde dubia, solum remedium certe efficacius, ubi agitur de morte animae, a confessario, ut medico, necessario est adhibendum, adeoque fit *hic et nunc unice aptum et indicatum* (*Opus.* n. 149). — Ast haec est pro praxi difficultas, scire nempe num aliquod remedium sit re vera efficacius. Quamdiu enim hac de re vere dubitat confessarius, non tenetur unum prae alio adhibere.

II. De remedio dilationis absolutionis in occasione necessaria.

55. — Quando agitur de praecavendo relapsu in occasione necessaria, *theoretice* et *in abstracto* brevis absolutionis dilatio est quidem remedium prae aliis efficacius. Enimvero si poenitens talem dilationem rite accipit, propter desiderium absolutionis consequendae certius et efficacius excitabitur ad adhibendas debitas cautelas aliaque media orationis et vigilantiae, quorum usus prorsus necessarius est,

ut gravibus tentationibus resistat et ita illam occasionem e proxima faciat remotam. Multi enim poenitentes in ipso actu confessionis faciles quidem sunt in promittendo se illa media esse adhibituros; sed semel absoluti tardi et segnes sunt in exsequendo, quasi obliviscentes quae promiserant. Unde S. Alphonsus: « Reor, inquit, nullum aliud aptius antidotum ministrari posse ei qui est in occasione proxima (necessaria), quam dilationem absolutionis: dum experientia docet quod poenitentes, postquam absoluti discedunt, ut plurimum negligunt media praescripta adhibere, et sic facillime recidunt » (VI, 456). Per dilationem enim absolutionis acuitur eorum attentio (« attentiores redduntur, inquit S. Alphonsus, ad usurpanda remedia praescripta ». *Conf. Dir.* cap. 15, n. 11), sedulius sibi invigilant, saepius propositum renovant, ferventius orant etc., cogitantes se brevi post de horum mediorum usu confessario debere reddere rationem, antequam desideratam accipiant absolutionem. Hoc igitur casu talis dilatio sua efficacia quasi eminenter in se continet alia media eaque velut ingenerat.

56. — Atvero, *practice* et *in concreto*, habita scilicet ratione circumstantiarum, dilatio nequaquam semper hos optatos producit effectus. Quapropter S. Alphonsus non absolute hoc remedium seu antidotum adhiberi vult, ut volunt rigoristae, sed tantum, quemadmodum semper loquitur, « si commode fieri potest ». Utrum vero id commode fieri possit necne, pendet ex variis adiunctis, prudenter a confessario perpendendis. Generatim illis poenitentibus qui debiliores sunt in fide, vel qui aliquam infamiae notam subire deberent, vel qui difficulter brevi redire possunt, vel qui facile animum despondent, vel qui aegre dilationem ferunt et idcirco a frequenti confessione deterrentur, hoc remedium, supposito quod alioquin a confessario ut iudice absolvi possunt, magis nocebit quam proderit, ac proinde illis applicandum non est. Item si confessarius arbitratur, poenitentem ob gravem suam indolem vel ob extraordinarium dolorem iam satis certo alia media et cautelas esse adhibiturum, illa dilatio minus utilis erit, ac propterea potius omittenda.

In universum nostris temporibus ob elanguentem fidem in illis regionibus, ubi praesertim multi viri et iuvenes parum sacramenta frequentant, multo rarius quam tempore S. Alphonsi remedium dilatae absolutionis est adhibendum. Saepius nunc obtinet illud: « commode fieri non potest », et « adest specialis ratio statim impertiendi absolutionem » (*Opus.* n. 150 sqq.).

III. Casus solutio.

57. — Ad Valentinum ergo nostrum quod attinet, generatim huiusmodi procatio seu visitatio plus minusque frequens nostris temporibus fere ubique dicenda est occasio necessaria (cfr. infra n. 125). Si ergo Titius arbitratur, nulla incommoda ex brevi illa dilatione esse timenda, e contrario illam poenitenti *certe utilius* fore ut efficaciter solitis mediis utatur, recte egit, imo ita, iuxta principia supra probata, agere debuit. Secus dicendum, si *dubitat* de felici exitu huius remedii quoad hunc poenitentem. — Prout autem casus supra brevi exponitur, Valentinus, humiliter et submisse illam accipiens dilationem, ita dispositus esse videtur, ut nulla incommoda, sed tantum commoda ex huius remedii usu expectare fas sit. Si ita est, per illam dilationem certius obtinebitur, ut religiosus ille iuvenis maiorem contra relapsum horrorem concipiat et, diligentius adhibendo media necessaria, in posterum a peccatis abstineat, ut digne se ad sacramentum matrimonii praeparet et etiam postea optimus christianus permaneat. Quod si forte, durante illo praeparationis tempore, adhuc semel aut iterum ex debilitate in peccatum relabatur, raro ipsi idcirco absolutio denuo erit differenda, quia prima illa dilatio generatim sufficit, ut etiam in posterum mediis diligentius utatur; unde ad frequentiorem sacramentorum usum potius excitetur, quorum virtute in propositis exsequendis roboretur.

E contrario, si Titius huic iuveni tum prima tum sequentibus quibus relabitur vicibus semper absolutionem statim dederit, profecto haud parvum adest periculum fore, ut Valentinus paulatim media efficaciter adhibere negligat, saepius iterum tentationibus succumbat et, etiamsi confiteri pergat, per longum tempus in eadem vel maiora usque peccata relabatur horumque habitum contrahat, semperque voluntate debilior fiat cum deminutione etiam gratiae Dei. Imo illis qui ita usque ad matrimonium infeliciter fere semper in peccatis vivunt, grave quoque imminet periculum abutendi postea matrimonio semel contracto per onanismi crimen; quemadmodum id tristis experientia, nostra praesertim aetate, apud plurimos nimis demonstrat.

Saepe tamen, ut diximus, in huiusmodi casu confessarius *certus* non erit iam prima vice dilationem esse remedium efficacius, vel eidem adhibendo quaedam incommoda obstabunt (supra n. 56). Quo in dubio prima et altera vice ad alia media ordinaria melius adhibenda graviter hortari oportet. Quae si effectum optatum non haberent, deinde ad fortius remedium dilationis recurrendum esset.

Casus 2.

Occasio necessaria in casu extremo deserenda.

58. — Blandina, puella in orphanotrophio religiose educata sed infirma salute, famulatur apud herum, matrimonio iunctum, qui brevi impurum amorem erga eam concipit, eamque variis modis ad gravia peccata sollicitat. Puella initio quidem resistit, sed paulatim heri blanditiis cedens misere cadit. Quovis mense accedere solet ad Caium suum confessarium. Hic primo varia ipsi media praescribit: orationem, meditationem mortis, frequentiam sacramentorum, vitare esse solam cum solo, repulsas fortes, verbera et alapas etc. Blandina haec serio promittit: sed remedia praescripta non satis diligenter adhibens, brevi post hero sollicitanti iterum cedit. Hortatur denuo confessarius, et quo remedia efficacius adhibeat, ipsi per breve tempus absolutionem differt. Redit post aliquas hebdomadas puella; remedia quidem melius adhibuit, sed tamen, victa promissis, blandimentis et minis heri, iterum relapsa est. Tunc Caius ipsi iniungit, ut hunc famulatum deserat. Sed puella, quum debilis sit corpore et haud multum laborare possit, alium famulatum invenire nequit. Si hunc herum relinquit, aut mendicare debet — quod ipsam maxime pudet —, aut fame perire. Confessarius idcirco, hanc occasionem moraliter necessariam ducens, iterum omnibus utitur experimentis, paterne hortando, ad spem erigendo, Dei punitionem minando, aliquoties etiam benignis verbis absolutionem differendo, ut mediis orationis et vigilantiae melius utatur. Blandina ad pedes confessarii provoluta lapsum quidem dolet, remedia melius adhibere promittit, gemit et orat, solitudinem cum hero vitare nititur, quando hic eam solam invenit initio quidem dure eum repellit, minatur etiam omnia

uxori revelare. Sed herus, necessitatem eius moralem probe cognoscens, sua vice primo minatur expulsionem, extremam paupertatem, famem etc.; tum variis iterum utitur promissis et blanditiis, quibus scit Blandinam, indole quoque et virtute infirmam, facile commoveri. Ita misera puella victa fere semper cedit, et per annum et ultra eodem quasi modo pluries singulis mensibus relabitur. Tandem tum ipsi tum confessario certum est, nullam probabilem emendationis spem superesse, quamdiu in hoc famulatu maneat.

> *Quaeritur* I. Quid poenitens facere debet, si versans in occasione moraliter necessaria, adhibitis etiam remediis, semper eodem fere modo relabitur?
> II. Quomodo Caius hunc casum solvere debet?

I. Regula generalis de occasione necessaria in casu extremo.

59. — Poenitens, qui in occasione moraliter necessaria, adhibitis etiam remediis, eodem fere modo semper relabitur, ita ut probabilis spes eius emendationis iam non supersit, hanc occasionem physice relinquere debet, etiam cum gravissimo suo incommodo aut damno. — Hanc propositionem longe lateque in *Opere* (n. 160-180) variis rationibus probavimus, maxima quoque auctoritate confirmavimus, et opposita eidem argumenta diluimus, ita ut sententia, quam contra aliquot auctores antiquos et recentes propugnamus, moraliter certa, et opposita iam non practice probabilis esse videatur. Unde S. Alphonsus eam dicit « tenendam », Lacroix eam vocat « veram », Viva et Mazzotta eam habent « communem ».

Sufficiat hoc unum adduxisse argumentum intrinsecum. Omnes consentiunt — est quippe lex naturae — periculum proximum peccati mortalis alterutro modo prorsus removendum esse: aut *moraliter* per remedia adhibita, aut *physice* per separationem. Atqui periculum proximum in casu nostro non removetur moraliter, nec solida adest spes fore ut in posterum ita removeatur, uti longa experientia constat. Ergo, vi ipsius legis naturae, hoc periculum *physice* est removendum, a. v. haec occasio proxima physice seu per separationem est relinquenda, cum quocumque damno vel incommodo, etiam si opus esset, cum iactura vitae. Est hoc argumentum certum et convincens. — Nec quidquam refert, qua ex causa perpetuus ille lapsus contingat, sive ex indiligentia in adhibendis remediis, sive ex infirma poenitentis indole, sive ex vehementia sollicitationis in illius occasionis praesentia, sive ex eo quod Deus ob iustas causas denegat gratias efficaciores et durum sacrificium separationis physicae postulat. Sufficit experientia constare hoc factum, solidam emendationis spem abesse, quamdiu quis in tali occasione permaneat (*Opus*. n. 166; alia argumenta ib. n. 167-171).

Neque dissidium inter auctores hanc obligationem *dubiam* reddere potest, quemadmodum arbitratur recens quidam celeber auctor. Nam auctoritas auctorum dissidentium nequaquam impedire poterit *factum* perpetui illius relapsus. Hoc enim factum, quod poenitens omnino impedire seu vitare debet, in casu non dubie sed moraliter certo *manebit,* quoad occasio, huius facti causa, non sit physice remota, quidquid theoretice tamquam solide probabile censent alii illi auctores dissentientes. Physica occasionis remotio est in hoc casu subiectivo et practico unicum medium vitandi ipsum factum. Quapropter propter horum dissidium certam illam obligationem negare, esset abusus auctoritatis extrinsecae, a. v. esset iterum praepostera probabilismi applicatio ad factum, quod quisque omnino vitare debet, sed cuius vitatio minime pendet ex principio reflexo, auctoritate aliquorum auctorum innixo (cfr. supra n. 6) *a*) et *e*) [1].

Notanda sunt denique verba Scavini: « Aliqui dicunt falsum suppositum, imo absurdum, quod quis remediis adhibitis in tali occasione eodem modo relabatur iugiter; at isti viam, indolem, propensionem cordis humani in praxi parum dignoscunt. Qui non magistri tantum, sed confessarii partes agit, id evenire posse ultra fatetur » (*Th. Mor.* III, n. 342). Unde theologi passim hunc casum saepe occurrere concedunt (*Opus*. n. 163). Cfr. etiam infra n. 78 verba S. Officii de scholis.

II. Casus solutio.

60. — Si Caius initio credidisset, Blandinam versari in occasione *libera* quam sine gravi incommodo relinquere potuisset, iam prima vel certe altera vice eam ad physicam separationem obligare debuisset (supra n. 13 sq.). Postea, ubi hanc occasionem moraliter necessariam esse novit, bene eam tractavit. Praescripsit remedia, ad

---

[1] Quid per accidens faciendum sit in casibus, ubi ex iniuncta obligatione physicae separationis maiora mala moralia orirentur, vide in *Opere* n. 162.

ea adhibenda serio hortatus est; suaviter simul ac fortiter erga eam egit, differendo etiam aliquoties absolutionem, ut puella efficacius remediis uteretur. Prudenter quoque, saltem iuxta regulam ordinariam, ipsi non iniunxit ut rem uxori revelet, quia communiter maxima exinde dissidia inter maritum et uxorem orirentur, et ceteroquin, si deinde in eodem periculo maneret, herus tanta passione correptus facile occasionem solitariam inveniret eam iterum sollicitandi cum eodem tristi exitu. Restat ergo unicum medium amovendi hoc periculum proximum, quod est separatio physica. Hanc igitur imponat confessarius necesse est.

Neque huic solutioni obstat, quod Blandina in suis confessionibus verum ostendat dolorem per signa etiam specialia et extraordinaria: gemitus, suspiria, lacrimas etc. Nam, ut ait S. Alphonsus, haec signa debent esse « tam extraordinaria quod possit concipi prudens spes emendationis » (*Praxis*. n. 69). Huiusmodi non fuerunt illa signa, ut experientia monstravit. Quidquid autem est de vero illo dolore, et firmo proposito — de postremo certe serio dubitari potuit (infra n. 64) — confessarius saltem ut medicus, scilicet ad abrumpendam continuam illam peccatorum futurorum catenam, separationem physicam iniungere debet. Urget hic praeceptum Evangelicum: « Si oculus tuus scandalizat te, erue eum etc. » (Matth. v, 29). — Num forte Caius diutius in ea imponenda tardaverit, pendet ex adiunctis. Si iam post aliquot menses certum ei erat, spectata puellae indole, emendationem veram prudenter sperari haud posse, iam tum physicam separationem urgere debuerat; nam quo diutius in tali occasione remanetur, eo difficilior fieri solet eius amotio.

61. — In hac autem imponenda obligatione paterne procedat confessarius. Ad eam exsequendam hortetur Blandinam efficacibus motivis, tum timoris, tum amoris, tum propriae honestae puellae dignitatis; separationem prorsus necessariam esse ipsi persuadeat; hanc quoque possibilem esse ostendat, quum Deus, qui ipsi hoc sacrificium imponat, petenti certe ad id ferendum vires sit ministraturus; ad spem ergo in paternam Dei Providentiam eius animum erigat. Praecipue vero ostendat, facilius esse *unico* actu forti pravam illam occasionem abrumpere quam diu in ea perstantem peccatum vitare; nam, ut merito hac de re advertit Lehmkuhl: « Quod in se difficilius videtur, facilius tamen una vice perficitur » (*Th. Mor.* II, 619, 2). — Forte bonum erit consilium quod puella primo uxori

famulatum absolute renuntiet, aliam causam praetexens. Confessarius quoque ipsi suam orationem promittat, eamque, salvo utique sigillo, orationibus aliarum personarum piarum commendet. Sic solida adest spes fore ut Caius, veram sequens doctrinam, Blandinam, bono quidem animo dotatam, sed in praesentia talis occasionis indole adhuc magis quam corpore debilem, a multis peccatis ab ipsaque damnatione aeterna sit salvaturus. Contra, si puella in eadem semper occasione relinquitur — ut contraria permittit sententia —, innumeris peccatis gravaretur, usque debilior evaderet, et haud improbabiliter, sacramenta tandem pertaesa, in desperationem vel in totalem salutis suae neglectum incideret.

Interim Caius, quoad eius facere potest, huic puellae, in extrema etiam corporali necessitate existenti, succurrere satagat, commendando illam — salvo iterum confessionis sigillo — alicui instituto aut societati charitatis, puta S. Vincentii, S. Elisabeth, aliisve personis sibi notis, et ita, imitans multos alios industrios sacerdotes, seipsum mendicum faciat pro salute animarum. Id praecipue faciat, si Blandina, relinquendo hanc occasionem, aliis gravibus animae periculis, forte etiam meretricii, exponeretur. Hoc modo casus ille, quo quis, occasionem necessariam deserens, ipsius etiam vitae iacturam facere et fame perire debeat, hisce temporibus re ipsa rarissimus erit.

Casus 3.

Occasio proxima physice relinquenda etsi gravia damna obstant.

62. — Soror Veronica cum alia eiusdem monasterii religiosa particularem iniit amicitiam, quae paulatim utramque induxit ad saepe committenda inter se peccata mortalia contra castitatem. Omnia sincere manifestare solet suo confessario, qui consueta ei praescripsit remedia contra relapsum in hac occasione continua; imo aliquoties ei etiam absolutionem distulit, ut salutarem ei timorem incuteret et ad melius adhibenda media adigeret. Sed hactenus omnia fuerunt inefficacia: tantus est spiritualis eius tepor et infirmitas, tantaque inter utramque passionis vehementia, ut ob hanc occasionem diu et frequenter eodem fere modo in eadem peccata relabatur.

Superiorissa quidem hanc amicitiam particularem vetuit, eidemque invigilat. Quapropter palam et coram aliis ab ea manifestanda abstinere nituntur, ita ut superiorissa credat rem quasi finitam esse, nec quidquam grave suspicetur. Veronica tamen clam, praesertim etiam nocte, complicem in cellula invisit eiusque visitationem accipit, et saepe eadem peccata committit. Censet tandem confessarius, separationem physicam et translationem in aliam domum esse necessariam. Sed haec sine gravi Veronicae damno et incommodo obtineri nequit. Primo quidem damnum famae; nam si translationem petit, haec fieri nequit, quin superiorissa sive localis sive provincialis aliaeque sorores, vel etiam superior regularis aut Episcopus aliquid grave suspicentur, praesertim si Veronica etiam confessarii consilium aut praeceptum interponit. Accedit damnum salutis, quae iam debilis in hac domo multo peior erit in alia domo in quam esset transferenda, propter aërem aliasve varias rationes. Propter omnia ergo haec gravia damna et incommoda anceps haeret confessarius, num sub gravi et sub negatione absolutionis ipsi iniungere possit vel debeat ut translationem petat. — Quid in casu?

I. Solutio casus iuxta mentem S. Congregationis Indicis.

63. — Quum nec remedia praescripta, neque ipsa absolutionis suspensio desideratum habuerint exitum, neque, ut longa experientia monstrat, hunc in posterum prudenter sperare liceat, separatio physica unicum in casu est medium quo haec occasio e proxima fiat remota. Quapropter, si illa separatio in eodem monasterio obtineri nequit, neque etiam exclaustratio aut saecularizatio suaderi potest, confessarius sub gravi Veronicae imponere debet ut translationem in aliud monasterium petat, etiam cum gravi eius damno, sive famae sive valetudinis. Solutio haec probata est supra (n. 59), eamque in *Opere* (n. 171) etiam confirmavimus ex prohibitione operis Pellizarii «De Monialibus» (decreto 21 Aprilis 1693), in cuius nova editione (anni 1755), iussu S. Congregationis Indicis correcta, expunctus est locus, qui contrariam solutionem ut licitam tuebatur. Locus suppressus, qui est ipsissimus noster casus, hic est:

« *Quaer*. An confessarius debeat cogere monialem ad vitandam occasionem proximam ei per aliquod tempus permissam ob grave damnum, quod ei provenire poterat ex remotione dictae occasionis, si progressu temporis videat illam semper eodem modo relabi, nec in ea reperiri ullam emendationem; idque etiamsi idem damnum in praesentia ipsi immineat?

« *Resp*. Non debere cogere, sed posse illam adhuc absolvere, si vere occasionem illam proximam etiam modo deserere nequeat absque gravi suo damno. Ita in terminis de Lugo (n. 156) ex Vivaldo, Sancio et aliis theologis. Probatque, quia adhuc post experimentum nullius profectus ac emendationis potest stare verus dolor ac propositum requisitum absque voluntate auferendi occasionem cum tanto damno; ergo monialis in tali casu potest absolvi cum ad talem effectum requiratur solum confessio cum dolore ac proposito. Sicut, enim in praeteritis confessionibus potuit absolvi, eo quod non tenebatur cum tanto suo damno auferre occasionem, sic ob idem detrimentum adhuc perseverans excusatur modo ab auferenda dicta occasione; nec assignari potest, unde in praesentia oriatur gravis obligatio tollendi occasionem, quae obligatio antea non esset; ideo si antea excusabatur, excusabitur etiam nunc, cum militet eadem ratio » (*De Monialibus* cap. 10, n. 183; ed. 1646).

Ex hisce ergo constat, occasionem moraliter necessariam tandem esse deserendam etiam cum magno damno et detrimento, si quis semper eodem modo relabitur, neque progressu temporis ulla sincera emendatio per alia remedia adhibita prudenter sperari licet, a. v. physicam tunc separationem a confessario esse imponendam.

II. Rationes oppositae refutantur.

· 64. — Merito autem S. Congregatio hunc locum suppressum voluit, quia opposita sententia est nimis laxa, et quia rationes a Pellizario ex Lugone desumptae nihil probant. Etenim 1° « verus dolor et propositum » initio adesse potuit, quoad probabilis adhuc verae emendationis spes adsit; non autem post sufficiens « experimentum nullius profectus »; saltem valde dubius erit huiusmodi dolor et propositum (cfr. *Opus*. n. 168, n. 177, obi. 6ᵃ). — 2° « In praeteritis confessionibus potuit absolvi », saltem initio, quia tunc prudenter sperari poterat, periculum proximum per adhibita remedia futurum esse remotum; non ita postea, deficiente illa probabili spe; ergo non militat eadem ratio (*l. c.* n. 175).

Neque *obiiciatur,* versantem in tali occasione necessaria eodem modo tractandum esse ac eum qui peccat ex fragilitate intrinseca, v. g. pollutionarium. Namque huiusmodi pollutionarius versatur in occasione *intrinseca,* eaque *physice* necessaria : nemo enim carnem suam relinquere potest. Hunc ergo Deus per gratias abundantiores adiuvare tenetur, si homo facit quod potest, adhibendo scilicet remedia, quia « facienti quod est in se non deerit gratia ». Qui vero versatur in occasione moraliter necessaria *extrinseca,* hanc physice relinquere potest, licet cum gravissimo incommodo. Hoc autem incommodum subire Deus praecipere potest, et re ipsa praecipit in casu extremo (*Opus.* n. 178). — Alias quoque rationes oppositas solutas vide ib. n. 175 sqq.

Ex dictis consequitur haec conclusio. Confessarius, quisquis ille est, sive ordinarius, sive extraordinarius, sive supplens, sive simplex in alia ecclesia, qui post debitas interrogationes tristem illum poenitentis statum cognoscit, Veronicam absolvere nequit, nisi sincere promittat, se hanc occasionem « in esse » physice esse relicturam, atque idcirco omnia etiam damna et detrimenta subituram, quo Deum non amplius perpetuis relapsibus offendat. Urget hic praeceptum Evangelicum : « Si oculus tuus scandalizat te, erue eum etc. » (*l. c.* n. 167). Et si id iam aliquoties promisit, nec promissis stetit, semperque cum iisdem peccatis rediit, a nullo amplius confessario absolvatur. Hac sola severa et uniformi confessariorum agendi ratione sperare licet, fore ut Veronica in se redeat, vere ad Deum convertatur, suamque salvet animam. Forte, cum videt se iam a nullo confessario absolvi, efficaciter excitabitur ut complicem prorsus vitet; sed si, ut timendum est, iterum relabitur, omnino urgenda est physica separatio.

Casus 4.

Occasio necessaria ob damnum infamiae.

65. — Leonardus, adolescens viginti circiter annos natus, religiose a parentibus educatus, in negotio domestico patrem adiuvat. Quovis fere mense confiteri solet apud Titium. Quadam autem vice accusat, se plura peccata gravia contra castitatem commisisse cum iuniore quadam muliere coniugata, quae fere quotidie laborandi causa in domum paternam venit. Titius ipsum paterne at serio monet, et solita remedia ac cautelas adhiberi iubet. Sed Leonardus passione

abreptus ea parum diligenter adhibet, et propterea saepius in mense in eadem peccata relabitur. Quae quum semel adhuc vel bis confessus esset, nihil fere emendatus, Titius eum obligat ut a parentibus suis huius mulieris dimissionem petat. Leonardus autem, merito metuens infamiam apud parentes gravesque eorum obiurgationes, id promittere non vult. Unde a Titio, humanis quidem verbis, sine absolutione dimittitur, donec huic obligationi satisfecerit. — Quid de confessarii agendi ratione?

I. Solutio casus iuxta veriorem sententiam.

66. — Prout casus exponitur, Titius nimis festinanter illam solutionem dedisse videtur. Certe illa occasio Leonardo erat moraliter necessaria, quum mulieris dimissio non ab ipso sed a parentibus pendeat. Petere autem hanc dimissionem vix potuit, quin hi lapsus eius parentibus manifesti fierent et ipse gravem apud eos infamiam subiret; hi quippe nullatenus talia delicta a bono filio suspicabantur. Imo, quia mulier illa loquax non taceret, imminet etiam gravis infamia apud alios. — Iamvero occasio necessaria tunc tantum cum gravi incommodo physice est removenda, quando, manente illa occasione et adhibitis frustra remediis, emendatio prudenter iam non sperari potest. Generatim autem post paucas confessiones nondum dici potest abesse talem prudentem spem. Si enim Leonardus post confessionem quaedam saltem emendationis signa ostendit, v. g. quod primis diebus mulierem vitavit, saepius propositum renovavit, citius ad confessionem rediit etc., sane, etiamsi adhuc pluries relapsus erat, probabilis tamen erat spes fore ut paulatim, a bono confessario adiutus, se prorsus emendaret. Id autem ut fiat, saepe diuturniore experientia opus est. Deinde, si Leonardus nimis negligens fuit in utendis remediis, potuit Titius et, si nihil obstabat, etiam debuit ipsi una alterave vice absolutionem ad breve tempus differre, quo poenitens incitaretur ad melius illa remedia adhibenda. Praeterea confessarius etiam tentare poterat, num Leonardus fortasse alio modo, cum minore suo incommodo, mulieris dimissionem a parentibus obtinere posset, v. g. excitando cum illa rixam, praetexendo procacem eius agendi rationem, a parentibus forte iam animadversam, vel alias rationes. Solum ergo, si post sufficientia

experimenta Titius moraliter certum habebat, iam non esse solidam spem fore ut per alia remedia periculum e proximo reddatur remotum, Leonardum ad physicam separationem paterno utique modo (n. 61), obligare debuit, ac proinde ad subeundam illam infamiam, ut supra (n. 59) vidimus. Si poenitens, timens duriores parentum obiurgationes, peteret, ut ipse Titius, pro sua prudentia ipsis rem revelet, etiam, si opus esset, cum manifestatione suorum lapsuum, confessarius certe, si nihil obstat, laudabiliter hunc actum charitatis praestabit.

II. Periculosa solutio iuxta sententiam oppositam.

67. — Sunt quidam auctores qui hanc solutionem, quae omnino est ad mentem S. Alphonsi aliorumque plurimorum theologorum, nimis severam iudicent; ast immerito. Est enim, ut vidimus supra (n. 59), imposita per legem naturalem, imo etiam Evangelicam (*Opus*. n. 166, 167). Est etiam inspirata vero amore erga animas. Contra, solutio iuxta sententiam oppositam est valde periculosa. Si enim huiusmodi iuvenis diuturno tempore, fortasse per plures annos, in eadem sinitur perstare occasione proxima et quasi continua, semper peior fit eius conditio, etiamsi forte more solito ad sacramenta accedere pergat. Primo quidem innumera committit peccata mortalia habitumque luxuriae contrahit; qui habitus, per se iam adeo vehemens, semper eo intensior evadit quo diutius protrahitur. Per repetita illa peccata voluntas usque infirmior fit; gratia quoque Dei ordinarie parcior. Deinde si poenitens semper promittit adhibere remedia, sed in promissis exsequendis adeo negligens est ut eodem fere modo semper recidat, certe gravis adest praesumptio, imo post plures confessiones moralis certitudo infirmi propositi; unde nullus sacramentorum fructus, contra eorum gravis abusus. Denique serium quoque adest periculum fore ut poenitens, videns sacramenta toties recepta nihil sibi prodesse, animumque despondens, in praxi religiosa paulatim plane torpescat, utque pertaesus haec sacramenta tandem relinquat, ut praeterea aliis quoque occasionibus, puta pravis consortiis, libris etc., se exponat, et sic in plenam indifferentiam religiosam incidat. Certe multi iuvenes, christiano modo educati, bonorum morum ipsiusque etiam saepe fidei iacturam fecerunt, quia confessarii initio, praesertim quoad occasiones proximas, nimia erga eos usi sunt indul-

gentia, nec satis fortiter ab iis exegerunt sacrificia quae imponit lex Evangelica. — Principium ergo, grave vel gravissimum incommodum per se excusare a relinquenda physice occasione proxima, quando quis post remedia inutiliter adhibita semper eodem fere modo in ea relabitur, non solum falsum est in se, sed ducit etiam ad consequentias morum puritati, dignae sacramentorum receptioni animarumque saluti valde periculosas (*Opus*. n. 170).

Contra, si confessarius, veram sequens doctrinam, ubi primum videt physicam occasionis remotionem suo poenitenti esse necessariam et antequam hic per longam peccatorum consuetudinem in miserum illum statum inciderit, serio ipsi huius medii necessitatem ostendit, ipsique animum dat, ut unico actu hoc sacrificium ferat: tunc sane merito sperare licet fore ut hic nondum adeo debilitatus confessarii praecepto obsecundet. Sin autem in casu nostro Leonardus nullo modo induci potuerit hanc infamiam subire, Titius bene fecit differendo ipsi absolutionem, usquedum hic gravi suae obligationi satisfecerit. Modo igitur haec obligatio non tardius imponatur, sed tempore opportuno quum poenitens adhuc firmiter stat in fide et praxi religiosa, generatim graviter timendum non est, ne Leonardus sacramenta prorsus relinquat et in peccatis tabescat; sed prudenter expectari potest, ut hic, conscientiae stimulo actus et sacramenta recipere adhuc desiderans, serio resolvat confessario obedire debitamque obligationem etiam cum gravi suo incommodo adimplere, ut ita, amota occasionē, plane ad Deum convertatur et pristinam suae conscientiae pacem consequatur.

Hi casus sufficiant ad illustrandam doctrinam de occasione proxima in genere variisque eius speciebus.

SECTIO ALTERA
DE OCCASIONIBUS IN PARTICULARI

ARTICULUS I.
De Scholis pravis.

68. — Nostra aetate in quamplurimis regionibus schola acatholica frequens est occasio, in qua fides et mores iuventutis catholicae periclitantur et naufragium faciunt. Videlicet adsunt ibi scholae *publicae* a gubernio civili conditae, quae, theoretice saltem, in infantium iuvenumque institutione ab omni religione plane abstrahunt et idcirco *neutrae* aut *laicae* vocantur vel etiam *mixtae*, quia et catholicis et acatholicis liber ad eas patet aditus. Sunt ibidem saepe etiam scholae *catholicae*. Sunt denique et *haereticae* vel *anticatholicae*, in quibus doctrina fidei catholicae adversa traditur. Iamvero permulti in illis regionibus parentes catholici ob varias rationes liberos suos committunt scholis acatholicis, saepissime quidem publicis seu neutris, interdum etiam haereticis vel anticatholicis. In variis illis scholis praesertim publicis etiam catholici munere magistri vel inspectoris funguntur. Accidit quoque haud raro, ut in quadam schola alicui iuveni in particulari specialis exsistat occasio proxima seductionis quoad bonos mores. — Quoniam saepenumero confessarii et animarum pastores ancipites haerent, quid in hisce rerum adiunctis agendum sit, varios casus et quaestiones ponere et solvere iuvabit.

Casus propositi

69. — In quadam civitate complures fideles post auditas aliquot conciones de iuventutis institutione et educatione accedunt ad confessarium vel ad parochum, eisque varios casus et dubia animique angustias exponunt. Videlicet:

1° Marius aliique multi parentes pueros mittunt ad scholas publicas vel neutras, aliquando etiam ad haereticas, quia schola catholica in eorum loco deest vel certe nimis distat, neque ipsis sunt facultates quibus eos alio mittere possint.

2° Dionysius aliique pro principio statuunt, institutionem in religione spectare quidem ad sacerdotes et parentes, institutionem vero in artibus et scientiis profanis pertinere ad gubernium civile, exclusa omni Ecclesiae auctoritate, ac propterea hanc separationem per se meliorem esse tuentur, ideoque solas scholas publicas tam inferiores quam superiores approbant, ad easque liberos mittunt.

3° Linus cum multis aliis parentibus hoc principium theoretice quidem non admittit, sed practice ob rationes nullas vel futiles liberos suos scholis publicis committit, licet ibidem apta existat schola catholica. Qua in re eius uxor passive se habet.

4° Gulielmus aliique complures idem faciunt, adducentes rationes, quas ipsi plus minusve graves habent, v. g. quia schola publica est gratuita et, licet pro schola catholica pecuniam contribuere possint, hoc ipsis tamen nimis durum videtur; vel quia in schola publica eorum pueri facilius examen, a gubernio civili praescriptum, subibunt; vel quia censent, relationes et amicitias, cum condiscipulis alterius aut nullius religionis, praesertim in scholis superioribus initas, postea magis profuturas sociali et materiali suae prolis conditioni; vel quia eorum filii ibidem inveniunt complures suae conditionis amicos aliosque notos acatholicos vel etiam bonos catholicos etc.

5° Tharcisius in schola invenit aliquem, sive magistrum sive condiscipulum, qui saepe eum varia ratione ad tactus turpes seducere conatur. Confessarium interrogat, quid sibi sit faciendum.

6° Martha, quo se praeparet ad munus magistrae in schola publica seu laica, a parentibus destinatur ut frequentet scholam normalem publicam, ubi certe adest periculum quoad eius fidem et morum honestatem: non est enim in illa civitate huius generis schola catholica.

Ad varios hos casus solvendos ante omnia recta principia statuenda sunt. Quapropter:

> *Quaeritur* I. Quaenam sunt principia de institutione iuventutis in scholis acatholicis?
> II. Quandonam parentibus licet liberos suos committere scholis acatholicis?
> III. Licetne catholicis fungi munere magistri vel inspectoris in scholis acatholicis?
> IV. Quaenam sunt pastorum animarum officia circa scholas?
> V. Quomodo confessariis vel parochis agendum est in variis casibus propositis?

Circa hanc materiam praeclaram facem praeferunt primum Instructio S. C. S. Officii, die 24 Nov. 1875 approbata ac confirmata a Pio IX, et a S. Congr. de Prop. Fide mandata ad Episcopos Statuum Foederatorum Americae Septentrionalis [1]; deinde Litt. Enc. 31 Dec. 1929 Pii XI « de christiana iuventutis educatione » [2]. Accedunt complures canones Codicis Iuris.

I. Principia de iuventutis institutione in scholis acatholicis.

70. — A. *Ea iuventutis instituendae ratio, quae omnem religionis doctrinam excludit, est ex se periculi plena, ac perquam adversa rei catholicae.*

---

[1] Cfr. *Collect. de Prop. Fide* n. 1449.
[2] Cfr. *A. A. S.* 1930, p. 49 sqq.

Haec verba desumpta sunt ex cit. Instr. S. Congr. S. Officii. Idem patet ex proscripta a Pio IX propositione 48 Syllabi: « Catholicis viris probari potest ea iuventutis instituendae ratio, quae sit a catholica fide et ab Ecclesiae potestate seiuncta, quaeque rerum dumtaxat naturalium scientiam ac terrenae socialis vitae fines tantummodo vel saltem primario spectet ».

Rationes breviter exponit Aertys: Illa institutionis ratio « 1° Mutila est, et praecipua quidem educationis parte, doctrina nempe salutis aeternae, quae rerum pereuntium doctrinam tum nobilitate tum necessitate praemodum antecellit (cfr. can. 1372 et 1373); ex quo defectu periculum nascitur ne aetas flexibilis sine religione adolescat. 2° Ab Ecclesiae auctoritate seiuncta est; unde fieri potest ut magistri scholis praeficiantur et libri adhibeantur, qui errores et vitiorum semina teneris mentibus infundunt. 3° Sine religione impossibile est tum sana morum praecepta tradere, tum quasdam scientias docere, v. g. historiam; fieri enim nequit quin praeceptor Revelationem et Ecclesiam tangat, eique vel patrocinetur vel adversetur » (*Th. Mor.* II, n. 511, I).

71. — Hae rationes ita praeclare in cit. Instr. S. Off. magis explicantur:

« Alumni enim talium scholarum (publicarum), cum propria earumdem ratio omnem excludat doctrinam religionis, neque rudimenta fidei addiscent, neque Ecclesiae instruentur praeceptis, atque adeo carebunt cognitione homini quam maxime necessaria, sine qua christiane non vivitur. Enimvero in eiusmodi scholis iuvenes educantur iam inde a prima pueritia ac propemodum a teneris unguiculis; qua aetate, ut constat, virtutis aut vitii semina tenaciter haerent. Aetas igitur tam flexibilis si absque religione adolescat, sane ingens malum est. Porro autem in praedictis scholis, utpote seiunctis ab Ecclesiae auctoritate, indiscriminatim ex omni secta magistri adhibentur, et ceteroquin ne perniciem afferant iuventuti nulla lege cautum est, ita ut liberum sit errores et vitiorum semina teneris mentibus infundere. Certa item corruptela ex hoc impendet quod in iisdem scholis, aut saltem in pluribus earum, utriusque sexus adolescentes et audiendis lectionibus in idem conclave congregantur, et sedere in eodem scamno masculi iuxta feminas iubentur. Quae omnia efficiunt, ut iuventus misere exponatur damno circa fidem, ac mores periclitentur » (*l. c.*).

Pariter in universum docet Pius XI in cit. Encycl.:

« Omnis disciplina puerilis, quaecumque, meris naturae viribus contenta, ea respuit aut negligit quae ad vitam christianam rite informandam divinitus conferunt, falsa plenaque erroris est » (*l. c.* p. 69). — Quod ubi fuse ostendit, concludit: « Inde necessario consequitur, per scholas, quas *neutras* vel *laicas* nuncupant, omne fundamentum christianae educationis disiici atque everti, utpote a quibus religio omnino removeatur; quae ceterum scholae nullo modo nisi specie neutrae erunt, cum religioni plane infensae reapse aut sint aut futurae sint » (*l. c.* p. 76). — Imo idem SS. Pontifex etiam illam reprobat scholam neutram vel mixtam, in qua *separatim* doctrina catholica catholicis pueris explicatur: « Neque illa tolerari potest schola (praesertim si ea unica sit ad eamque omnes pueri accedere teneantur), in qua, etsi sacrae praecepta doctrinae separatim catholicis traduntur, tamen catholici non sunt magistri, qui pueros catholicos acatholicosque communiter litteris atque artibus imbuunt ». Quod ita probat: « Neque enim quia doctrina religionis in aliqua schola (plerumque nimis parce) impertitur, idcirco haec iuribus Ecclesiae ac familiae satisfacit et digna fit quae ab alumnis catholicis celebretur; nam ut hoc quaevis schola revera praestet, omnino oportet, ut tota institutio ac doctrina, scholae ordinatio tota, nempe magistri, studiorum ratio, libri, ad quamvis disciplinam quod pertinet, christiano spiritu, sub ductu maternaque Ecclesiae vigilantia, sic imbuti sint ac polleant, ut Religio ipsa totius instituendi rationis cum fundamentum tum fastigium constituat; neque hoc solum in scholis in quibus doctrinae elementa, sed in iis etiam ubi altiores disciplinae traduntur » (*l. c.* p. 77).

Hisce igitur nixus rationibus Codex Iuris generatim praecipit: « Pueri catholici scholas acatholicas, neutras, mixtas, quae nempe etiam acatholicis patent, ne frequentent » (can. 1374).

72. — B. *Scholae acatholicae (neutrae, laicae, mixtae, haereticae), saepissime proximum perversionis periculum constituunt.*

Pro maiore minoreve periculo duplex scholarum acatholicarum genus distingui debet.

1° Aliae sunt *positive* noxiae, in quibus nempe communiter apud plurimos fidei integritas aut morum honestas grave damnum patiuntur, et quae idcirco *per se* ac *absolute* occasionem proximam constituunt. Huiusmodi generatim sunt omnes scholae *haereticae* et *anticatholicae*, et in multis regionibus saepe etiam scholae *publicae*[1].

Causae, ob quas scholae publicae ita positive noxiae esse possint, hae potissimum sunt: « *a) libri,* qui paulatim puerorum animis religionem aut

---

[1] De sua regione generatim testatur Concilium plenarium Baltimorense II: « Experientia diuturna satis superque probavit, quam gravia sint mala, quam intrinseca etiam pericula quae iuventuti catholicae ex frequentatione scholarum publicarum hisce in regionibus plerumque obveniunt. Vi enim systematis apud illas obtinentis, nequaquam fieri potest, quin simul in magnum fidei morumque discrimen iuvenes catholici adducantur » (n. 426).

pudorem, aut utrumque, adimunt; *b*) *magistri,* falsae vel nullius religionis sectatores, qui venenum erroris, si non aperte, subdole et sensim sine sensu puerorum animis instillant; *c*) *condiscipuli,* qui aut falsam aut nullam colunt religionem, et iis sint moribus praediti, ea loquendi agendique nefaria licentia, ut adolescentium, licet domi optime institutorum, fides labefactetur, aut certe pudor ac pietas absumatur ». Ita Aertnys (*l. c.* II).

2° Aliae scholae sunt dumtaxat *negative* vel potius *privative* noxiae, in quibus scilicet directe nihil contra fidem aut bonos mores docetur vel agitur, sed iuventutis institutio ad solas artes et scientias naturales coarctatur. Sunt tamen manentque semper vere noxiae; quia puerorum educatio per se mutila valdeque imperfecta est, quando deest religio, totius verae educationis fundamentum, ut supra vidimus. Hae scholae in aliis multis locis frequenter constituunt occasionem proximam, sed eam tantum *relativam*, pro variis earum circumstantiis[1].

73. — Ut igitur in casu particulari iudicium feratur de maiore minoreve periculo, utrum nempe hic et nunc schola quaedam habenda sit positive an negative seu privative noxia, adsitve periculum proximum an magis remotum, id a variis pendet circumstantiis. Sunt videlicet consideranda:

a) *Puerorum* aetas: parvuli enim magis auctoritate magistrorum ducuntur quam aetate maiores; eorum indoles: debilis an constans; eorum pietas; — *b*) *magistrorum* honestas: eorum maior minorve in pueros auctoritas; — *c*) horum *doctrina*: utrum vix umquam et obiter solum, an frequenter et ex proposito falsa doctrina proponatur. Hac ratione periculosiores quidem sunt scholae mediae et superiores quam elementariae, quia in illis praesertim saepe gravissimi errores contra fidem docentur, puta in philosophia, scientiis naturalibus, historia, iurisprudentia, medicina etc. Ex altera tamen parte, quia in illis discipuli sunt iam maioris aetatis magisque proprio ducuntur iudicio, facilius etiam remedia adhibere possunt quam infantes in scholis inferioribus, quorum animus flexibilis et incautus quidquid a magistro accipit admittere solet; — *d*) *parentum* vigilantia vel socordia: num remedia et antidota adhibere possint et velint; — *e*) *condiscipulorum* probitas vel perversitas; facilitas habendi bonos amicos, pravos vitandi difficultas, etc.

Haec omnia igitur diligenter sunt perpendenda, ut prudens iudicium de proximo magisve remoto alicuius scholae periculo fera-

---

[1] De notione occasionis proximae *absolutae* et *relativae* vide supra n. 10; item *Opus de Occas. et Recid.* n. 5 sqq.

tur. In universum dici potest: si in aliqua regione scholae publicae *communiter* sunt aut positive aut negative solum noxiae, suntque graviter aut minus graviter periculosae, iam a priori idem de aliqua schola *particulari* eiusdem regionis praesumi potest; quia ex communiter contingentibus prudens fit iudicium, nisi aliunde contrarium constat. Praeterea, in locis ubi habetur etiam schola catholica, schola publica de facto facilius erit positive noxia.

II. Quandonam liceat liberos committere scholis acatholicis.

74. — Ex praemissis principiis profluit haec responsio: *Parentibus catholicis non licet pueros committere scholis publicis (neutris, laicis, mixtis), nisi adsit causa sufficiens, et peculiares adhibeantur cautiones, quibus periculum e proximo reddatur remotum.* — Haec conclusio certa est ex variis S. Sedis documentis. Sufficit haec adducere:

Instructio S. Officii docet: « S. Congregatio non ignorat talia interdum rerum esse adiuncta, ut parentes catholici prolem suam scholis publicis committere in conscientia possint. Id autem non poterunt, nisi ad sic agendum *sufficientem causam* habeant; ac talis causa sufficiens in casu aliquo particulari utrum adsit necne, id conscientiae ac iudicio Episcoporum relinquendum erit ». Et generatim: « Periculum perversionis nisi ex proximo remotum fiat, tales scholae tuta conscientia frequentari nequeunt » (*l. c.*). — Item Pius XI: « Catholici adolescentes prohibentur ne scholas cum neutras tum mixtas, eas scilicet ad quas, nullo discrimine, catholici et acatholici instituendi conveniunt, quavis de causa frequentent; quas tamen adire licebit, prudenti dumtaxat Ordinarii iudicio, in certis quibusdam tantummodo locorum temporumque conditionibus, modo *peculiares cautiones* adhibeantur » (*l. c.* p. 77). — Et Codex I. C.: « Solius Ordinarii loci est decernere, ad normam instructionum Sedis Apostolicae, in quibus rerum adiunctis et quibus adhibitis cautelis, ut periculum perversionis vitetur, tolerari possit ut eae scholae celebrentur » (can. 1374).

75. — Itaque ut parentes, eorumve locum tenentes, liberos his scholis committere possint, requiritur:

1º Ut *sufficiens adsit causa.* — Quae causa practice sufficiat, pendet imprimis a gravitate periculi in quovis casu particulari (supra n. 73). Certe si schola est *positive* noxia, multo gravior causa, imo moralis quaedam necessitas postulatur, ut sine peccato gravi adiri possit. Secus enim occasio esset proxima, eaque libera seu voluntaria;

neque a Deo expectari potest auxilium speciale quod ordinarie est necessarium ut occasio e proxima fiat remota. Sed etiam si schola aliqua est tantum *negative* noxia, semper quaedam iusta ac rationabilis causa requiritur. — Hoc satis patet ex supra citata Encycl. Pii XI, qui generatim prohibet scholam publicam frequentare « quavis de causa ». Etiam Instr. S. Officii pro quavis schola publica adeunda requirit « sufficientem causam ». Ratio est, quia in tali schola institutio iuventutis est semper mutila nimisque imperfecta, ut supra (n. 72, 2°, 4) diximus. Imo peccati gravis rei essent parentes mittentes sine causa infantes ad scholam etiam negative noxiam, si mediis aptis defectum necessariae institutionis religiosae supplere non possint aut reipsa non suppleant.

Ad mittendos infantes in scholam publicam *elementariam* causa gravis vel necessitas ordinarie erit, si in eodem loco vel in eius vicinia deest schola catholica; item si parentes impares sunt solvendo pecuniam pro schola catholica; item si lex civilis iniuste scholam publicam frequentare praeciperet. — Ad scholam *mediam* vel *superiorem* frequentandam gravis causa communiter erit, si aliter deest occasio instituendi liberos in illis artibus vel scientiis quibus postea pro sui status conditione indigent, puta si talis schola catholica in illo loco deest, vel si ut alio mittantur nimiae pro parentum facultatibus expensae sunt faciendae.

Itaque ob huiusmodi causam gravem ac moraliter necessariam licet liberos exponere etiam periculo proximo perversionis, quod ordinarie secumfert schola publica positive noxia. Nam frequentatio huius scholae in se non est peccatum, sed solum occasio peccati, etsi proxima, ast in casu necessaria. Sine causa gravi id non liceret, quia tunc, ut supra diximus, fieret occasio proxima libera, quam quisque ex lege naturali vitare debet.

Ceterum, iuxta litteras Apostolicas et Codicem I. C. (can. 1374), iudicium definitivum de causae gravitate spectat ad Ordinarios locorum (supra n. 74). Quodsi ob multitudinem casuum, qui in aliquibus magnis dioecesibus ad plura decena millia ascendunt, Ordinariis impossibile videtur de singulis casibus cum omnibus suis circumstantiis decernere, regulas generales directivas statuere possunt, earumque applicationem ad singulos casus relinquere iudicio ac conscientiae parochorum et confessariorum. Quod si fit, utique valde optandum est, ut hi inter se conveniant de sequenda, quoad eius fieri potest, praxi uniformi. Confessarii ex sua parte in foro poenitentiali praxim fori externi sustentent oportet.

Sed praeter causam sufficientem, etiam requiritur:

76. — 2° Ut *peculiares adhibeantur cautiones*: id est remedia apta, quibus pericula scholae acatholicae amoveantur.

Has cautiones vel remedia adhibere est conditio prorsus necessaria quae sub gravi obligat. Imo, etiamsi schola esset dumtaxat negative noxia, tamen opportunae cautiones semper necessariae sunt, quia aliquod periculum maius minusve omni scholae acatholicae intrinsece adhaeret, puta defectus institutionis religiosae. Ita Instr. S. Off.: « Ut scholae publicae in conscientia adiri possint, periculum perversionis, cum propria earum ratione plus minusve numquam non coniunctum, opportunis remediis cautionibusque fieri debet ex proximo remotum » (*l. c.*).

Cautiones peculiares, quae spectant imprimis ad scholam *elementariam*, hae sunt:

a) Ex parte *pastorum animarum*, solida et assidua infantium institutio in doctrina catholica extra tempus scholae. Praecipit enim generatim Codex Iuris: « Parochus debet... maximam curam adhibere in catholica puerorum institutione » (can. 467, § 1). Huic operi parochi, tum per seipsos aliosve sacerdotes tum per aptas associationes religiosas aut laicas, eo maiorem operam impendere debent, quo infantes scholarum publicarum, qui utique etiam ad suum gregem pertinent, gravioribus fidei et morum periculis expositi sunt quam infantes scholam catholicam frequentantes, ac proinde in graviore versantur necessitate spirituali. Caveant igitur animarum pastores, ne hoc opus adeo necessarium, ad quod ex titulo iustitiae et charitatis sub gravi tenentur, negligant aut obiter tantum perficiant [1].

b) Ex parte *parentum* eorumve locum tenentium, specialis requiritur vigilantia, ut infantes hisce catechesibus assistant, ut domi doctrinam expositam addiscant, contra venenum pravorum librorum bonos legant libros, condiscipulos periculosos evitent etc.

---

[1] Quantopere hoc necessarium sit, quivis persuasum habebit qui perpendit in Statibus Foederatis Americae Septentrionalis mediam saltem infantium catholicorum partem (scil. circiter 2.000.000) scholas publicas frequentare. Quid de Gallia, ubi schola laica, haud raro athea et impia, ubique exstat, impedita saepe variis obstaculis schola libera seu catholica! Hinc satis laudari nequit associatio existens in variis paroeciis archidioecesis Chicago, quae iam 200.000 infantium scholarum publicarum institutionem religiosam impertit. Ita *Civiltà Cattolica* (1930, III, p. 569 sq.).

Has cautiones peculiares eadem S. Officii Instructio ita inculcat: « Debet iuventus, ut committi scholis publicis in conscientia possit, necessariam christianam institutionem et educationem, saltem extra scholae tempus, rite ac diligenter accipere. Quare parochi ac missionarii... catechesibus diligenter dent operam, iisque explicandis praecipue incumbant fidei veritatibus ac morum, quae ab incredulis et heterodoxis impetuntur; totque periculis expositam iuventutem impensa cura, qua frequenti usu Sacramentorum, qua pietate in B. Virginem studeant communire, et ad religionem firmiter tenendam etiam atque etiam excitare. Ipsi vero parentes, quive eorum loco sunt, liberis suis sollicite invigilent, ac vel ipsi per se, vel, si minus idonei ipsi sint, per alios, de lectionibus auditis eos interrogent, libros iisdem traditos recognoscant, et si quid noxium ibi deprehenderint, antidota praebeant, eosque a familiaritate et consortio condiscipulorum, a quibus fidei et morum periculum imminere possit, seu quorum corrupti mores fuerint, omnino arceant atque prohibeant » (*l. c.*).

77. — Eaedem cautiones, servatis servandis, adhibendae sunt quoad illos etiam iuvenes qui publicas scholas *medias* et *superiores* (gymnasia, lycea, universitates) frequentare debent. Hisce praeterea, praesertim si non apud parentes habitant, enixe inculcandum est: *a*) ut, quamprimum has scholas adire coeperint, nomen dent alicui associationi iuventutis catholicae, a sacerdote moderatae; — *b*) ut unum alterumve optimum sibi eligant amicum, quo mutuo auxilio fortiores existant contra respectum humanum aliosque pravos condiscipulos; — *c*) ut eligant item aliquem confessarium doctum et stabilem, in quo fiduciam habeant et quocum saepe, etiam extra confessionem, suas difficultates communicent; — *d*) denique, quum uberior religionis catholicae eiusque fundamentorum cognitio ipsis prorsus necessaria sit, ut ea de re per aptos libros vel publicas conferentias aut praelectiones instruantur (supra n. 28).

78. — Utrum hae cautiones proximum perversionis periculum re ipsa amoturae sint necne, a variis pendet adiunctis: a iuvenis virtute et indole, a parentum vigilantia, ab ipsius periculi gravitate ratione magistrorum, librorum, aliorum sodalium etc. Quodsi pericula alicuius scholae publicae, sive inferioris sive superioris, adeo gravia sunt, ut periculum proximum remediis et cautionibus remotum reddi nullatenus posse videatur, aut de facto, quacumque ex causa, remotum non reddatur, ipsa lex naturalis edicit, talem scholam prorsus vitandam esse; quod ut fiat parentes sub gravi obligantur.

Ita Instr. S. Officii: « Est imprimis videndum, utrumne in schola, de qua adeunda quaeritur, perversionis periculum sit eiusmodi quod fieri remotum plane nequeat: velut quoties ibi aut docentur quaedam, aut aguntur, catholicae doctrinae bonisve moribus contraria, quaeque citra animae detrimentum neque audiri possunt, nedum peragi. Enimvero tale periculum, ut per se patet, omnino vitandum est cum quocumque damno temporali, etiam vitae » (*l. c.*). (Cfr. supra n. 29, 59; item *Opus*. thesis 8[a]).

III. MAGISTRI ET INSPECTORES CATHOLICI IN SCHOLIS ACATHOLICIS.

79. — Catholici munere *magistri* in scholis publicis vel neutris fungi possunt, modo libros fidei vel moribus periculosos praelegere non teneantur, et modo pueros a scholis catholicis abstrahere non conentur. Sola enim necessitate adacti ab institutione in doctrina catholica abstinent. Quinimo haud raro, quum locum aliorum magistrorum acatholicorum occupent, multum malum impedire, suoque exemplo aliave indirecta agendi ratione haud parum pueris proficere possunt. Caveant tamen, ne aliorum magistrorum acatholicorum consuetudine et familiaritate horum spiritu et erroribus imbuantur. — Aliquando vero bonum commune obstare potest, quominus catholicus munus magistri in schola acatholica obeat; videlicet si est medium propagandi scholam acatholicam contra catholicam; qua de re iudicare ad Episcopum pertinet.

Item catholici officium *inspectoris* obire possunt, praesertim si ita facilius pravos magistros et libros ab illis scholis arcere possunt. Si schola est positive noxia valdeque periculosa, nec spes est fore ut sua auctoritate eius damna notabiliter deminuant, hoc officium suscipere nequeunt, quia tacendo et non reprobando negative saltem ad malum cooperarentur, aliisque fidelibus grave scandalum praeberent. Excipe tamen, si iuxta leges regionis munus inspectoris non se extenderet ad res cum doctrina religiosa connexas, sed coarctaretur ad externam temperationem (numerum magistrorum, infantium, scholarum etc.), ad varias disciplinas necessario docendas (programma), ad aedificiorum fabricam, ad regulas hygienicas etc. Hoc sensu catholicus posset etiam esse inspector, a gubernio civili institutus, scholae protestanticae, iudaicae etc., et vice versa haereticus vel atheus scholae catholicae.

IV. Officia Pastorum Animarum circa Scholas.

80. — 1° Ad *Ordinarios* locorum haec spectant:

a) Prae ceteris ipsi pro viribus providere debent, ut in locis, ubi schola publica de iure legis civilis est acatholica, *scholae catholicae condantur*. Ita can. 1379: « Si scholae catholicae ad normam can. 1373 sive elementariae sive mediae desint, curandum, praesertim a locorum Ordinariis, ut condantur » (§ 1). In can. autem 1373 praecipitur: « In *qualibet* elementaria schola, pueris pro eorum aetate tradenda est institutio religiosa » (§ 1), et: « Iuventus, quae medias vel superiores scholas frequentat, pleniore religionis doctrina excolatur, et locorum Ordinarii curent ut id fiat per sacerdotes zelo et doctrina praestantes » (§ 2) [1].

b) Praeterea: « Ordinariis locorum ius et officium est *vigilandi* ne in *quibusvis* scholis sui territorii quidquam contra fidem vel bonos mores tradatur aut fiat » (can. 1381, § 2). « Eisdem similiter ius est approbandi religionis magistros et libros; itemque, religionis morumque causa, exigendi ut tum magistri tum libri removeantur » (§ 3). Quae in can. 1373 et 1381 dicuntur de iure divino valent etiam quoad scholam publicam a gubernio civili conditam; quae si ab hoc gubernio rite servari permitterentur, schola publica ipso facto esset catholica.

c) Denique iuxta can. 1374 Ordinariis etiam competit decernere, quibus in adiunctis aliqua schola acatholica adiri possit aut prohiberi debeat. Imo, ob generale periculum Ordinarii omnes alicuius regionis scholas publicas prohibere possent, aut sub definitis tantum conditionibus tolerare; quo facto « leges latae ad praecavendum periculum generale urgent, etiamsi in casu particulari periculum non adsit » (can. 21). Hoc accidere posset v. g. si praevi-

---

[1] De condendis scholis catholicis in illis locis ita cit. Instructio S. C. S. Officii: « Oportet igitur, ut Sacrorum Antistites, quacumque possint ope et opera, commissum sibi gregem arceant ab omni contagione scholarum publicarum. Est autem ad hoc omnium consensu nil tam necessarium, quam ut catholici ubique locorum proprias sibi scholas habeant easque publicis scholis haud inferiores. Scholis ergo catholicis sive condendis, ubi defuerint, sive amplificandis et perfectius instruendis parandisque, ut institutione ac disciplina scholas publicas adaequent, omni cura prospiciendum est ». De sumptibus pro illis scholis ferendis ait can. 1379, § 3: « Fideles ne omittant adiutricem operam pro viribus conferre in catholicas scholas condendas et sustentandas ».

derent fore ut brevi omnes scholae publicae fierent positive noxiae, vel saltem ut pueri in iis spiritu contra religionem imbuerentur (Aertnys, I, n. 330, 3°). Ita unanimo consilio fecerunt Episcopi Belgii anno 1879 contra leges massonicas gubernii civilis; quanto felici, successu, historia docet. — In plerisque regionibus Ordinarii in suis iuribus et officiis exercendis adiuvantur a concilio instructionis catholicae vel ab inspectoribus, ab ipsis institutis; praesertim vero adiuvari debent a parochis.

81. — 2° Hinc de *parochis* Codex praecipit: « Parochus diligenter advigilet, ne quid contra fidem ac mores in sua paroecia, *praesertim in scholis publicis et privatis*, tradatur » (can. 469).

Itaque *a*) pro viribus curent ut magistri sint vere catholici bonisque moribus praediti. Solerter inquirant, num eorum docendi ratio sit catholicae veritati plane conformis, num boni libri adhibeantur. Bonos magistros consiliis adiuvent, suaque auctoritate sustentent; tamquam efficaces suos collaboratores benevole et amice eos tractent, eisque coram populo honorem deferant. Si qui notabiliter deficiunt, eos « in charitate Dei et patientia Christi » moneant vel etiam corripiant, imo, si necesse fuerit, eorum amotionem quantum possunt procurent.

b) Omnem operam impendant, ut pueri catechesibus in doctrina fidei et morum solide instituantur, idque cum pueri qui scholam adeunt catholicam, tum maxime qui publicam acatholicam frequentant, ut supra (n. 76) dixit instructio S. Officii.

c) Parentes tam in publicis concionibus quam privatim graviter monere debent, ut iuxta instructiones S. Sedis liberos, quoad fieri potest, solis scholis catholicis committant; item eos docere quas cautiones adhibeant oportet, si eos ad scholas acatholicas mittere adiguntur (n 76 sq.).

d) Denique si qua schola acatholica fidei et moribus adeo sit noxia, ut periculum perversionis e proximo remotum fieri nequeat, parentibus declarare debent, iuxta Ecclesiae doctrinam pueros huic scholae committi omnino non posse (supra n. 78).

V. Casuum solutio.

82. — Praenotandum est, iudicium de adeunda aut vitanda schola acatholica, uti dicunt decreta Apostolica (supra n. 74), pertinere ad Ordinarios locorum, quibus prae ceteris incumbit « regere Ecclesiam Dei », ac proinde etiam providere religiosae educationi iuventutis ipsis commissae. Omnibus eorum legibus vel praescriptionibus particularibus parochi et confessarii religiose obtemperare debent. Quapropter quae sequuntur solutiones ad illos dumtaxat spectant casus, circa quos auctoritas ecclesiastica nihil peculiare decrevit, sed decisionem particularem prudenti parochorum et confessariorum consilio reliquit.

Generatim circa absolutionem parentibus negandam hoc in fine docet cit. Instr. S. Officii:

« Hanc necessariam christianam institutionem et educationem liberis suis impertire quotquot parentes negligunt; aut qui frequentare eos sinunt tales scholas in quibus animarum ruina evitari non potest; aut tandem qui, licet schola catholica in eodem loco idonea adsit apteque instructa et parata, seu quamvis facultatem habeant in alia regione prolem catholice educandi, nihilominus committunt eam scholis publicis, sine sufficienti causa, ac sine necessariis cautionibus quibus periculum perversionis e proximo remotum fiat: eos, si contumaces fuerint, absolvi non posse in sacramento Poenitentiae, ex doctrina morali catholica manifestum est ».

His praemissis sic ad propositos casus respondendum esse censemus. Quae autem de confessariis dicemus, servatis servandis etiam ad parochos pertinent.

83. — *Ad* 1^m. — Ut supra (n. 75) diximus, haec ratio illam scholam acatholicam reddit occasionem moraliter necessariam; unde Marius aliique illi parentes non sunt inquietandi. Excipe tamen, si haec schola sive quoad doctrinam fidei sive quoad mores adeo prava esset ut puerorum perversio praevideatur moraliter certa, vel si cautiones aut non adhibentur aut nullo modo probantur efficaces ad proximum perversionis periculum removendum; quibus in casibus obiective graviter peccarent (cfr. n. 78, 29, 59). Huiusmodi fere semper erit schola haeretica, praesertim si in ea biblia protestantica adhibentur et explicantur vel libri qui plura continent contra doctrinam catholicam. Quodsi in ea etiam psalmi cantantur et preces publicae recitantur, erit quoque communicatio in sacris, quae, si est activa et publica cultus participatio, semper prohibita est; secus si assistentia esset mere materialis et passiva (can. 1258, § 1).

Ad 2ᵐ. — Dionysius aliique idem sentientes adhaerent propositioni 48 in Syllabo a Pio IX damnatae (cfr. n. 70); unde per se graviter peccant et, si resipiscere nolunt, absolutione indigni sunt. Attamen, si confessarius graviter timet, ne monitio nihil sit profutura, imo ne poenitens in bona forte fide existens, monitus et non absolutus, a sacramentis et ab Ecclesia plane alienetur, saltem sub conditione absolvi potest, modo absit scandalum, i. e. modo propter eius ad sacramenta accessum hic error damnatus non magis inter fideles propagetur.

Ad 3ᵐ. — Casus Lini ita nobis solvendus videtur. Si haec schola publica *negative* seu privative dumtaxat est noxia (n. 72, 2°), parochus vel certe confessarius iis, qui sine ulla causa infantes in eam mittunt, omnibus rationibus suadere debet, ut infantes in catholicam scholam mittant, in qua educatio religiosa est perfectior et securior. Attamen *per se* sub gravi hoc imponere non posse videtur, modo serio curent parentes, ut infantes extra scholae tempus in religione catholica sufficienter instruantur et educentur, aliasque adhibeant cautiones quibus perversionis periculum reddatur remotum (n. 76). Etenim schola catholica, licet ordinarium et facilius, non tamen *unicum* est educationis catholicae medium. Quodsi Summi Pontifices generatim dicunt, scholam publicam sine sufficienti ratione adire non licere, non nova lege generali *positiva* id sub gravi prohibere videntur, sicut v. g. prohibuerunt inire mixta matrimonia — secus pro quovis casu singulari eorum dispensatio requireretur —; sed potius, ut ex contextu satis patet, doctrinam legis naturalis de vitando periculo proximo, hisce scholis saepe connexo, inculcare intendere videntur; quae prohibitio idcirco tunc solum gravis est, quando periculum proximum non fit remotum. Venialiter tamen certe peccat Linus, quia infantes suos levi saltem periculo sine ulla causa exponit. — Dixi: *per se sub gravi* hoc imponi nequit; excipe enim, si Ordinarius loci lege particulari quamcumque scholam publicam adire prohibuerit, nisi ob causam a se approbatam (supra n. 80 c). Item si Linus, praepotens in sua paroecia catholicus, sua auctoritate, verbis et exemplo alios multos ad idem faciendum induceret, quo casu grave daret scandalum; idque eo magis, si idcirco ibidem schola catholica vix sustineri posset.

Sin autem haec schola publica est *positive* noxia (n. 72, 1°), Linus sub gravi tenetur filios suos ab illa retrahere, quia sine causa proportionata eos exponeret periculo quod communiter est proximum. Haec schola proinde fieret occasio proxima non necessaria, sed *libera*, quae cuique sub gravi est vitanda; neque tunc cautiones aliave remedia regulariter sufficiunt ad amovendum periculum proximum. Unde Linus, si pertinaciter in sua sententia persistit, per se absolvi nequit. Num aliquando non moneri et sub conditione absolvi possit, vide supra ad 2^m. — Lini uxor hoc casu tum solum absolvi potest, si suis consiliis et precibus virum contumacem ad meliorem frugem reducere nequit; sed tunc ipsa eo magis curare debet, ut infantes extra scholam doctrinam christianam addiscant et religiose educentur. Hac de re uxor serio a confessario edoceri et moneri debet, quia religiosa infantis educatio ad matrem praesertim spectat. Quodsi ea in re graviter negligens fuerit et monita nihil se emendaverit, absolvi nequit donec emendetur.

Ad 4^m. — Si in illo loco est schola catholica, sive elementaria sive superior, vere idonea ad scientificam puerorum institutionem, hae rationes Gulielmi aliorumque plerumque sunt potius praetextae quam iustae et sufficientes. Quapropter confessarius aut parochus quantum potest eas refutare et Gulielmum a proposito dehortari conetur. Aliquando tamen pro variis locorum et personarum adiunctis tales causae iustae esse possunt. Unde confessario magna prudentia hac in re utendum est, ne aequo aut remissiorem aut severiorem ferat sententiam. Universim, si parentes has rationes, licet non valde graves, bona fide urgent, neque ad propositum mutandum induci posse videntur, praestabit confessarium mitius de iis iudicare, et tunc eo magis sub gravi eos obliget, ut specialibus cautionibus periculum perversionis remotum reddant et defectus scholae acatholicae suppleant (n. 76). — Excipe tamen si illae cautiones in casu irritae viderentur, vel si aliis fidelibus grave daretur scandalum, vel generatim si Episcopus aliter de talibus casibus decrevisset.

Ad 5^m. — *a*) Si Tharcisii seductor est aliquis magister et schola est publica, confessarius ei iniungat, ut rem revelet, sive per se sive potius per parentes, alicui qui malo providere possit; secus, si proximum est labendi periculum, hanc scholam relinquat oportet. Si schola est catholica, res communicanda est cum parocho.

b) Si seductor est alius quidam condiscipulus ad eius latus in eodem scamno sedens, Tharcisius a magistro petat loci mutationem. Si seductio fit extra scholam, confessarius eum graviter moneat ut pravos socios evitet et recta via scholam adeat ab eaque domum redeat. Filius etiam rem fidenter parentibus narret, ut hi pro viribus invigilent et apta media adhibeant. Si Tharcisius est in aliquo collegio vel seminario, et seductor, sive magister sive quidam alumnus, alios etiam complures corrumpere conatus est, propter bonum commune ipsi iniungendum est ut reum Superioribus denuntiet.

c) Denique si ipse Tharcisius infeliciter saepius, sive aliorum sollicitationibus cessit, sive ipse primus eos sollicitavit, utique se ipsum reum superioribus denuntiare non tenetur; sed tunc confessarius, si post pluries repetitas monitiones aliaque inutiliter adhibita consilia et media comperit, solidam emendationis spem iam non superesse, Tharcisium tandem obligare debet ut, si necesse sit, etiam cum maximo suo incommodo, parentibus dicat, se hanc scholam prorsus relinquere velle; nam sicut ipsum peccatum, ita quoque eius occasio proxima in tali casu extremo physice est deserenda (cfr. n. 78). — Idem dicendum si quae schola publica, sive inferior sive superior, adeo prava esset ut quasi omnes ibidem fidei aut morum iacturam facerent; tunc iam a priori parentes sub gravi prohibentur, quominus Tharcisium eo mittant (ib.).

Ad 6^m. — Ad Martham quod spectat, certe obire munus magistrae in schola publica seu laica per se non est illicitum (n. 79); unde ad illud etiam se praeparare potest. Num hanc scholam normalem in particulari adire possit, iudicandum est iuxta regulas generales supra expositas. Perpendendum videlicet est, utrum haec schola sit positive an negative tantum noxia, num adsit causa periculi gravitati proportionata frequentandi hanc scholam, num periculum proximum merito speretur per cautiones remotum reddi posse. Hisce utrinque sedulo consideratis, adhibito etiam parochi consilio, confessarius decernat iuxta instructiones vel mentem Ordinarii.

ARTICULUS II.

De pravis Libris.

84. — Hoc titulo comprehendimus et diaria prava, et libros obscenos, et libros prohibitos ob periculum fidei. Hinc triplex paragraphus.

§ 1. De diariis pravis.

Diaria prava nostris temporibus sunt una ex praecipuis causis, cur fides et religio in multorum animis plane contabuerit, cur etiam morum honestas in plurimis regionibus adeo deperierit. Unusquisque enim de rebus fidei et honestatis iudicare solet sicut diarium quod quotidie legit, cuius cogitandi rationem velut venenum singulis diebus imbibit et absorbet. Frequentissima igitur sunt proxima peccandi occasio, eaque plerumque voluntaria. Quapropter etiam sacerdos in confessionali increscenti malo, quoad eius facere potest, aggerem opponat oportet.

CASUS PROPOSITI

85. — 1° Ubaldus, vir catholicus satis bonus et saepius per annum accedens ad sacramenta, ab aliquo tempore ex quadam curiositate et ut amico placeret, nomen dedit cuidam diario, uti aiunt, liberali, quod politicam defendit ab Ecclesiae principiis alienam, identidem cleri actionem improbat, aliquando etiam, sed obiter tantum et subdole potius, ipsam religionem eiusque dogmata deridet aut aggreditur, saepius tamen res nimis obscenas et eroticas narrat aut fingit. Dubitat autem Ubaldus, num hoc diarium legere possit. Nam

ex quo tempore illud legit, haud raro ipsi insurgunt dubitationes satis molestae contra fidem, saepius etiam tentationes contra castitatem; et licet hisce dubitationibus et tentationibus non plene consentiat, tamen refrixit eius aestimatio erga ministros Ecclesiae, eiusque fervor erga religionem haud parum imminutus est. Loquitur de sui animi statu cum Titio confessario qui, rem ulterius investigans, reapse ex eius loquendi modo comperit, lectionem quotidianam huius diarii notabile damnum eius animae intulisse, imo adesse periculum, non sane certum, sed tamen graviter probabile fore ut Ubaldus, si ita continuet, paulatim erroribus contra fidem consentiat vel saltem de fide positive dubitet. Censet quidem Titius, poenitentem diarium illud, cuius legendi nulla tenetur necessitate, renuntiaturum esse, si hoc ipsi sub gravi imponat; ast putat sibi fas non esse hanc gravem obligationem iniungere. Namque dubitat ipse confessarius, primum quidem num hoc diarium sit *ex professo* pravum ac prohibitum. Deinde dubitat quoque, num illud sit in casu occasio proxima; nam Ubaldus nondum certo peccatum mortale commisit, multo minus frequenter in illud lapsus est; et, licet Titius probabile reputet eum continuata lectione in peccatum contra fidem lapsurum esse, probabile tamen etiam habet eum periculum evasurum fidemque esse servaturum. Denique censet in dubio, num aliquid utpote inducens ad peccatum sit dimittendum, favendum esse libertati poenitentis, quia lex dubia non obligat, ac proinde suasu potius et exhortatione quam gravi prohibitione utendum esse. Si postea poenitens redit, confessarius ex frequenti lapsu certius iudicare poterit, rem illam, utpote occasionem proximam, omnino dimittendam esse. Iuxta haec ergo principia Titius casum solvit, et Ubaldo diarium legere quidem dissuadet, sed non districte prohibet; iubet tamen alia adhiberi media quibus periculum ex lectione obortum removeatur.

2° In aliquo loco, ubi longe maior hominum pars legere solet diaria *ex professo* impia et anticatholica, sive liberalia sive socialistica, tempore Paschali ad Caium accedit Iacobus, socialista quidam gregarius. Accusat quaedam peccata gravia, sed de lectione diarii socialistici tacet. Caius, etsi graviter suspicatur poenitentem etiam tale diarium legere, nihil hac de re interrogat, censens eum forsitan de prohibitione illud legendi versari in ignorantia invincibili, et timens ne, si moneatur de renuntianda hac lectione, monitioni obtemperare noluerit et idcirco sine absolutione sit dimittendus. Quare, quum ipsum saltem dubie dispositum esse iudicet, ne peius accidat, sub conditione eum absolvit. Et sic facit cum omnibus huiusmodi generis poenitentibus.

Quaeritur I. Quae sunt principia moralia de lectione diariorum acatholicorum?
II. Quid confessario est agendum circa diaria prava?
III. Quid de ratione solvendi casum Titii et Caii dicendum?

I. Principia de lectione diariorum acatholicorum.

86. — Diaria acatholica in compluribus regionibus duplicis sunt generis.

1° Alia *ex professo* prava sunt, quae nimirum religionis fundamenta et imprimis fidem catholicam eiusque dogmata saepe data opera impugnant aut derident, errores liberalismi aut modernismi propugnant, Ecclesiae ministros et praesertim Romanos Pontifices identidem calumniis impetunt, quae praeterea etiam res valde obscenas et lascivas tractare aut narrare solent (cfr. can. 1384, § 2; 1399). Ad hoc genus pertinent, praeter alia, praesertim etiam diaria socialistarum et communistarum, quippe quae, ut ad subversionem ordinis socialis perveniant, omnem religionem evertere bonosque populi mores corrumpere velut diabolica arte student.

2° Alia diaria *non ex professo* prava sunt, sed tamen interdum pauca quaedam contra religionem praecipue catholicam habent, libertatem quasi illimitatam praedicant, specialia quaedam Ecclesiae iura reiiciunt, clerum eiusque actionem, quam politicam vocant, malevole iudicant, saepe etiam proponunt quae bonos mores haud parum offendunt. — Uti patet, haec duo genera non ita presse distincta sunt, multique dantur inter ea pravitatis gradus. Generatim in illis regionibus mere catholicis, ubi plena habetur quidlibet typis mandandi libertas, diaria acatholica saepe magis ex professo perversa sunt quam in regionibus mixtis, utpote a sectis massonicis aliisque Ecclesiae inimicis inspirata. Imo in aliquibus regionibus mixtae religionis, ubi magna diaria catholica quotidiana non habentur (v. g. in Anglia, in America Septentrionali), in multis diariis quae « neutralia » dicuntur, vix umquam aliquid contra religionem invenitur, atque idcirco sub hac ratione vere periculosa dici nequeunt. De hisce ergo hic non loquimur.

87. — Ex dictis consequitur, diaria *ex professo* prava esse occasionem *per se* et *obiective* proximam, quia plerumque pro hominibus in genere sunt causa multorum peccatorum. *Per se* igitur graviter peccant qui sine necessitate hisce diariis nomen dant vel ea frequenter legunt. Accedit quod nomen iis dando in malum cooperantur, et saepe aliis dant scandalum. *Per accidens* tamen a mortali excusari posset qui ea raro et obiter tantum, puta in taberna aut via ferrea, legeret, ita ut ipsi non sit probabile periculum lapsus, modo aliis non det scandalum, neque obstet lex ecclesiastica particularis.

Legere alia diaria prava, quae liberalia dicuntur, sed *non* adeo *ex professo* religioni bonisque moribus adversari solent, pro multis potest esse occasio proxima *relativa*, quoties videlicet eorum lectio probabile ingenerat periculum committendi aliquid grave contra fidem aut mores. Hoc igitur casu graviter prohibita sunt, nisi adsit causa proportionata qua earum lectio excusetur. Gravitas autem periculi pendet ex dispositione legentis, ex frequentia lectionis, ex gradu pravitatis diarii; qua de re constabit, tum ex iudicio timoratorum, imprimis sacerdotum, tum ex propria legentis experientia. — Haec de prohibitione ex lege naturali; de prohibitione ex lege ecclesiastica vide infra n. 94.

II. Confessarii officia circa prava diaria.

88. — 1° Si confessarius scit aut graviter suspicatur, poenitentem legere diaria vere prava, hac de re tacentem ordinarie interrogare debet eumque edocere, iuxta principia supra (n. 39) exposita. Neque facile ex monitione maiora mala timere debet; illorum

enim diariorum lectio assidua vel frequens est periculosissima, praesertim si *ex professo* sunt impia et prava; quum ipsam fidem, aeternae salutis fundamentum, in animis labefactare et evertere soleant.

2° Confessarius absolutionem dare nequit poenitenti nolenti se abstinere a lectione frequenti diarii, quod ipsi est peccandi occasio proxima *voluntaria*, sive absoluta sive relativa. Qui antea iam eam occasionem vitare promisit, sed promissis non stetit, tractandus est ut recidivus. Si cui aliquando *gravis* est causa legendi diarium graviter periculosum, confessarius ei indicet cautiones et remed'a quibus periculum e proximo remotum reddatur, v. g. ut ea tantum legat quae necessaria sunt, cetera destruat, ut legat etiam bona diaria quae religionem defendunt, ut sacramenta frequentet, oret pro conservanda fide etc.

3° Qui sine necessitate tali diario nomen dedit, non absolvatur, nisi serio promittat se statim post confessionem nomen retractaturum esse. Imo si poenitens huic diario legendo valde sit addictus, ordinarie absolutio concedenda tantum est postquam gravi huic obligationi satisfecerit; secus enim manet in gravi periculo eam non exsequendi, ut experientia constat: est namque occasio « in esse », eaque voluntaria (cfr. supra n. 42 sq. et *Opus*. n. 113 sqq.). Si quis ante promissa fefellerit, generatim non absolvatur donec adscriptioni renuntiaverit, nisi talia signa extraordinaria dederit quibus confessarius fidere possit.

4° Quaerenti num confessarius umquam abstinere possit a monendo poenitente de obligatione non legendi diarium pravum, respondendum est, id raro quidem, sed tamen interdum contingere posse, modo sequentia concurrant: *a*) ut diarium non sit ex illis pessimis, quorum finis proximus est fidem impugnare et mores corrumpere; *b*) ut poenitens invincibiliter ignoret hanc lectionem frequentem sibi graviter esse prohibitam; *c*) ut ex monitione gravius malum certo timeatur, v. g. plena alienatio a sacramentis vel ab Ecclesia; *d*) ut non adsit scandalum, i. e. ut alii eius exemplo non inducantur ad idem faciendum (cfr. supra n. 38, et *Opus*. n. 97 sqq.). Summa ergo prudentia confessarius omnia adiuncta perpendat, antequam de gravi obligatione relinquendi illud diarium sileat. Numquam eius lectionem positive permittat, sed poenitenti suaviter insinuet diffidentiam de sui diarii scientia in materia religionis, et alterius quoque boni diarii lectionem vel subnotationem graviter commendet, imo, si prudenter fieri potest, aptis verbis imponat.

Addendum denique est, confessarium etiam parentes et superiores opportune interrogare debere, num domesticis advigilent, ne prava diaria legant. — Tandem occasione data etiam poenitentes suos hortetur, ut per actionem catholicam pro viribus laborent pro propagatione diariorum catholicorum.

III. Casuum solutio.

89. — *Ad* 1ᵐ. — Titius secutus est plura principia falsa, ac propterea casum non recte solvit. Primo quidem non solum diaria *ex professo* prava et impia sunt communiter occasio proxima peccandi; sed etiam alia illa liberalia, quae legit Ubaldus, periculum probabile et proximum constituere possunt, atque tunc sunt occasio proxima *relativa*. Praeterea perperam opinatus est, ad occasionem proximam requiri ut quis iam frequenter in peccatum lapsus sit. Ad hanc enim sufficit, ut lapsus futurus saltem graviter probabilis praevideatur, sive a priori sive a posteriori (supra n. 10). In casu autem Ubaldus versabatur in occasione proxima relativa, quae iam a priori constabat. Deinde imprudenter Titius hic applicuit principium, in dubio legem non obligare et favendum esse libertati, utendo opinionibus benignioribus. Nam hoc principium valet dumtaxat, quando, utendo hisce opinionibus, poenitens magis removetur a peccato formali, scilicet per principium reflexum certum. Ast in casu hoc principium reflexum nihil iuvat, quia adest dubium facti, et opinio benignior Ubaldum semper relinquit in probabili peccandi periculo, ac proinde ipsum ad peccatum formale potius adducit quam ab eodem removet (supra n. 6 *e*). Quia ergo Ubaldus praevidetur praecepto confessarii obsecundaturus, Titius, etiam ut medicus, ipsi praeceptum relinquendi hoc diarium iniungere debebat, utpote remedium nequaquam nociturum, sed periculum mortis animae certe remoturum. Denique imprudenter quoque Titius expectare voluit reditum sui poenitentis, ut tunc, si pluries lapsus fuerit, ipsi hanc lectionem prohibeat. Nam, posito etiam quod Ubaldus ad ipsum Titium rediturus sit — id quod minime certum est —, interim per quotidianam illam lectionem pericula semper crescunt, dubia et tentationes novum usque nutrimentum accipiunt, passiones temporis tractu vehementiores fiunt, e contrario voluntatis vires debiliores. Et, quia antea poenitens iam dubie mortalia commiserat, quum redit, forsitan iam in plura peccata lapsus erit; valdeque etiam incertum

est, num tunc adhuc paratus sit obedire confessario praecipienti dimittere lectionem illius diarii, cui iam magis affectus sit.

Neque dixeris, periculum probabile huiusmodi lectionis per alia media, puta per simultaneam lectionem boni diarii quod religionem defendit, removeri posse. Respondetur enim, valde incertum esse hoc remedium: in statu enim naturae lapsae falsum et malum suapte natura hominem magis allicere solet quam verum et bonum; quod negare liberalismi error esset. Deinde hoc remedium optime quidem velut antidotum praescribitur, si gravis esset causa legendi diarium pravum; tunc enim Deus suum auxilium praestat. Sed si talis causa deest, imprudentia esset eidem fidere, quia Deus vult ut, si possumus, ipsam occasionem, utpote probabilem lapsus causam, physice removeamus (supra n. 4, 36). — Erat igitur benigna illa Titii solutio rectae rationi et prudentiae supernaturalis regulis contraria. Quod etiam experientia comprobatur. Hoc enim fuit initium tristis historiae multorum semi-catholicorum nostrae aetatis, qui per quotidianam lectionem diariorum liberalium et acatholicorum, cui confessarii initio non satis obstiterunt, sensim sine sensu falsa circa religionem principia imbiberunt et ita in indifferentiam religiosam et agnosticismum deciderunt.

90. — *Ad* 2^m. — Non recte egit Caius nihil interrogans de hac occasione periculosissima. Ex eius alto silentio Iacobus aliique concludent, legere huiusmodi diaria ex professo prava non esse tantum malum, haecque falsa opinio magis semper divulgabitur; cui propagationi Caius negative saltem cooperatur. Debuit ergo confessarius prudenti interrogatione investigare, quodnam diarium Iacobus legat et quare; utrum in eo legat sola nuntia profana, commercialia etc., an etiam quae religioni adversantur; num frequenter vel quotidie illud legat; quis fuerit huius lectionis effectus praesertim quoad eius fidem. Deinde debuit eum etiam docere, talia diaria scripta esse ab Ecclesiae doctrinam ignorantibus eiusque ministris calumniantibus; item eum exhortari, ut ab huius diarii lectione quantum possit se abstineat, quae religioni contraria sunt ne legat, neve id publice emat aut legat, neve aliis legendam tradat. Talis paterna exhortatio saepe, sive statim sive postea, bonum effectum habet. *Per se* eum etiam monere debuit de gravi prohibitione talis diarii legendi. Ast aliquando a monitione nunc facienda abstinere poterit, quando nimirum quatuor conditiones quas supra (n. 39) indicavimus, adsunt; hic casus tamen satis rarus erit. Si contingit, confessarius potest ipsum etiam sub conditione absolvere, si saltem dubie dispositus est. — Si Iacobus est recidivus stricto sensu et nihil fecit eorum quae ipsi

antea dicta sunt, confessarius ipsi dictat, se valde dolere quod ipsum absolvere non possit, donec se emendaverit. Idem faciat, quo casu hoc diarium ab auctoritate ecclesiastica expresse condemnatum est, vel aliud ab Ordinario nominatim prohibitum, si poenitens hanc prohibitionem noverit.

§ 2. De libris obscenis.

Casus propositus

91. — Fulgentius, studiosus in lyceo publico, valde addictus est legendis libris romanticis, comoediis, tragoediis, poëmatibus, quae tractant de rebus turpibus vel saltem res amatorias modo lascivo describunt. Hinc crebro exsurgunt graves tentationes, quibus etiam saepe consentit. Rogatus a Caio confessario cur hos libros legat, respondet, se alios quidem legere quia a professore litteraturae commendati sunt, alios ut ita styli elegantiam sermonisque puritatem addiscat, alios denique, ut ingenue fatetur, curiositatis vel recreationis causa. Confessarius ipsi dicit, has rationes non esse validas eumque idcirco ab horum librorum lectione sub gravi abstinere debere, tum quia ipsi sunt valde periculosi et proxima peccandi occasio, tum quia Ecclesia eos legere prohibet. Quod quum Fulgentius, paternis Caii exhortationibus non cedens, promittere non velit, confessarius dolens ipsum sine absolutione dimittit.

Quaeritur I. Quandonam lectio librorum obscenorum sive lege naturali sive lege ecclesiastica prohibita est?
II. Rectene confessarius Fulgentium tractavit?

I. Libri obsceni lege naturali aut ecclesiastica prohibiti.

92. — Loquimur hic magis specialiter de libris contra bonos mores. Quod spectat ad libros contra fidem, vide supra (n. 86 sqq.) de diariis, tum infra (n. 97 sqq.).

1° Itaque alii libri *per se* et *ex professo* obsceni sunt, qui scilicet suapte natura pravam libidinem ut plurimum graviter excitant; vocantur etiam libri *pornographici*. Ad hos maxime pertinent multi libri romantici, qui consulto hac prava intentione sunt exarati, ideoque narrant, docent vel describunt res lascivas et turpes, fabulis vel historiis fictis aut partim veris intextas; persaepe etiam imagines obscenae textum illustrant. Sed, etiamsi quis auctor illam pravam corrumpendi intentionem non habeat, sed solum suam artem litterariam proferre velit, vel alium forte honestum finem sibi proponat, nihilominus si res in se turpes earumve adiuncta ita minutatim describit, coloribusque quasi depingit et ob oculos ponit, ut legentium imaginatio plerumque exinde sponte valde incendatur gravesque commotiones venereae exsurgant, eius liber, quoad hanc saltem partem, ex professo obscenus et pornopraphicus dicendus est.

2° Alii libri non ita graviter sed solum *leviter obsceni* seu *subobsceni* sunt. Tractant res amatorias verbis quidem valde teneris sed non impudicis, neque in modo describendi decorum excedunt, ita ut per se apud multos graves motiones carnales non excitent. Ad hoc genus pertinent alii libri romantici, tragoediae, comoediae, poëmata etc. Vocantur etiam libri *erotici*, sed non proprie pornographici.

93. — Iamvero, iuxta *legem naturalem* graviter prohibitum est legere hos libros quoscumque ex fine libidinoso, ut per se patet. Si hic finis non adest, valet hoc *principium* generale: si quis liber graves tentationes et commotiones venereas excitat, eius lectio sine causa proportionata est graviter illicita; si leviter dumtaxat ad libidinem movet, eius lectio sine causa est peccatum veniale, cum causa rationabili nullum peccatum.

Ex hac regula concludendum est: *a)* legere libros *ex professo obscenos* et pornographicos graviter est prohibitum, nisi adsit causa gravis et proportionata — quae raro quidem aderit —, vel nisi quis ex eorum lectione non graviter ad venerea commoveatur, uti interdum contingere potest in frigidis vel matrimonio iunctis; — *b)* legere sine causa libros *subobscenos* et eroticos per se sub veniali tantum prohibitum est, nisi in casu particulari adesset proximum periculum consensus in delectationem turpem, vel nisi eorum lectio aliquem valde ad venerea commoveret; quod quidem, spectata hominis in l'bidinem inclinatione, frequenter accidit. — Itaque prioris generis libri erunt occasio proxima *per se* et *absoluta*, posterioris generis occasio proxima *per accidens* et *relativa*. Quandonam autem lectio graviter aut leviter tantum pravam libidinem accendat, pendet ex variis adiunctis, v. g. ex conditione legentis: caelebs an coniux, iuvenis an aetate provectus, ad venerea valde inclinatus an potius frigidus; ex lectionis diuturnitate; ex modo quo res narrantur vel describuntur, etc.

94. — Iuxta *legem ecclesiasticam* ex can. 1399, § 2 prohibiti sunt: « Libri qui religionem aut bonos mores, data opera, impetunt ». « *Data opera* », id est consulto, ex industria, uti sunt v. g. libri qui neomalthusianismum defendunt et propagant. Item ex eodem can. § 9: « Libri qui res lascivas seu obscenas ex professo tractant, narrant aut docent ». « *Ex professo* » significat non obiter sed copiose et in aliqua parte notabili. Has autem res tali modo tractare, describere vel docere debent, ut tendant ad morum corruptionem. Unde libri qui scientiae causa de his rebus agunt, omnium consensu, hac lege non prohibentur, ac proinde ab iis qui harum rerum notitiam habere debent, puta confessariis, medicis etc., cum debitis cautelis legi possunt.

Aliqui ab hac lege etiam excipiunt libros auctorum sive antiquorum sive recentiorum, quos *classicos* vocant, si quis nempe ob officii vel magisterii rationem eos legere debeat. Sed quum haec permissio, a Const. « Officiorum » 25 Ianuarii 1897 (n. 10) concessa, non amplius in Codice Iuris inveniatur, potius censemus, tunc legendi licentiam esse petendam, nisi in casu particulari necessitas vel grave incommodum a lege excusaret (cfr. can. 2205, § 2).

Generatim igitur lectio omnium illorum librorum *ex professo* obscenorum graviter ab Ecclesia prohibita est, etiamsi quis forte in casu particulari non graviter exinde commoveretur; urget enim lex positiva fundata in praesumptione periculi, quod pro omnibus communiter existit (can. 21). — De libris leviter dumtaxat obscenis lex ecclesiastica nihil dicit.

Ex dictis consequitur, saepe lectionem alicuius libri posse esse prohibitam lege naturali, non autem lege ecclesiastica; sed interdum etiam vice versa.

Quae hic circa legem ecclesiasticam dicta sunt de libris obscenis, vi canonis 1384, § 2, applicanda sunt etiam publicationibus, diariis, periodicis et aliis editis scriptis quibuslibet.

II. Casus solutio.

95. — Confessarius, si nihil aliud inquisivit, nimis propere in severiorem partem casum solvisse videtur.

Si illi libri erant *ex professo* graviterque obsceni, profecto curiositas aut animi relaxatio ab iis legendis Fulgentium non excusat; neque ratio acquirendi styli elegantiam, quum alii libri ad hunc finem obtinendum abundent. Neque etiam simplex professoris commendatio gravis erit ratio eos legendi. Si quis professor absolute exigeret lectionem librorum alicuius auctoris valde obsceni quem classicum vocat — id quod ab honesto magistro etiam in lyceo publico raro fiet —, et si quis discipulus, nisi ei morem gerat, grave incommodum in subeundo examine merito timeret, confessarius iuvenem moneat, ut editionem expurgatam huius auctoris sibi procuret. Quod si fieri nequeat, legat huius auctoris unum alterumve librum haud ita obscenum — qualem fere omnes auctores classici scripserunt. Quod si nec hoc fieri possit, poenitens petat licentiam legendi illos libros. Si confessarius timet, ne Fulgentius illam non sit petiturus, poterit de prohibitione ecclesiastica silere, vel declarare ob hoc grave incommodum in casu particulari legem non obligare. Simul tamen ipsi indicet media quibus periculum proximum removeat, ut scilicet attentionem ad solum stylum dirigat et a rebus turpibus avertat, ut in tentationibus oret, etc.

Si tamen Fulgentius addictus esset legendis omnibus promiscue libris *ex professo* obscenis valdeque spurcis, confessarius utique eum de huius peccati gravitate paterne docere debuisset, tum quia gravis est praesumptio eum hos libros legere ex fine libidinoso, tum quia in casu ignorantia invincibilis circa gravem legis naturalis prohibitionem vix existere potest, tum denique quia omissio monitionis poenitentem in pravo proposito confirmaret eiusque animae semper maiora damna afferret (cfr. supra n. 38 sq.; *Opus.* n. 101, 1°). Quodsi poenitens hisce monitis obedire noluerit, certe absolvi non poterit.

96. — Sed forte Fulgentius non illos libros ex professo graviterque obscenos legit, sed libros potius *subobscenos* et eroticos, qui tamen ipsi sunt proxima occasio *relativa*, in qua saepius iam lapsus est. Hoc casu confessarius eum aliquanto mitius tractare debuisset, praesertim si secus gravius malum prudenter timendum esset.

Videlicet, confessarius generatim quidem omnes, praesertim iuvenes, avertere satagat a libris qui de amoribus agunt, licet nondum graviter et ex professo turpes sint[1]. Quem in finem indicet alios libros romanticos bonos, qui saepe in bibliothecis publicis vel parochialibus inveniuntur. Sin autem Fulgentius posterioris huius generis libros fastidiat, et libros amatorios subobscenos prorsus legere velit, caveat confessarius, ne arundinem quassatam frangat. Si enim graviter timet ne iuvenis ille, gravi prohibitione et absolutionis negatione offensus, a sacramentis et ab Ecclesia alienetur et in peccatis sordescat, confessarius ipsum serio hortetur, ut pericopas magis periculosas obiter tantum legat, ut tentationibus occurrentibus statim resistat atque oret, ut praeterea a libris omnino obscenis prorsus abstineat. Quod si poenitens sincere promittit seque de peccatis commissis dolere affirmat, confessarius illi, saltem sub conditione, absolutionem concedat, simul paterne eum exhortans ut brevi ad ipsum redeat (cfr. *Opus*. n. 486, 517 sqq.).

§ 3. De libris prohibitis ob fidei periculum.

Casus propositus

97. — Adolfus, sacerdos iunior, satis bonus, sed a vana gloria non alienus, memoria et ingenio magis praestans quam aequo iudicio, legere amat libros de historia et critica biblica, non solum catholicorum sed etiam rationalistarum. Quum enim sit theologiae doctor, hos libros legendi licentiam petierat, non quod pro suo ministerio ea opus haberet, sed quod de hac materia forte aliquid scriberet, in-

---

[1] De his libris amatoriis nondum ex professo obscenis scribit S. Alphonsus: « Ipsi non apertae impudicitiae scatent, sed animum ad profanos amores mirabiliter incendendo, illum obtenebrant, a Deo alienant et vehementer ad malum inclinant; ita ut, occasione oblata, homo facile ad infandas libidines ruat, et pertinacius in ipsis deinde perseveret. Et insuper hic notandum, quod saepius patresfamilias rei sunt de hoc damno: quia ipsi tenentur eripere hos improbos libellos e manibus filiorum; et si non faciunt, intelligant, se non posse a culpa excusari. Et minime deinde querantur, si filii utilia studia negligant et despiciant, quia ipsi, delectabili illi romanensium lectioni assuescendo, alios proficuos libros legere postea fastidiunt et horrent; et sic remanent rudes, et vitiosi evadunt » (*Th. Mor.* lib. I, Appendix II, De prohibitione libr. cap. I, n. 9; Gaudé I, p. 259).

ductus tamen potius secreta quadam vanitate et curiositate quam studio defendendi fidei dogmata. Paulatim auctores acatholicos magni, catholicos minoris aestimare incipit; illorum eruditio et indagines criticae ipsum perstringunt; illorumque assertionibus, sive audacter prolatis sive ut verisimilibus insinuatis, haud parum permovetur. Hinc saepe tentationes contra fidem experitur, quibus non positive quidem assentitur, sed tamen valde turbatur. Nihilominus hos libros legere pergit, praecipue iam sciendi cupiditate allectus: vult enim doctus fieri et haberi. Crescit scientia et eruditio, sed non pari passu pietas; crescit eius vanitas in disputando, eius audacia in propugnandis opinionibus liberioribus, etsi non haereticis; crescunt denique semper difficultates contra veritates revelatas; et licet certus non sit, se hisce tentationibus assensisse — adhuc enim orat —, haud raro tamen num hisce satis restiterit anceps haeret.

Quid confessario in hoc casu faciendum sit, docet ea quae sequitur fabulae continuatio.

Casus solutio.

98. — Adolfus amicum habet paternum, sacerdotem quemdam doctum et prudentem, cui etiam confiteri solet. Hic haud sine sollicitudine sequitur illum idearum processum in suo poenitente, et timet ne tandem haec studia eius fidei perniciosa fiant. Periculum ipsi apparet non quidem certum, quia poenitens illis tentationibus nondum plene adhaesit et adhuc orat, sed tamen vere et graviter probabile, spectata etiam eius indole vana et iudicio sceptico. Unde primo ipsi consilium dat dimittendi haec studia; cui quum Adolfus renitatur, idem ipsi tandem sub gravi imponit. Hic vero hanc confessarii decisionem nimis severam et iniquam aestimat: « illa enim studia — ita ratiocinatur —, licet periculo aliena non sint, non tamen coniunctionem moraliter necessariam cum lapsu in peccatum habent; periculum itaque nequaquam certum, sed solum probabile est, quod orando et resistendo tentationi removere satago ». Unde quum hisce studiis adeo delectetur, consilium petit a seminarii professore, qui antea in schola biblica eamdem materiam breviter tractaverat. Hic

vero, quum iam de casu conscientiae agatur, antiquum discipulum remittit ad Sempronium, seminarii directorem et theologiae moralis professorem.

99. — Sempronius itaque paterno affectu excipit Adolfum, cuius bonas et malas qualitates iam antea notas habebat. Post longum et familiare cum ipso colloquium integram eius animi conditionem pervidet, et tandem hunc fere in modum ipsum alloquitur:

« Equidem, ut candide tibi loquar, haud ita probare possum, te hanc materiam pro campo speciali tuorum studiorum elegisse, teque in hunc finem licentiam legendi libros prohibitos postulasse. Etenim assidua lectio auctorum rationalistarum qui de Sacra Scriptura et de alta critica scripserunt, generatim periculis plena est, quia, ut ipse iam expertus es, tentationibus contra fidem facile occasionem praebet. Saepe enim accidit, ut mens difficultatibus contra fidem astute et audacter propositis tota intendat, et, earum solutionem claram non perspiciens, diutius eis inhaereat eisque velut percellatur, quum rationes credibilitatis fidei quasi obliviscatur vel has sedate et obiective considerare negligat. Praesertim qui nativo quasi spiritu critico vel vana scientiae gloria aut curiositate ducuntur et ideo novitatum amatores sunt, hisce tentationibus et periculis obnoxii sunt. Quapropter sine ratione relative gravi et debitis cautionibus in haec studia per lectionem illorum auctorum incumbendum non est. Huiusmodi autem ratio pro te non adest. Sunt quidem haec studia, ac proinde etiam lectio auctorum heterodoxorum in Ecclesia necessaria, ut nimirum fides catholica ab illorum expugnationibus vindicetur; ast haec non cuiusvis genio et inclinationi relinquenda sunt. Destinantur ad hoc munus viri ab auctoritate ecclesiastica selecti, qui praestant doctrina, sensu catholico, aequo iudicio, qui praeterea plerumque speciali modo ad hoc munus praeparantur, sive in universitatibus catholicis, sive in Instituto Biblico Romae ad hunc finem condito. Si haec studia privata auctoritate et methodo suscipiuntur, sicut tu fecisti, certe periculis non vacant. Praeterea, qui hisce studiis operam dant, oportet ut recta ducantur intentione, solumque Dei honorem et Ecclesiae defensionem, non autem propriam gloriam meramque sciendi cupiditatem quaerant. Admitto quidem te initio de refellendis Ecclesiae adversariis cogitasse; ast paulatim, ut ipsemet agnoscis, passio curiositatis et vanitatis scientificae animum tuum occupavit et priorem illam intentionem quasi repressit. Habes quoque, ut scis, mentem naturâ ad hypercriticam et scepticismum inclinatam; nova et inusitata tibi arrident; antiqua et catholicis auctoribus quasi communiter probata facile spernere et ingenii tui salibus prosequi soles: quae animi dispositio periculum in legendo auctores acatholicos adhuc auget. Itaque summa summarum est te in haud levi versari periculo succumbendi hisce tentationibus contra fidem; hae namque semper crescent, et immerito a Deo expectas gratiam resistendi, quippe quum occasio illa tibi nequaquam sit necessaria, sed plane libera. Oportet igitur ut haec studia relinquas, vel saltem ut illos libros heterodoxos non amplius legas. Neque licentia ab Ordinario accepta uti potes; nam ipsum ius naturae prohibet se proximo periculo exponere (can. 1405, § 1)[1]. Quod opponis, videlicet periculum hoc non esse proximum, quia lapsus non est moraliter certus sed mere probabilis, probabile etiam esse te non lapsurum: scio equidem aliquot auctores ita argumentari; sed ego cum longe maiore numero theologorum illam sententiam probabilem non habeo. Ceterum est illa sententia in praxi valde periculosa; unde in hoc periculo peccati formalis tibi eam sequi non licet» (cfr. supra n. 4, n. 16 sq.). Hactenus Sempronius.

Sperandum est, fore ut Adolfus omnesque qui in similibus occasionibus et periculis fidei versantur, iuxta hanc solutionem agant! Indubitatum enim est, complures, non laicos solum sed etiam sacerdotes, maxime quo tempore modernismi quaestiones agitabantur, paulatim in fide fecisse naufragium, quia initio probabile et grave hac in re periculum non evitarunt.

---

[1] Episcopi, vi facultatum Apostolicarum, licentiam legendi libros prohibitos concedere possunt iis « qui eorumdem lectione, sive ad effectum eos impugnandi sive in sacri ministerii vel proprii muneris honestorumque studiorum subsidium vere indigeant ». Ut tamen parce hac facultate utantur, cavetur hisce verbis additis: « graviter onerata ipsorum conscientia super reali omnium memoratarum conditionum concursu ».

ARTICULUS III.
De Choreis praesertim recentibus.

§ 1. De variis chorearum speciebus deque confessarii circa eas officiis.

Casus propositi

100. — Caius, confessarius in loco ubi frequens est choreas ducendi usus, variorum poenitentium confessiones excipit; quos inter:

1° Anna quae confitetur, se aliquoties choreas adiisse. Interrogata a Caio, num saltando peccaverit, sincere respondet negative; unde absolutionem accipit. Altera tamen vice confessario interroganti respondet, iuvenem cum ipsa saltantem malitiosa intentione eius manus, brachia, corpusque arctius compressisse, seque idcirco graves tentationes sensisse, quibus aliquoties quidem restitit, aliquoties tamen consensit. Tunc Caius sub gravi ipsi iniungit, ne cum hoc iuvene amplius saltet, imo etiam ut, si quis alius iuvenis idem faciat, eum repellat et saltationem abrumpat, quia proximo consensus periculo se exponere non liceat.

2° Henricus cum sua amasia quavis fere dominica choreas publicas frequentat, ibique cum ipsa aliisve puellis saepius graviter peccat. Huic etiam Caius sub gravi prohibet adhuc choreas adire, utpote occasionem proximam plane liberam. Quod quum iuvenis promittere renuat, ipsum sine absolutione dimittit.

3° Lucia, matrona satis religiosa et singulis mensibus frequentans sacramenta, ex debilitate permittit filiae suae, ut sola cum honesto iuvene, cuius matrimonium appetit, choreas adeat, sive in aliqua domo privata, sive etiam aliquoties per annum choreas publicas. Cui quum confessarius iam antea, sed incassum, praecepisset, ut ipsamet vel alia fida persona filiam comitaretur, etiam absolutionem differt.

4° Otto caupo frequenter choreas in domo sua admittit. Tempore Paschali accedens ad confessionem in illis saltationibus nihil inhonestum agi asserit. Unde Caius nihil aliud interrogans post brevem exhortationem ipsi absolutionem concedit.

Quaeritur I. Quaenam sunt pericula chorearum in genere, quaenam in specie chorearum quas recentes seu « modernas » vocant?
II. Quandonam choreae sunt occasio proxima?
III. Ob quas causas choreas adire est licitum, vel saltem non graviter prohibitum?
IV. Quae sunt confessarii officia circa choreas?
V. Quid dicendum de Caii praxi in variis illis casibus?

I. Variarum chorearum, praesertim recentium, pericula.

101. — Choreae seu saltationes, etiam inter personas diversi sexus, per se malae non sunt: non enim sunt, ut ait S. Alphonsus cum theologis communiter, « actus libidinis, sed laetitiae » (*Th. Mor.* l. III, 429). Nihilo minus antiqui SS. Patres, plura Concilia, multi Episcopi aliique animarum pastores graviter contra eas monuerunt. Ratio est, quia persaepe periculis plenae sunt, ac proinde multorum peccatorum occasiones. Pericula haec sunt, tum in ipso actu saltandi, tum in circumstantiis saltationem antecedentibus aut concomitantibus aut subsequentibus.

102. — 1° In ipso *actu saltandi* periculum oritur ex contactu personarum diversi sexus, qui pravam libidinem excitare possit; pro varia autem ratione huius contactus periculum maius erit vel minus.

a) Antiquitus, videlicet medio aevo christiano, ille contactus communiter consistebat in sola *manuum* coniunctione, ac propterea, abstractione facta a prava intentione, leve dumtaxat libidinis periculum creabat.

b) Saeculo autem praecedenti, sub influxu liberalismi etiam in moribus, introductus est saltandi modus, in quo fiunt *amplexus* plus minusve stricti, ita ut contactus sit inter *superiorem* corporis partem utriusque saltantis, per aliquod tempus celeri motu rhythmico in gyrum vertentis. Uti patet, huiusmodi choreae, quae pro varia saltandi ratione vocantur « valse », « polka », « galoppe », « mazurka » etc., iam multo magis periculosae sunt et facile graves libidinis motus excitare possunt. Attamen per se nondum malae et inhonestae dici possunt, praesertim etiam quia saltantium attentio magis dirigitur in servandas artis saltandi regulas, adeoque a libidine magis abstrahitur. Hoc constat ex multis personarum valde honestarum testimoniis. Hinc hodie illae choreae etiam in honesta societate in usu sunt et frequentantur ab illis etiam puellis, quae extra choreas huiusmodi contactus et amplexus nequaquam permitterent.

c) Ast inde ab initio huius saeculi, sub eodem influxu laxitatis morum, ab Ecclesiae inimicis de industria ubique introductae et propagatae sunt — pro! dolor etiam in haud paucis familiis catholicis — saltationes oriundae ex moribus paganis Nigritarum Americae meridionalis, sed, uti praetexunt, « cultiores » redditae, in quibus ob varios pedum motus et corporis positiones etiam *inferiores* utriusque corporis partes (abdomen) modo singulari moventur et facile inter se tanguntur. Pro quadam in saltandi modo differentia vocantur: « one-step », « two-step », « turqey-trot », « pas de l'ours », « tango », « charleston ». Iuxta ipsos saltandi artis magistros, etiam multos acatholicos, huius speciei saltationes, quas « modernas » nuncupant, facile pravam libidinem, maxime inter solutos, notabiliter excitant et difficulter modo honesto fieri possunt. Concedunt quidem, earum aliquas adhuc decenter fieri posse, sed, uti aiunt, « dum secundae speciei saltationes (« valse » etc.) modo inhonesto fieri possunt, huius tertiae speciei choreae *natura sua* inhonestae sunt ». Ipsi motus et habitus utriusque corporis pravae libidini quasi sponte ansam praebent. Solum quando speciali adhibita cura attenditur ut contactus inhonestus vitetur, minus indecentes erunt. Haec autem specialis diligentia in aestu passionis saltandi difficulter ab utraque parte adhibetur. Omnium consensu duae posteriores, « tango » et « charleston », maxime periculosae et prorsus reprobandae sunt.

103. — 2° Ad *circumstantias* quod attinet, chorearum pericula augeri possunt:

a) Ob indecentem *vestiendi modum* mulierum, praecipue per notabilem pectoris denudationem. Qua in re attendendum est ad consuetudinem variarum regionum, iuxta illud: « ab assuetis non fit passio ». Generatim in choreis privatis, praesertim in alta societate, levior quidam vestiendi modus maiorque pectoris denudatio minus periculosa est quam in choreis publicis, tum ob morem, tum ob servatam in illis maiorem decentiam externam (« étiquette »).

b) Ob alia *scandala* ab altera parte data, sive in ipsa saltatione, sive in intervallis quibus quiescitur: tum verbis adulatoriis, indecentibus vel lascivis ad provocandam compartis libidinem intentis, tum aspectibus nimis liberis, tum malitiosis manuum, brachiorum, corporum compressionibus; praecipue quidem a parte sexus masculini, sed aliquando etiam ex parte feminae, maxime si in choreis publicis mulieres suspectae non arcentur.

c) Ob *aspectum aliorum saltantium*: plures enim magis adhuc commoventur aspiciendo in intervallis alios saltantes quam quum ipsimet saltant, utpote in actu saltandi magis attendentes ad regulas artis.

d) Ob *musicam* nimis lascivam (« jazz »); cui quandoque accedit textus verborum obscenus qui, licet non cantetur, notus tamen est.

e) Ob usum *potus inebriantis* vel nimis excitantis. Notum illud Ciceronis: « Nemo fere saltat sobrius, nisi forte insanit ».

f) Ob *defectum sufficientis lucis*, praesertim in remotioribus exedrae spatiis aliisve vicinis locis ubi a saltando quiescitur. Imo eo iam alicubi progressa est diabolica mundi perversitas, ut per aliquod tempus, puta per quadrantem horae partem, omnia lumina extinguantur, quo liberius luxuriae frena laxari possint; quae certe choreae per se obscenae habendae sunt.

g) Ob *faciem larva velatam* (« bals masqués »). Hae choreae in se quidem magis periculosae sunt, quia saltantes, ut ignoti, facilius sine pudore lasciviae indulgere possunt. Ex altera tamen parte propter ipsam faciem coopertam interdum minus periculosae esse possunt, praesertim in choreis clausis, ubi solum honestae familiae invitantur. Unde per se obscenae et prohibitae dici nequeunt.

h) Denique *post choreas*: cum ambo domum redeunt, solus cum sola, persaepe adest periculum tactuum impudicorum vel etiam fornicationis; item periculum delectationis morosae vel pollutionis solitariae in lecto vespere vel altero mane, ob memoriam chorearum.

104. — Nemo non videt, quantopere ex hisce circumstantiis pericula, quae iam in ipsa saltatione adsunt, aggravari possint. Notandum tamen est, plurimas ex hisce circumstantiis aggravantibus generatim saepius occurrere in choreis publicis et democraticis, quibus omnibus etiam viris et feminis libidine effrenatis liber est accessus, quam in choreis privatis et aristocraticis, ad quas solae personae externe saltem honestae invitari solent; imo in hisce, saltem si choreae illae « modernae » excluduntur, tempore saltationis raro externe, praesertim a matronis et puellis, graviter peccari solet, uti ex confessionibus auditis constat. — Ad haec, graviora etiam evadunt pericula, quo quis frequentius choreas adit. Certe qui singulis v. g. dominicis frequentat choreas publicas, pravam concupiscentiam vehementer nutrit, et vix fieri potest, quin paulatim saltem in multa gravia peccata incidat. Secus est si quis interdum solum per annum, occasione festi aut bacchanalium, honestam ob rationem eas adeat.

II. Quando sint occasio proxima.

105. — Quaesito, quandonam choreae sint occasio proxima, in universum respondendum est, regulas determinatas quae omnibus locis et personis applicentur, hac de re dari non posse; pendet enim a diversitate locorum, ab aetate, dispositione et conditione personarum etc. Unde applicandae sunt hic regulae generales, ex quibus cognoscitur aliquam occasionem esse proximam (supra n. 9 sq.).

Itaque occasionem proximam in choreis adesse constat:

1° *A posteriori* seu *ex experientia*. Si quis in iis *frequenter* labi solet, v. g. ex decem vicibus circiter quinquies, ipsi certe erunt occasio proxima; quavis enim vice adest periculum vere et graviter probabile novi lapsus; neque opus est, ut fere semper vel ut plurimum labatur (supra n. 16). Attendendum tamen est, optime fieri posse, ut non ipsa saltatio, sed solum aliqua eius circumstantia, v. g. sedere in loco exedrae obscuriore, redire domum solum cum sola etc., ansam frequentis lapsus praebeat; quo casu haec sola circumstantia ut occasio proxima habenda erit.

2° *A priori* et *ex communiter contingentibus* dicendum videtur, t e r t i a e specie saltationes, quae « modernae » vocantur (supra n. 102 *c*), *per se* et *obiective* inducere occasionem proximam. Hae enim, natura sua, ut multi etiam magistri acatholici testantur, pravam libidinem notabiliter accendere solent, praesertim, apud iuvenes masculos. Unde generatim in hisce a *plerisque* hominibus peccatur, id est a plerisque hominibus ordinariis, prout in mundo etiam catholico occurrunt, qui nimirum ad luxuriam adeo proni sunt, nec virtute aut indole honestatis eminere solent. Dixi *per se;* nam ut supra (*l. c.*) dictum est, adhibitis cautelis specialibus, etiam modo minus indecenti fieri possunt, et haud raro re ipsa ita fiunt ab illis honestis personis, utique *paucioribus*, quae illas cautelas adhibent et ob iustas rationes eas saltare quasi coguntur. Quapropter si cui experientia vel aliunde constaret, has choreas sibi non creare probabile peccandi periculum, *per accidens* ipsi *subiective* non essent occasio proxima [1]. Generatim tamen prorsus vitandae sunt, quia ex communi praesumptione periculum saltem graviter probabile lapsus mortalis constituunt [2].

3° Choreae s e c u n d a e et multo minus p r i m a e speciei, per se non sunt occasio proxima obiectiva et absoluta; saepe tamen sunt occasio *relativa*. Hinc de is iudicandum est, sive a priori ex intrinseca saltantis fragilitate, sive a posteriori ex frequentibus lapsibus praeteritis, sive ex aliis circumstantiis aggravantibus quae vere grave et probabilis lapsus periculum in casu adducunt, ut supra n. 103 exposuimus.

III. Causae adeundi choreas.

106. — Quod spectat ad causas quae sufficere possunt ut choreae adeantur, sic respondendum esse arbitramur.

1° Generatim si nulla adest proportionata causa honestans, omnia illa fiunt peccata gravia quae, occasione chorearum, natura sua notabiliter influunt ad graves motus carnales excitandos, etiamsi

---

[1] Vide quae supra (n. 10-13) diximus de famulatu, qui *per se* vel *per accidens* est occasio proxima.

[2] Hinc est quod plurimis in regionibus Episcopi graviter contra has recentes choreas monuerint vel eas etiam prohibuerint. Sic e. gr. Episcopi Germaniae, Fuldae una congregati, mense Ianuario 1925 statuerunt: « Moderne Tänze, die — fast alle von übelster Herkunft — die Sittsamkeit und Schamhaftigkeit bedrohen, dürfen unter keinen Umständen, auch nicht in angeblich verfeinerter Form, länger geduldet werden », id est: « Choreae modernae quae — fere omnes pessimae originis — verecundiae et pudicitiae officiunt, prorsus iam non tolerari possunt, neque etiam in praetexta forma cultiore » (*Katholische Leitsätze*, VIII, 6). Graviter etiam easdem recentes choreas improbat Benedictus XV in Enc. *Sacra propediem*, diei 6 Ian. 1921, quippe quas vocat « eas quae nuper ex barbaria in hominum elegantium morem venerunt, alias aliis deteriores, saltationes, quibus nihil inveniri potest aptius ad omnem exuendam verecundiam » (*A. A. S.*, XIII, 39).

hisce actu consensus non praebeatur. Ita iuxta principia generalia de voluntario in causa, applicata ad sextum Decalogi praeceptum. Haec ergo si praevidentur, sine causa relative gravi choreas adire non licet.

2° Si choreae alicui solam occasionem *remotam* constituunt, a. v. si periculum graviter peccandi non est notabile, etiam quaevis iusta et rationabilis causa a peccato veniali excusabit, v. g. desiderium parentum, mariti, sponsi, urgens amici invitatio, mos patrius, maior facilitas ineundi matrimonium, imo etiam honesta animi relaxatio aliquoties per annum. Huiusmodi rationes saepe habentur in circulis diplomaticis et aristocraticis, item in honestis familiis privatis. Sola ratio ostentationis et vanae complacentiae in modo vestiendi vel saltandi peccatum veniale non excedit. Imo hae causae etiam ad adeundas aliquando choreas publicas sufficientes esse possunt, sed multo rarius, quia in hisce plerumque periculum non est ita remotum. Praesertim ratio inveniendi occasionem futuri matrimonii haud ita facile sufficiet, quia ad hoc alia eaque aptiora praesto sunt media, et quia matrimonia ex publicis choreis orta raro felicia esse solent, quippe plerumque passione magis quam prudentia inspirata. Nihilominus, si periculum peccandi est re ipsa tantum leve, eas ob hanc solam causam adire per se gravis peccati damnari nequit.

3° Si choreae, sive ob modum saltandi sive ob alia adiuncta, alicui praebent occasionem *proximam* et grave vereque probabile peccandi periculum, causa gravis et periculo proportionata requiritur, ita ut occasio in casu quodammodo necessaria fiat. Tales causae essent: offensio mariti, parentum, sponsi vel etiam alicuius familiae amicae et honestae; item si vix aliud esset medium perveniendi ad matrimonium. Hae rationes graves sufficerent quoque ad adeundas interdum choreas publicas, modo non sint per se scandalosae ob gravem in vestiendo immodestiam, ob saltationes illas recentes tertiae speciei, de quibus supra (n. 102, c). Ad has postremas saltationes exercendas generatim solum ratio valde gravis excusabit, idcirco etiam quia puella praetexere potest nimiam defatigationem quam hic saltandi modus postulat.

107. — Atvero quaecumque est necessitas adeundi talem occasionem proximam, quivis sub gravi tenetur se praemunire remediis ac praesidiis naturalibus et supernaturalibus, quibus periculum e proximo fiat remotum; de quibus cfr. *Opus* (n. 142). Praecipua sunt: recta intentio, oratio, pia meditatio, renovatio firmi propositi

non peccandi, vitatio solitudinis, mortificatio sensuum, praesertim oculorum etiam in non aspiciendis saltationibus magis periculosis etc. Praesertim in theatris saltationes, quae in intervallis exhibentur («entr'actes»), adeo turpes esse solent, ut eas ex industria aspicere vix umquam a gravi peccato excusari possit.

Iuvat hic referre notum illum locum S. Francisci Salesii: « De choreis loquor, quemadmodum medici loquuntur de fungis et boletis (« champignon »): meliores, aiunt, nihil valent. Et ego dico tibi: meliores choreae vix bonae sunt. Si nihilominus fungos manducare oportet, cura ut bene praeparati sint. Ita si quo casu te excusare non posses et chorea sit adeunda, cura ut tua saltatio sit bene praeparata, id est temperata modestia, dignitate, recta intentione. Ex fungis, aiunt medici, parum manducare oportet et haud saepe: ipsa enim quantitas, etiamsi bene praeparati sunt, venefica esse potest. Salta parum, Philothea, et haud saepe; secus periculum est ut nimio affectu eis dedita sis ». Deinde pias suggerit considerationes, quibus, si saltare oportet, aliquis se armare potest, ut choreae sibi non noceant, v. g. de tot damnatis ob choreas, de tot doloribus aliorum hominum, de aspectu Dei, de vanitate gaudiorum mundi (*Introductio ad vitam devotam*, III, cap. 33).

IV. CONFESSARII CIRCA CHOREAS OFFICIA.

108. — Haec officia vix melius quam verbis clari Aertnys hunc in modum explicari possunt.

In universum confessarius « vitet excessum et defectum zeli contra eas. Excedunt, qui nimio impetu et sine ulla prudentia contra eas invehunt. Deficiunt, qui nulla cura tanguntur ut eas impediant ».

1° Speciatim cum iis *qui choreas adeunt* has sequatur regulas:

« Perpendat periculum poenitentis, interrogando an iam pluries propter choreas peccaverit, aut saltem gravibus libidinis motibus subiectus fuerit, inquirendo de circumstantiis modi, temporis, loci, personarum etc.

« Quo facto: *a*) si poenitens gravem a choreis abstinendis obligationem habeat, regulariter sub denegatione absolutionis eam obligationem ei indicere debet. *b*) Si poenitens gravem obligationem non habeat, male se gereret confessarius, si tanta facilitate choreas permitteret, ut, iuxta personarum conditionem, ne consilium quidem daret sive ab eis abstinendi sive non saepius eas adeundi; quantumvis enim choreae videantur innocuae, nihilominus, attentis circumstantiis quibus vulgo vestiuntur, plerumque periculosae sunt, causa tum iacturae devotionis et verecundiae, tum periculi se implicandi praecocibus et inconsultis amoribus. Dixi: *iuxta personarum conditionem;* personis enim honestioris conditionis, praesertim in matrimonium collocandis, consilium abstinendi, nedum fructui, offensioni erit; unde solum consilium temperandi a frequentia conducet. Confessarius ergo, quantum prudenter poterit, poenitentes vel a choreis avertat, vel, si id nequeat, monitis et praesidiis opportunis periculum diminuere satagat. Haec monita sunt v. g. ut poenitens finem honestum sibi praestituat; modestiam servet, maxime in vestitu, gestu et sermone; vitiosis sympathiis nullo modo obsecundet, sive aliorum erga se, sive suiipsius erga alios; post choream pravis imaginationibus aditum praecludat » (*Th. Mor.* II, 497).

2° *Parentes* moneat de eorum officiis. Videlicet:

« Generatim loquendo, debent filios, maxime filias, aliosque subditos a choreis avertere quoad fieri potest. Attamen, quantum ad strictam eas vitandi obligationem, attendere debent ad quantitatem periculi et iustitiam causae. Quando autem accessum permittunt, curent ut illi mature domum redeant, nec sola cum solo revertatur, praesertim si viam sat longam facere debeant » (*l. c.* n. 496).

3° *Caupones* item moneat, quid ipsis liceat, quid prohibitum sit. Videlicet:
Choreas in aedibus suis admittere

a) « licet, saltem sine gravi peccato, ubi usu vigent, si absint ea adiuncta, quae easdem proxime periculosas reddunt; tunc enim scandalum, notabile saltem, non praebent. Quapropter caupones qui choreas admittunt semper invigilare debent ne inhonesta in cauponis suis fiant. *b*) « Non licet vero, quandocumque grave scandalum darent; ut eveniret, si adiuncta proximum periculum peccatorum adducerent, puta propter saltationum indecentiam, choreas larvatas, nimiam frequentiam, tempus nocturnum, personarum effrenationem » (*l. c.*).

Quae dicta sunt de cauponibus, servatis servandis, etiam valent de *patribus familias*, qui interdum choreas privatas pro solis invitatis instituunt.

V. Casuum solutio.

109. — Caius in aliquibus aequo laxiorem, in aliis rigidiorem praxim sequi videtur.

Ad 1^m. — *a*) Ad Annam quod spectat, confessarius iam prima vice eam interrogare debuisset, non solum de peccatis in ipso saltationis actu commissis, sed per se etiam de iis quae occasione chorearum ob alias circumstantias saepe extra ipsam saltationem perpetrantur; de aspectibus, delectationibus morosis, tactibus etc., de quibus vide n. 103. Nisi enim Annam noverit ut puellam valde honestam, Caius alia illa peccata graviter suspicari potuit. Interrogare eam etiam debuit, quam ob causam choreas adierit, ut sciat utrum occasio sit necessaria an libera. Si prorsus libera esset, etiamsi nondum peccasset, ei saltem consilium ab illis abstinendi dare oportuit; imo si puella hucusque erat innocens ac pia, sed prudenter timetur eius futurus lapsus, v. g. ob eius indolem levem et debilem, sub gravi quoque ad illud obligari potuisset, nisi nullus huius monitionis fructus esset sperandus. — Denique si Anna etiam modernas illas choreas saltaverit, confessarius has ei graviter prohibeat, utpote occasionem communiter proximam, nisi ipsa ob rationem gravem ab iis saltandis abstinere non potuisset.

b) Generatim severius Caius puellae altera vice redeunti absolute prohibuit non amplius saltare cum illo iuvene hic et nunc nimis procaci: potuisset enim esse occasio quasi necessaria, v. g. quia iuvenis erat eius sponsus cum quo honestum matrimonium inire sperat; quo casu puellae dicat, ut sponsum de indecenti sua agendi ratione moneat. Si occasio erat omnino voluntaria, bene egit Caius. Item severius erat eius praeceptum ut Anna illico abrumperet actum saltandi cum iuvene pravo affectu ipsam tangenti: bonae enim famae talis iuvenis publice noceret. Cui ut parceret, complere consuetum saltationis circulum occasio erat necessaria. Potuit tamen puella, imo debuit saltando iuvenem paulo a se removere, ipsique v. g. dicere, se ita arcte amplexam non facile saltare, nimis defatigari etc.

c) Ceterum, si Anna occasione chorearum iam aliquoties peccavit et promissa antea data fefellit, tractanda est ut recidiva ob occasionem proximam sive liberam sive necessariam; unde si commode fieri potest et poenitens a confessione non absterretur, dilatio absolutionis per breve tempus valde utilis vel etiam necessaria esse poterit, quo relapsus certius praecaveatur (supra n. 32 sq.).

Ad 2^m. — Si Henricus vere recidivus est et, antea iam bis terve monitus et absolutus, nihil se emendavit, neque in hac confessione ullum speciale signum doloris praebet ex quo seria emendatio sperare liceat, Caius certe nimiae severitatis damnari non potest, si ei absolutionem differret, puta per duas septimanas (supra n. 32). Attamen, si graviter timetur fore ut iuvenis ob dilatam absolutionem in peccatis tabescat et a sacramentis plane alienetur, confessarius post seriam exhortationem ipsi det absolutionem sub conditione, modo tamen dubie dispositus sit, neque adsit scandalum publicum pro populo qui videret, ipsum ob suam levitatem multis notum ad sacram mensam accedere (*Opus*. n. 486, 517 sqq.). Si Henricus versatur in bona fide circa obligationem vitandi hanc occasionem proximam, aliquando etiam, ut maius malum vitetur, ab imponenda obligatione confessarius saltem ad tempus abstinere poterit, ut probavimus in *Opere* (n. 96-102).

Ad 3^m. — Si Lucia a Caio aliove confessario iam una alterave vice serio monita est de gravi obligatione non permittendi ut filia non comitata choreas adeat, recte egit Caius, quia haec dilatio eius conscientiam salutari remorsu ad debitam vigilantiam excitabit. Si nondum monita fuit et nunc serio emendationem promittit, certe absolvi poterit.

Ad 4^m. — Caius cauponem de aliis quoque vigilandi officiis monere debuisset, scilicet quoad illas circumstantias quae extra ipsam saltationem saepissime choreas maxime periculosas et graviter inhonestas reddunt, ut supra (n. 108, 3°) dictum est. Si Otto recidivus esset in gravi vigilandi negligentia, adeoque grave dedisset scandalum, ipsi absolutio esset differenda. Atvero, si hac dilatione graviter offenderetur et peior fieret cum maiore etiam boni publici damno, si praeterea fundata adesset spes fore ut paterne at serio monitus melius invigilet et scandalum publicum notabiliter minuat, saltem sub conditione absolvi poterit. Confessarius tamen eum publice ad S. Eucharistiam accedere non permittat, donec se revera emendaverit et scandalum abstulerit. Quodsi ageretur de introducendis choreis publicis in locum ubi illarum mos nondum existit, ordinarie ne sub conditione quidem absolvendus esset, nisi a proposito desistat. Confer quae deinceps dicemus de parocho, cuius auctoritatem confessarius quantum potest sustentet oportet.

§ 2. De parochi circa choreas officiis.

Casus propositi

110. — 1° Titius, parochus in loco ubi frequens est chorearum usus, hunc abrogari non posse censet, sed ut malum necessarium esse tolerandum; unde de iis speciali modo non curat. Postea, translatus in parochiam ruri sitam, ubi praxis religiosa floret et choreae publicae nondum existunt, ne aliquem potentem cauponem, qui illas introducere vult sibi reddat offensum, hunc illas introducere sinit, et solum hortatur ut choreae honeste et decenter fiant; quod caupo utique promittit.

2° Sempronius contra, nuper parochus nominatus in loco ubi existit mos omnibus fere dominicis et festis ducendi choreas in multis tabernis et cauponis, hunc morem exstirpare volens, saepe et vehementer praedicando contra choreas invehit. Hoc enim fecit, inquit, S. Ioannes Vianney, parochus in oppido Ars, quem Ecclesia patronum adeoque exemplar parochorum constituit, et ita tandem hanc consuetudinem exstirpavit suamque paroeciam reformavit.

Quaeritur I. Quaenam sunt parochi circa choreas officia?
          II. Quaenam contra illas media sunt adhibenda?
          III. Quid dicendum de praxi Titii et Sempronii?

I. Parochi circa choreas officia.

111. — Quum parochi officium sit pro viribus scandala excidere, ne oves sibi commissae ex hisce detrimentum pro consequenda salute aeterna capiant, profecto curam specialem etiam ad choreas quod spectat adhibeat oportet, quemadmodum id fecerunt sancti Patres omnesque veri animarum pastores (cfr. n 101). Hac tamen in re parochus tum defectu tum excessu zeli peccare potest.

Certe zelo deficeret parochus, si in loco, ubi choreas ducendi mos nondum existit, earum introductioni non omnibus viribus obsisteret, monitis potissimum quidem privatis, sed etiam, si opus est, vituperationibus publicis. Imo, quum, praesertim hac nostra aetate, choreae publicae communiter sint plurimorum peccatorum fons uberrimus, qui eas introduceret hisce peccatis facilem obviamque praeberet occasionem, hacque sua cooperatione alienis peccatis se gravaret et grave ac publicum daret scandalum, ideoque ut publicus peccator ad sacramenta admittendus non esset. Cum illis qui eas vix introductas adirent, severe quidem agendum est, ne alios ad illas frequentandas suo exemplo pertrahant, sed generatim ut publici peccatores tractari nequeunt, quia choreae, nisi essent plane obscenae, per se et omnibus non sunt occasio proxima. Si tamen ex hisce saltantibus esset unus alterve antesignanus, qui publice parochi auctoritati et monitis resisteret aliisque manifeste noceret, ut publicus peccator ab accessu ad sacramenta arceri posset.

112. — Verum enim vero, hisce corruptorum morum temporibus mos ducendi saltem aliquando choreas fere ubique introductus est, non in civitatibus solum, sed in plerisque regionibus ruri quoque et in pagis. Quid tunc parocho faciendum est?

Utique deficeret zelo si, animum despondens, parum aut nihil contra eas ageret, sub praetextu quod, quum populus iamdiu sit eis assuetus, monita privata et correptiones publicae essent inutiles nullumque ferrent fructum. Nam, etiamsi pro ipsis peccatoribus obstinatis fructus non statim appareat, hi propter hoc parochi silentium magis in peccatis sordescerent, quum nemo sit qui eos corripiat; et deinde alii parochiani facile inde scandalum caperent, videntes parochum contra gravia haec et publica peccandi pericula vocem non attollere manereque inertem. Unde malum certo plus plusque ingravesceret.

Ex altera tamen parte parochus zeli excessu peccaret, si in hisce locis choreas plane tollere vellet, saepe et vehementer e sacro pulpito in eas invehendo, easque adeo reprobando acsi omnes choreas adeuntes peccati gravis rei essent. Nam quando ille mos iam diu et generaliter alicubi existit, plerumque huius intempestivi zeli malus erit exitus; imo paroeciae conditio etiam peior fieri posset. Populus, saepe haud immerito, parochum exaggerationis accusabit, ac si omnes saltantes graviter peccarent; concludet, parochum omnem licitam animi relaxationem iis auferre velle, ipsam etiam occasionem perveniendi ad honestum matrimonium. Hinc notabilis saepe populi pars parocho infensa erit, neque aliis eius praedicationibus et exhortationibus benevolum auditum praebebit. Facile contra eum exsurgent conspirationes et factiones cum gravi eius auctoritatis detrimento, quibus chorearum numerus adhuc crescere posset. Multi ab eius confessionali alienabuntur, fortasse etiam ab omni sacramentorum usu. Nemo non videt, etiam tali zeli excessu malum facile aggravescere posse.

Quapropter in hac praecipue materia magna opus est prudentia et media via incedendum erit.

II. Media contra eas adhibenda.

113. — Itaque ad media contra choreas adhibenda quod attinet, ante omnia parochus populi benevolentiam sibi conciliare satagat, vera charitate et mansuetudine maxime erga plebeios, pauperes et infirmos, spiritu pietatis, morum urbanitate erga omnes: quo magis enim a populo aestimatur et amatur, eo plus ab eo obtinebit. Tum, si quandoque pro officio suo etiam publice scandala reprehendere debet, non dure et aspere procedat, animos exacerbando, sed generatim hortando potius et paterne monendo.

Praeclare hac de re Tridentinum, cuius monita ad Episcopos, ad parochos quoque, utpote animarum pastores, spectant: « Sacrosancta Synodus... primum eos admonendos esse censet, ut se Pastores, non percussores esse meminerint, atque ita praeesse sibi subditis oportere ut non eis dominentur, sed illos tamquam filios et fratres diligant elaborentque ut hortando et monendo ab illicitis deterreant, ne, ubi deliquerint, debitis eos poenis coërcere cogantur; quos tamen, si quid per humanam fragilitatem peccare contigerit, illa Apostoli est ab eis servanda praeceptio, ut illos arguant, obsecrent, increpent in omni bonitate et patientia: cum saepe plus erga corrigendos agat benevolentia quam austeritas, plus exhortatio quam comminatio, plus charitas quam potestas » (*Sess.* 13, *De Reform.* cap. 1).

114. — In locis ergo, ubi mos chorearum iam diu viget, mediis *indirectis* potissimum utatur; quae quidem media haec praesertim sunt:

Quoad choreas *privatas* in familiis honestioris conditionis, parochus patresfamilias privatim adeat, appellet ad bonum exemplum quod cives magis conspicui plebeiis dare debent, et amice hortetur ut illas choreas raro dumtaxat admittant, ut modestia in vestitu servetur et denudatio pectoris ad honestos limites restringatur, item ut saltationes solum decentes permittantur (cfr. n. 102, 1°, *c*). Quantum potest curet, ut catholicae familiae communi consilio inter se conveniant de non admittendis choreis quas « modernas » nuncupant. Hortetur eos etiam, ut non admittant choreas, quas « infantium » vocant, quibus naturalis horum verecundia haud parum minuitur et iam a tenera aetate ad desideranda haec periculosa oblectamenta excitantur.

115. — Quod spectat ad choreas *publicas*, pro viribus iterum satagat, ut earum saltem numerus minuatur et interdum tantum per annum fiant; praeterea ut non in tardam horam protrahantur et quoad fieri potest modo decenti agantur et excludantur recentes saltationes. Quod ut obtineat, apta erunt haec media:

a) Privatim adeat caupones et paterna monitione efficiat, ut utrumque consequatur.

b) Idem faciat cum parentibus sibi magis benevolis, quos praecipue etiam moneat, ut filiae semper matre aliave fida persona sint comitatae.

c) Ante bachanalia aliave festa quibus choreae praesertim agitantur, utiliter praedicabit de veritatibus quas vocant aeternas, de peccato mortali in genere, de peccato scandali in specie, etc., quibus parochiani salutari Dei timore imbuantur. Addet in fine paternam exhortationem ad caupones et parentes, ut, occasione chorearum, omnia honeste procedant et proxima peccati pericula amoveantur.

d) Procuret pro viribus ut, diebus quibus potissimum saltari solet, aliis oblectamentis publicis sed honestis praebeatur occasio, per conferentias, musicam, parva spectacula, cinematographa etc.

e) Praecipue vero instituat congregationem vel confraternitatem B. M. V. pro puellis, quas certe magis directe et efficacius a choreis absterrere, vel etiam pro sua prudentia sub poena exclusionis eas adire vetare poterit.

f) Conveniat quoque, si fieri potest, loci syndicum seu praefectum, ut statutum fiat circa choreas publicas, sive ad earum numerum minuendum, sive saltem ad amovenda in iis maiora pericula et scandala. Ruri, praecipue a syndico catholico, et in magnis quoque civitatibus ab honestis magistratibus saepe obtineri potest, ut publicis municipii ordinationibus graviora saltem pericula imminuantur [1].

g) Iuvabit etiam, ut parochi cum aliis eiusdem regionis sacerdotibus et honestis laicis interdum publicum coetum indicendum curent, in quo a variis oratoribus loquatur de saltandi periculis et effectibus — praesertim si frequens est hic usus — non solum pro individuis sed etiam pro societate civili, cuius moralitas publica, imo et populi sanitas per illum saltandi furorem ac maniam valde labefactatur et crimina contra mores augentur, quemadmodum medicorum aliorumque peritorum testimoniis constat; item tunc agatur de remediis contra illum abusum unitis viribus adhibendis.

Certe merito sperare fas est, ut haec media, unita eis quae supra (n. 108 sqq.) pro confessariis exposita sunt, sua efficacia non frustrentur ad imminuendum paulatim graves chorearum abusus.

---

[1] Non abs re erit subiicere statutum municipii magnae civitatis Noviomagensis (Nymegen) in Hollandia, continens conditiones servandas ut choreae publicae permittantur.

« 1° In exedris (conclavibus, aulis) saltationi destinatis non admittuntur iuvenes, mares vel feminae, octodecim annos nondum nati.

2° Ab his exedris arcendae sunt:

a) personae, quarum mores suspecti sunt; vel quae sua agendi ratione ostendunt, se ad illas pertinere;

b) personae versantes sub influxu potus inebriantis vel disturbantes ordinem publicum;

c) personae, a Praefecto disciplinae vel securitatis publicae (« commissaire de police ») in scriptis designatae;

d) personae, quarum modus saltandi censetur limites decori et honestatis praetergredi.

3° Exedrae saltationis aliaque loca publica ad eas pertinentia ita illuminata sint oportet, ut ibidem praesentes clare distingui et cognosci possint.

4° Praefectus securitatis publicae prohibere potest, quominus opera in exedris exsequenda a personis sexus feminei fiant.

5° Quo tempore choreis praebetur occasio, in locis ubi saltatur, venditio vel etiam usus potus inebriantis prohibitus est.

6° Adsit, iuxta iudicium Praefecti securitatis publicae, sufficiens numerus convenientium latrinarum pro sexus differentia, item receptaculum pro vestimentis.

7° Denique omnes ordinationes, datae a Praefecto publicae securitatis vel eius nomine, accurate servandae et statim exsequendae sunt » (cfr. *Mannenadel.*, Nov. 1929 (XIX), p. 59 sq.).

Si alia etiam magnarum civitatum municipia huiusmodi praecepta ferrent eaque observanda severe curarent, multa certe iam ex gravioribus chorearum periculis anteverterentur.

— In aliis civitatibus vel municipiis praesertim minoribus severiores etiam normae praescriptae sunt, quibus chorearum licentia restringitur ad certos dies vel usque ad determinatam vesperae horam. Quo plus parochus ab auctoritate municipali obtinere potest, eo magis morum honestatem in sua paroecia promovebit.

III. Casuum solutio.

116. — Solutio ex hactenus dictis patet:

Ad 1^m. — Titius certe defectu zeli peccavit, neque vigilantis pastoris exemplum praebuit. In prima sua paroecia illa saltem media indirecta, de quibus supra (n. 114 sq.), adhibere potuit et debuit, quibus malum restringeret, ne usus, quem abrogare non potuit, in graviores semper abusus excresceret. — In altera paroecia fortiter et sine timore humano huic cauponi obsistere debuit, primum quidem monitis privatis, et, si haec non iuverint, etiam praedicationibus publicis, ne ille chorearum mos, qui hodie praesertim magnae morum corruptelae causa proxima esse solet, in paroecia adhuc religiosa introducatur. Ipsum autem cauponem, si obstinatus manserit, ordinarie ut peccatorem publicum tractet, et ad S. Eucharistiam non admittat, ut alii timorem habeant (supra n. 111)[1]. Quodsi parochus, petito etiam aliorum prudentum consilio, certe praevideret, omnem suam operam directam et publicam futuram esse inanem et introductionem chorearum impedire non posse — id quod non facile supponendum est in paroecia adhuc religiosa —, mediis saltem indirectis utatur, ut quantum fieri potest rarius et decentius agantur.

Ad 2^m. — Sempronii contra agendi ratio ab imprudentiae labe excusari non posse videtur. Ordinarius enim huiusmodi zeli intempestivi exitus erit ille quem supra (n. 112) exposuimus, nisi tanta esset eius in parochianos auctoritas, ut merito credere potuerit se ita propositum esse consecuturum; quod quidem raro admodum, et tunc solum modo magis tempestivo, obtinere poterit. Unde eius provocatio ad exemplum S. Ioannis Vianney non valet. Sanctus enim ille parochus oppidi Ars tantopere eminebat vitae sanctimonia, austeritate heroica, orationis studio, aliisque omnibus virtutibus, ut eius apud populum auctoritas valeret plurimum et prudenter expectare potuerit, parochianos suos, Dei gratia commotos, publicis eius corre-

---

[1] Concilium Tridentinum post textum supra (n. 113) citatum ita prosequitur: « Sin autem ob delicti gravitatem virga opus fuerit, tunc cum mansuetudine rigor, cum misericordia iudicium, cum levitate severitas adhibenda est; ut sine asperitate, disciplina populis salutaris ac necessaria conservetur, et qui correcti fuerint emendentur, aut, si resipiscere noluerint, ceteri, salubri in eos animadversionis exemplo, a vitiis deterreantur » (*l. c.*).

ptionibus utique severis, eiusque paternis obsecrationibus tandem esse obsecundaturos. Ceterum non crediderim, sanctum illum virum omnes saltantes peccati mortalis damnasse. Praeterea praecipue etiam usus est mediis indirectis; pietatem adeo fovebat, maxime apud puellas, ut hae libenter a saltando abstinerent. Sustentabatur etiam a syndico optime catholico [1].

Sempronius igitur celeberrimi huius parochorum patroni sanctitatem, pietatem ceterasque virtutes heroicas imitari satagat, alia quoque zeli media adhibeat; et si tanta erit eius ac parochi Arsensis apud suos fideles auctoritas, eademque essent cetera adiuncta, eum etiam in modo praedicandi contra usum et abusum chorearum imitari poterit.

---

[1] Cfr. Trochu, *Il S. Curato d'Ars*, p. II, cap. 5. Ed. Marietti.

ARTICULUS IV.

De Theatris et Cinematographis.

Casus propositi

117. — 1° Evaristus confitetur Titio, se recreationis causa, saepe publicum theatrum vel cinematographum adiisse una cum uxore sua et filiis. Confessario interroganti num ibidem graviter peccaverit, saltem cogitationibus impuris, respondet negative; unde post brevem exhortationem ut caveat pericula, praesertim pro filiis, beneficium absolutionis accipit.

2° Ad eumdem confessarium accedit Claudia, viginti annorum adolescentula, quae etiam saepe theatris et cinematographis interfuit, ibique turpibus cogitationibus, desideriis et aspectibus indulsit. Quod quum iam ter confessa fuisset, neque ullatenus se emendasset, confessarius sub gravi ipsi prohibet iterum ea loca adire.

3° Venit quoque confessum Gualterus, iuvenis in scientiis profanis satis, sed in religione parum instructus, qui petit num sibi sub gravi prohibitum sit semel assistere alicui scenae dramaticae, quam confessarius novit esse Ecclesiae eiusque ministris et doctrinae valde hostilem. Confessarius positive dubitat num poenitens ob hanc unicam scenae auditionem in peccatum mortale sit lapsurus, utrumque et lapsum et lapsus vitationem vere probabilem habens; unde illam visitationem Gualtero sub gravi prohibere non audet.

4° Denique Reginaldus sacerdos, in aliena regione ferias sumpturus, a suo confessario petit, num sibi, habitu laicali induto, liceat assistere alicui theatro publico, solatii vel experientiae hac in re capiendae causa. Quum Reginaldus sit ceterum probatae virtutis in materia castitatis, quum etiam in casu non adsit scandalum, confessarius hoc ipsi permittendum, vel saltem non sub gravi prohibendum esse censet.

Quaeritur I. Quaenam sunt theatrorum et cinematographorum pericula?

II. Quandonam theatrum aut cinematographum est proxima occasio peccati mortalis?

III. Quae rationes ab eundo publico spectaculo excusant?

IV. Quaenam sunt pastorum animarum et confessariorum officia circa huiusmodi spectacula?

V. Quid dicendum de Titii agendi ratione in casibus propositis?

I. Theatrorum et cinematographorum pericula.

118. — Theatra publica — atque idem fere dic de publicis cinematographis — nostra aetate raro sunt in se bona vel plane innocua, quia plerumque sunt saltem leviter inhonesta; persaepe sunt notabiliter turpia; aliquando, imo in aliquibus civitatibus et locis haud raro, sunt in se prorsus turpia quoad mores et, quoad religionem catholicam, impia valdeque perniciosa. Pericula itaque theatrorum sunt tum quoad mores, tum quoad fidem et religionem.

Ad *mores* quod attinet, praecipue in materia castitatis, certe plurima nostrae aetatis theatra turpia sunt et inhonesta. Generatim repraesentantur res amatoriae; persaepe actores et actrices indecenter vestitae amorem libidinosum inter se manifestant per verba, gestus, actiones lascivas, quibus fieri non potest, quin spectatores, in primis iuvenes, ad graves commotiones carnales et ad cogitationes ac desideria impura excitentur, hisque quoque saepe consensum praebeant, vel tempore scenae, vel etiam postea. Accedent frequenter saltationes obscenae in intervallis (« entr'actes »). — *Religionem* praeterea graviter offendunt illae repraesentationes, quarum spiritus, finis, thesis, uti dicunt, est mentem imbuere erroribus moralitatis independentis, excusando vel etiam praedicando et exaltando amorem liberum, adulterium, divortium, neo-malthusianismum, odium, vindictam, suicidium, aliaque crimina; deridendo quoque moralem christianam, ut nimis duram, hypocritam etc. Haud raro etiam Ecclesia catholica, eius ministri, doctrina et praxis, facta historica (uti inquisitio) falso proponuntur et ludibrio habentur. Haec omnia, ut pronum est, spectantium religionem et fidem circa doctrinam christianam facile graviter concutere, et sponte dubitationem vel indifferentiam eorum mentibus ingerere possunt.

119. — Quae de theatris diximus, servatis servandis, etiam valent de publicis *cinematographis* (« bioscopis »). Imo haec saepenumero adhuc magis periculosa et bono communi magis nociva sunt quam illa, tum ob peccata externa ratione obscuritatis in ipso conclavi facilius commissa, tum praesertim quia propter pretii exiguitatem a multo pluribus, saepe etiam a iunioribus pueris et puellis, frequentantur. Ex altera tamen parte in hisce periculum minui potest, quia quod inhonestum vel indecens est per imagines solum repraesentatur, non autem, sicut in theatris, per personas vivas, quae voce, oculis, gestibus errorem praedicant passionesque provocant.

In magnis civitatibus spectacula democratica, quae potissimum a vulgo visitantur, generatim sunt magis periculosa quam quae praesertim excultae societati destinata sunt. Excipiuntur tamen magnae metropoles, uti Lutetia Parisiorum, ubi etiam ditiores, imprimis extranei undique ad eas confluentes, turpissima theatra frequentant. Theatra quae opera classica cuiusvis linguae repraesentant, plerumque turpia non sunt. — Ultimis temporibus in cinematographis saepe adhibentur etiam pelliculae (« films »), quarum finis est instructio in variis scientiis et artibus, imo etiam educatio moralis. Hae, si a viris honestis et christianis moderantur, vere utiles esse possunt.

Triplici autem ratione spectacula visitantes peccare possunt: 1° ob pravum finem, puta explendi libidinem, quod semper mortale est, 2° ob grave scandalum, 3° ob occasionem proximam peccandi. Primum haud raro adest in iuvenibus, alterum in maioribus natu, parentibus vel superioribus, postremum in omnibus, sed maxime iterum in iunioribus. Notandum denique spectacula religioni contraria multo periculosiora esse quam quae moribus dumtaxat adversantur: perdita enim fides raro recuperatur et morum corruptelam secum trahere solet.

II. Quando sint occasio proxima.

120. — 1° Spectacula *ex professo religioni* contraria pro hominibus mediocriter tantum in fide catholica institutis — quales plerumque sunt laici — sunt *per se* et *absolute* occasio proxima, quia communiter grave et probabile periculum quoad fidem inducunt. Excipitur tantum si quis adeo sit in fide instructus et firmus, ut falsitatem statim pervideat et repudiet. — De his ergo idem fere dicendum quod supra (n. 87 sq.) de diariis et libris contra fidem dictum est.

2° Quando *obiter* dumtaxat aliquid contra religionem vel eius ministros dicitur, per se theatra non sunt occasio proxima; possunt tamen esse occasio relativa, praesertim si frequenter adeuntur ab infirmis in fide.

3° Spectacula in se *valde turpia* et *obscena* pariter sunt occasio *per se* et *absolute* proxima; quia communiter a plerisque in iis peccatur.

4° Spectacula *notabiliter* quidem, sed non ita enormiter turpia et obscena, sunt occasio *relative* proxima; nimirum pro iuvenibus et matrimonio solutis generatim grave peccandi periculum inducunt; non ita saepe pro hominibus matrimonio ligatis. Qua de re in individuo sive *a priori*, subiectiva indole et constitutione aliisve notis, sive *a posteriori* seu ex experientia lapsuum est iudicandum (n. 10). Quoties igitur spectaculum est alicui *probabile* lapsus periculum, etiamsi vitatio quoque lapsus probabilis videatur, toties erit ipsi occasio proxima per se sub gravi vitanda (n. 4 sqq.) [1].

5° Spectacula *leviter* tantum turpia seu *subobscena* pro hominibus communiter non sunt occasio proxima; possunt tamen ita esse pro illo qui suam in iis expertus est fragilitatem [2].

Notandum praeterea est in multis theatris saepe variis scenis vel actibus intermisceri choreas scenicas (« entr'actes »), quae plerumque ob saltatricum

---

[1] In universum de spectaculis Thomas Sanchez docet: « Quando turpia repraesentantur, vel modus est turpis, audiunturque ob delectationem ex ipsis turpibus rebus consurgentem,... aut cum *probabili* ruinae periculo, esse *lethale* » eis assistere (*De Matr.* lib. 9, disp. 46, n. 40).

[2] Ait S. Alphonsus: « Si comoedia non sit notabiliter turpis, illam audiens non peccat mortaliter nisi qui expertus sit suam fragilitatem » (III, 427).

vestitum et saltandi modum sunt valde turpes pravamque libidinem graviter excitantes. Unde hae quoque ut occasiones *per se* et *absolute* proximae considerandae sunt.

III. Rationes excusantes ab adeundo publico spectaculo.

121. — In iudicandis rationibus ab adeundo theatro aut cinematographo excusantibus spectanda est non solum occasio accepta, sed etiam scandalum aliis datum. Hinc:

1° Si spectaculum est *leviter* tantum inhonestum neque notabile alicui creat mortalis peccati periculum, illud sine ulla causa visitare culpa gravi vacat; imo si qua honesta, etsi levis, adsit causa, uti conveniens animi relaxatio, haec etiam a culpa veniali excusare poterit. Si quis tamen illius occasione ob specialem suam fragilitatem frequenter iam lapsus est vel lapsum prudenter timet, levis ratio ab illud adeundo non excusat. — De clericis vide infra n. 125, ad 4^m.

2° Si spectaculum est quidem *notabiliter* inhonestum, sed non turpissimum, eis quibus est occasio proxima illud adire sub gravi prohibetur, nisi adsit ratio relative gravis; cum tali autem ratione est occasio moraliter quodammodo necessaria [1]. Huiusmodi rationes graves sunt, v. g. desiderium mariti pro uxore, quam huic invitationi morem gerere prorsus convenit, etiam ad illius honestatis custodiam; — voluntas parentum qui liberos secum ire praecipiunt; — officium censoris pro folio publico; — item aliquando si quis artifex aut artium liberalium studiosus ad se excolendum illud adire prorsus deberet. Iustae causae non sunt e. g. iactura pretii pro ingressu iam soluti; lucrum fini philantropico destinatum, quippe quod sine theatri aditu pro hoc fine solvi possit. — Quicumque autem tali spectaculo interesse moraliter adstrictus est, omnino oportet ut congruis se praemuniat praesidiis quibus proximum periculum removeatur, uti sunt oculos avertere ab iis quae magis inhonesta sunt aut pravos sensus commovent, praesertim a choreis scenicis; non uti conspicillis telescopicis; renovare rectam intentionem; orare in tentationibus etc.

---

[1] Hinc S. Alphonsus agens de spectaculis notabiliter turpibus: « Nullo modo a mortali excusarem adolescentem, qui absque necessitate vellet curiositatis causa huiusmodi comoediis interesse. Nisi quis esset valde timoratus, et insuper pluries sit expertus, illas spectando numquam lethaliter peccasse: modo suo exemplo aliis adolescentibus occasionem non praeberet huiusmodi turpibus repraesentationibus assistendi » (ib.).

Atvero, si quis frequentans haec spectacula adhibitis etiam remediis semper tentationibus turpibus cederet, nulla ratio quantumvis gravis illum a vitanda hac occasione proxima eximeret (infra n. 125, ad 2^m).

3° Adire spectaculum in se et *ex professo valde turpe* aut *religioni graviter* contrarium vix ulla ratione gravissima excusari poterit, sive ob periculum proximum quod removeri nequeat, sive ob scandalum.

Denique sedulo notandum est, etiamsi quis ob occasionem proximam non peccaret, eum tamen ob *scandalum,* vel ob *cooperationem* peccare posse. Ita parentes et superiores qui filios aut subditos sine gravi ratione huiusmodi theatra aut cinematographa notabiliter inhonesta adire iubent aut eis ad id licentiam dant, imo id eis non vetant. Pariter, eadem ratione, graviter peccant magistratus aliique qui suo officio talia spectacula turpia impedire possunt sed ea sine gravi ratione non impediunt; item qui scenis turpibus manifeste applaudunt; vel qui in diariis eas laudant; denique qui sine gravi ratione huiusmodi theatra sua pecunia suove efficaci exemplo sustentant et promovent; quia indirecte saltem causa sunt, cur permulti multa peccata gravia committant (cfr. S. Alph. III, 427).

122. — Ex dictis de communi spectaculorum nostrae aetatis periculo consequitur, illicitum esse theatra aut cinematographa promiscue adire, id est sine praevia habita notitia de moralitate huius fabulae in individuo: esset enim se temere exponere periculo probabili et proximo peccati mortalis. Excipitur in quibusdam magnis civitatibus unum alterumque theatrum, quod communiter satis honestum decorumque habetur, ita ut generatim grave periculum etiam pro matrimonio solutis desit.

IV. Pastorum animarum et confessariorum circa ea officia.

123. — 1° Ad *parochos* quod attinet, generatim eadem fere servanda sunt quae supra (n. 111 sq.) de choreis diximus.

Specialiter vero ad haec attendere oportet: *a)* Si agitur de aliqua fabula religioni et honestati graviter contraria in sua paroecia vel civitate introducenda, vel semel tantum aut iterum ludenda, parochus pro viribus id impedire conetur, v. g. adeundo magistratus aut censores ex officio destinatos, imo etiam, si prudentia id sinit, curando ut in honestis diariis contra hoc scribatur. — *b)* Si iam in parochi loco vel civitate exstat aliquod theatrum vel cinematographum magis ex professo pravum, contra hoc specialiter fideles, quantum potest, moneat. In universum in suis praedicationibus frequenter populum contra theatrorum et cinematographorum pericula moneat. — *c*) Ut fideles a funestis spectaculis avertat, conducere utique poterit, ut in sua paroecia aliquando bona quaedam et honesta scena seu fabula a iuvenibus in theatro repraesentetur vel per cinematographum exhibeatur. Caveat tamen hac in re excessum, tum ne iuventus hisce nimis assuescat et per licita ad illicita alliciatur, tum etiam ne id fiat cum damno vitae devotae et associationum mere religiosarum. Generatim longe praestat populum ad cultum divinum attrahere per functiones liturgicas aliaque pia exercitia magna cum solemnitate et devotione peracta, quibus mentes et corda per visibilia ad invisibilia eleventur. — *d*) Denique si in hac civitate iam frequens est populi praesertim ad cinematographa concursus, quantum potest curet, ut etiam cinematographa bona atque honesta, eaque arte quoque perfecta, instituantur, et laicorum Actionis Catholicae ha de re operam excitet et sustentet.

Quod speciatim spectat ad cinematographa, in multis regionibus cum approbatione auctoritatis ecclesiasticae extat *consortium* pro fabricandis vel examinandis pelliculis honestis et educativis, uti aiunt, iuxta principia catholica. Complures Episcopi suis sacerdotibus monita dederunt vel etiam praecepta ut pro cinematographis et aulis quae ab ipsis pendent, solas pelliculas adhibeant, quae ab huiusmodi consortio fabricatae vel saltem approbatae sint. Concors et constans hac in re catholicorum actio certe paulatim efficiet, ut profani pellicularum fabricatores maiorem christianae honestatis rationem habere debeant, ne ipsi damna pecuniaria patiantur. Huiusmodi bona spectacula condere commendat etiam SS. Pontifex Pius XI, in Encyclica de christiana iuventutis educatione. « Laudanda, inquit, et adiuvanda sunt opera educationi dedita, quae, christiano prorsus spiritu studioque ducta iuvenum animis subveniendi, ... ut ludi scenici rectae institutioni fructuosi habeantur, magno quidem impendio theatra et « cinematographa » condunt, unde christianae virtuti non modo nihil discriminis incidat, verum etiam haud parum accedat utilitatis » (*A. A. S.* 1930, p. 82) [1].

124. — 2° *Confessarius a*) pro viribus poenitentes, imprimis iuvenes aut pietati deditos, avertere debet a frequentandis theatris et cinematographis publicis, quippe quae hodie plerumque spiritui christiano prorsus opposita sint et ab Ecclesiae inimicis propagentur

---

[1] Notum est, quantum hac in re successum novissime habuerit actio Catholica in America Septentrionali et in Anglia per institutionem societatis « League of Decency ».

ut mores corrumpant fidemque pessumdent. — *b*) Quapropter etiam parentes monere oportet, ut liberis frequentem accessum ad haec spectacula non permittant sed id admodum moderate concedant; et ut ipsos comitentur quando certo sciunt nihil inhonestum animoque iuvenili periculosum in hisce repraesentari. — *c*) Caveat tamen ne in iis prohibendis nimio rigore excedat, sed mediam incedens viam iusta principia teneat. Hinc si quis poenitens hac de re se accusat, confessarius primo ad eius aetatem et conditionem attendat; deinde rescire conetur spectaculi speciem et indolem, interrogando num notabiliter turpe fuerit, num in ipso loco per delectationes morosas, aspectus aut aliter peccaverit, num postea ex ibidem auditis aut visis graves habuerit tentationes contra castitatem aut fidem, num antea de huius spectaculi honestate inquisierit, num illius occasione aliis scandalum dederit. Praesertim vero inquirat de rationibus ob quas poenitens spectaculo interfuerit. — *d*) Denique iuxta principia de occasione proxima aut voluntaria aut necessaria casum solvat, et, si poenitens sive omnia spectacula publica sive certa quaedam determinata sub gravi vitare debeat, regulariter eum hac de re moneat. Sin autem gravis obligatio imponi nequeat, solum exhortando eum ab iis adeundis avertere conetur, vel saltem ipsi remedia indicet quibus e periculo incolumis evadat, praesertim oculorum custodiam et orationem.

V. Casuum solutio.

125. — Ex hactenus dictis liquet, Titium satis leviter casus illos expediisse.

Ad 1^m. — Quod attinet ad Evaristum, eum interrogare debuit, num antequam aliquod tale spectaculum cum suis adierit, certitudinem habuerit illud fuisse satis honestum vel innocuum. Quod ipsemet Evaristus, vir matrimonio iunctus, in illo non peccaverit, nullatenus probat hoc non fuisse notabiliter turpe ac proinde non fuisse occasionem proximam pro filiis suis. Quod si fuerat, certe filii ei obedire non tenebantur, et peccavit Evaristus saltem scandalo et cooperatione illos secum conducendo. Qua de re Titius eum serio monere debebat. — Quinimo filios iuniores et innocentes ad theatrum aut cinematographum etiam leviter turpe et amatorium adducere, parentibus facile peccatum gravis incuriae esse potest, praesertim si id frequenter faciunt; quia ita eorum passiones excitantur, amor puritatis amittitur et spectaculis adeundis assuefiunt. Praeterea frequentior huiusmodi cinematographi visitatio pueris et puellis nondum adultis, etiam quoad physicam constitutionem et mentis corporisque sanitatem, haud parum nocet, quemadmodum experientia constat. De his ergo omnibus confessarius poenitentem prudenter edocere debuit.

Ad 2^m. — Claudiam interrogare oportebat, quam ob causam theatrum vel cinematographum adierit. Si nulla erat gravis causa, confessarius iam statim ac scivit haec ipsi esse grave ac probabile peccandi periculum, ea prohibere debuit, neque tertiam quartamve confessionem expectare. Si gravis erat ea adeundi causa, v. g. quia parentes id prorsus volebant et filia sine gravi eorum indignatione recusare non poterat, haec occasio erat quodammodo necessaria. Unde tunc confessarius hoc ipsi permittere potuit; sed simul ei indicare debuit remedia, quibus hoc periculum e proximo fieret remotum, v. g. ut, ubi primum minus honesta occurrissent vel tentationes ortae essent, se Deo et B. Mariae Virgini commendaret et oculos averteret ab iis quae magis periculosa sunt. Hoc iam, antequam spectaculum adeat, firmiter sibi proponat (supra n. 121, 2°). — Quodsi Claudia, remediis quacumque ex ratione frustra adhibitis, diu semper tentationibus succumbat, tunc Titius ei declaret, ipsi talia theatra vel cinematographa prorsus vitanda esse et, si opus sit, parentibus significet, se in omnibus rebus licitis libenter eis obeditturam esse, sua autem conscientia prohiberi, quominus in adeundis his periculosis mundi oblectamentis eis obtemperet. Est quippe lex naturae, proximum peccati periculum, si moraliter non removetur, cum magno etiam incommodo physice esse vitandum (cfr. supra n. 59).

Ad 3^m. — Ad Gualterum quod spectat, si confessarius positive dubitat, id est si iudicat, huiusmodi spectaculum semel adire, suo poenitenti futurum esse occasionem probabilis, etsi non certi, lapsus in peccatum contra fidem, id ipsi simpliciter sub gravi prohibere debuit, etiamsi vitationem lapsus pariter probabilem habuerit: idque in materia fidei magis adhuc quam in rebus morum. Haec solutio est omnino tenenda cum S. Alphonso et sententia longe communiore contra aliquos, quorum sententia probari nequit (supra n. 4 sqq.). Neque etiam Titius ab hac monitione abstinere vel responsum ambiguum dare potuit, quia poenitens interrogando ostendit, se de huius actionis honestate iam non versari in bona fide.

Ad 4^m. — Nostro iudicio, confessarius hoc Reginaldo simpliciter permittere vel sub levi tantum prohibere non potuit. Est enim lex Ecclesiae universalis et per se gravis, quae statuit: « Spectaculis, choreis et pompis quae eos (clericos) dedecent..., praesertim in publicis theatris, ne intersint » (can. 140). Theatra autem publica, prout hodie plerumque aguntur, certe obiective *dedecent* sacerdotes. Secus est, si agatur de spectaculo publico, in quo repraesentatur res omnium consensu non indecens, nisi tamen alia eius adiuncta sint vere indecentia, vel nisi lege particulari Episcopi vel Synodi quaecumque publica theatra aut cinematographa adire clericis prohibitum sit; cuiusmodi lex Romae et in multis dioecesibus exstat. — Quodsi hoc theatrum sit reapse notabiliter inhonestum — quemadmodum hodie persaepe sunt theatra publica —, et Reginaldus praevideat, se huic assistendo graves habiturum tentationes vel commotiones carnales, ut saepe fit apud solutos, etiam lege naturali prohibetur illud adire, quia saltem probabili peccandi periculo sine iusta causa se exponit, et quia graves commotiones carnales, etiam indirecte sed sine proportionata causa, admittere graviter illicitum est. Iusta autem causa in casu deest; neque enim sacerdos huiusmodi rei experientiam seu notitiam practicam habeat opus est.

ARTICULUS V.

De Procationibus seu Visitationibus amatoriis.

126. — Per *procationes* — quo verbo post Apuleium [1] et aliquos recentes auctores usi sumus — intelliguntur frequentes illae visitationes et conversationes amatoriae, quae fiunt inter duos solutos intuitu vel saltem praetextu futuri matrimonii. In recentibus linguis vocantur: « amoreggiamento », « fréquentation », « noviergos », « Bekanntschaft », « company keeping », « verkeering », etc. Hi amores nostris imprimis temporibus fere ubique gentium frequentissima sunt peccandi occasio; quo fit, ut plurimi, nedum ad sacramentum matrimonii digne se praeparent, e contra usque ad matrimonium initum multis peccatis obscenis animam maculent, imo etiam ut haud pauci post aliquod tempus in ipso quoque matrimonio in variis luxuriae peccatis vivere pergant. Quamobrem pastores animarum et praesertim confessarii omnem operam impendant necesse est, ut in tractandis his occasionariis recta et uniformia prudentiae principia sequantur.

Casus propositus

127. — Lucius intendens vel praetexens saltem futurum matrimonium per plures iam menses saepe familiare habet colloquium cum Caecilia, ast clam, quia parentes puellae huic matrimonio se opponunt. In visitationibus illis solitariis frequenter occurrunt tactus graviter impudici. Quodam die festo uterque confessionem instituit

---

[1] Apud Forcellini, *Totius Latinitatis lexicon*, in h. v.

apud Titium qui ipsis imponit, ut hanc procationem abrumpant neque amplius inter se conveniant. Qua in decisione his ducitur rationibus: primo quia S. Alphonsus aliique multi graves auctores illas frequentes adamantium visitationes prohibent; secundo quia, quum parentes puellae huic matrimonio sint oppositi, hae visitationes semper erunt solitariae, ideoque ut proxima occasio peccandi prohibitae; tertio quia saepe iam graviter peccaverunt et, nisi hanc occasionem proximam evitent, semper sunt peccaturi. Quia vero neuter quod confessarius postulat promittere vult, Titius eos tamquam indispositos sine absolutione dimittit. Hi autem continuo ad aliud eiusdem ecclesiae confessionale accedunt, ubi sedet Caius, suamque confessionem repetunt. Confessario interroganti, num peccata vere doleant eaque non amplius committere firme proponant, sincere affirmative respondent. Unde Caius, post brevem adhortationem ut melius orent et saepe ad sacramenta accedant, eis absolutionem impertit, licet iam antea saepius absoluti sint et semper eodem fere modo reciderint. Eius ratio haec est. Ex una parte, inquit, haec occasio est necessaria; ex altera parte fieri vix potest, quin inter duos adamantes praesertim iuvenes in huiusmodi procationibus saepe gravia peccata non occurrant. Ergo concludit, nisi eis sufficienter dispositis absolutio statim concedatur, a sacramentis quibus adeo indigent abstinebunt et in peiorem conditionem incident.

Quaeritur I. Quandonam procationes amatoriae sunt licitae?
II. Quae cautelae adhibendae sunt, ut honeste fiant?
III. Quae debet esse confessarii agendi ratio in hac materia?
IV. Quid de diversa casus solutione dicendum?

I. Quando licitae sint procationes.

128. — Principium generale hoc est: 1° *Licitae sunt illae visitationes quando fiunt intuitu matrimonii tempore relative propinquo ineundi;* — 2° *Si deest haec gravis causa, ordinarie illicitae sunt, utpote occasio proxima voluntaria.*

Ratio *primae* partis haec est: quando agitur de eligenda aliqua persona, quacum quis per totam vitam intimo matrimonii vinculo ligetur, prudentia postulat, ut electio non fiat, nisi illam personam probe cognoscat, idest nisi sciat eam sibi convenire tum indole, moribus, externisque futurae vitae conditionibus, tum etiam sincero ac mutuo amore et naturali quadam sympathia. Atqui hoc ordinarie fieri nequit sine illis visitationibus plus minusque frequentibus. Unde hae procationes seu visitationes amatoriae, licet in se sint periculosae, in casu sunt occasio moraliter necessaria. Est haec hodie sententia communis, quae confirmatur praxi timoratorum.

Ratio *secundae* partis est, quia, spectata vehementi hominis inclinatione ad luxuriam, illae visitationes amatoriae ac intimae familiaritates inter duas personas adamantes, praesertim iuniores et solutas, generatim sunt proxima peccandi occasio; id quod experientia quoque nimis docet. Ait S. Alphonsus de his visitationibus sine iusta causa admissis: « Ex centum adolescentibus vix duo aut tres in occasione a mortalibus invenientur immunes, etsi non in principio, saltem in progressu » (*Praxis*. n. 65). Illae ergo procationes, nisi fiant ob causam moraliter necessariam, scilicet intuitu futuri matrimonii, generatim sunt causa proxima eaque voluntaria, quae, ex legis naturae praecepto, cuilibet sub gravi est vitanda.

129. — Ex illo generali principio sponte profluit haec *regula practica*: Procationes illis tantum sunt licitae, qui *possunt* et *volunt* inire matrimonium *intra tempus rationabile.*

Dicitur 1°: qui *possunt* inire matrimonium. Unde illicitae sunt:

a) Illis qui aetate adhuc iuniores sunt quam ut rem familiarem constituant; secus enim sine necessitate diutius cum gravi peccandi periculo protrahuntur. Haec aetas pro variis regionum, personarum et rerum adiunctis differt. Qua de re Codex Iuris dicit: « Curent animarum pastores ab eo (matrimonio) avertere iuvenes ante aetatem qua, secundum regionis receptos mores, matrimonium iniri solet » (can. 1067, § 2).

In regionibus quamplurimis non tropicis, spectatis omnibus conditionibus physiologicis, psychologicis et moralibus, aetas media ineundo matrimonio magis apta videtur esse pro puellis versus annum 20^m vel 21^m, pro pueris aliquot annis tardius, modo iam tum propriam familiam constituere possint. Unde plerumque puellis procationes incipere ante annum 19^m non conveniret, pueris vero solum aliquot annis post. Excipiuntur casus in quibus adest iusta causa eas aliquamdiu anticipandi. Regulariter autem erunt procrastinandae, si ob varia rerum adiuncta intra unum alterumve annum matrimonium nondum iniri possit. Licet ergo ad morum integritatem conferat ut adolescentes matrimonium non ad multo tardiorem aetatem differant, ne saepe meliores iuventutis annos in lascivia absumant, maxime etiam curandum est, ne citius illas periculosas procationes ineant; secus plerumque per multos annos in peccatis viverent.

b) Illicitae sunt procationes etiam illis qui impedimento canonico prohibentur inire matrimonium, v. g. impedimento matrimonii mixti, nisi gravis adsit dispensandi causa.

c) Item illis quorum matrimonio parentes ob iustam et gravem causam se opponunt, puta quia filiorum auxilio prorsus indigent, vel quia persona cuius matrimonium appetitur conditione aut moribus certe indigna est. Si parentes opponunt alterius partis infirmam salutem vel morbum haereditarium, merito hac de re votum medici postulare possunt, antequam consensum praebeant. — Ex altera tamen parte notandum est peccare parentes, si sine gravi causa impedire vel diutius differre velint aliquod honestum matrimonium ad quod filius vel filia se vocatum seu valde inclinatum sentiat; item si eidem contra huius voluntatem aut inclinationem aliquam determinatam personam obtrudere velint. Quapropter filii utique parentum consilium imo et consensum in re tanti momenti expetere tenentur; hisce autem iniuste omnino dissentientibus, aliorum prudentium, praecipue sacerdotis, consilium petant, Deum orent et denique agant, debita semper cum reverentia erga parentes, quod sibi in Domino bonum visum fuerit. Persaepe irrationalis parentum resistentia temporis tractu cessat [1].

---

[1] Codex Iuris hac de re dicit: « Parochus graviter filios familias minores hortetur ne nuptias ineant, insciis aut rationabiliter invitis parentibus; quod si abnuerint, eorum matrimonio ne assistat, nisi consulto prius loci Ordinario » (can. 1034). Pro minorennibus iura patria varia statuere solent.

Illis qui probabiliter infirmam vel imperfectam procrearent prolem, uti sunt surdo-muti, semifatui, mente debiles, epileptici, morbo haereditario affecti, matrimonium, etsi valide iniri possit, per se quidem dissuadendum est, prohiberi tamen nequit, sicut vult falsa eugenismi doctrina; tum quia matrimonium inire est ius naturale et primigenium ab Auctore naturae cuivis concessum, tum quia, ad prolem debilem et mancam quod attinet, « melius est ei sic esse quam penitus non esse », ut loquitur S. Thomas (IV, dist. 32, q. 1, art. 1, ad 4^{m}), cum sit capax salutis aeternae. Unde propter specialem rationem, utputa in remedium concupiscentiae, coniugium appetere ipsis licet, modo compars de morbo moneatur [1].

130. — Dicitur 2°: qui *volunt* inire matrimonium. Hinc illicitae sunt procationes quae fiunt sine seria intentione vel spe plus minusve fundata futuri matrimonii, sed ex mera animi levitate, vani solatii aut libidinis causa. Huiusmodi seria intentio generatim deest, quando fiunt non cum una sola, sed cum aliis pluribus simul, quando fiunt inter iuvenem multo divitem vel nobilem et puellam pauperem et plebeiam, quando amasius iam statim ab initio puellam ad turpia provocat, quando post aliquod tempus seria intentio non manifestatur vel matrimonium semper sine iusta causa differtur.

Ad hoc caput refertur recens ille mos, ab antiqua consuetudine christiana plane alienus, qui « flirt » dicitur, quo duo iuvenes diversi sexus, sive iidem sive alii cum aliis, soli exeunt, et levioribus saepe dictis ac facetiis inter se conversantur, sine seria intentione, saltem ex una parte, futuri matrimonii, sed solum recreationis causa. Qui mos, licet non semper et in omni casu sit occasio proxima, tamen a pastoribus animarum et confessariis valde improbandus est, utpote periculosus et haud raro incentivum multorum peccatorum. Ubi autem huiusmodi oblectamenta in casu particulari gravium lapsuum periculum vere probabile et proximum constituunt, v. g. ob pravam inclinationem, solitudinem etc., utique sub gravi prohibenda sunt.

131. — Dicitur 3°: *intra tempus rationabile*. Qua de re certa regula determinari nequit, quia a diversis pendet circumstantiis, v. g. a visitationum frequentia, a more honesto conversationis, a iustis obstaculis. Generatim iuxta praxim timoratorum procatio per semestrem vel per annum protracta cum una alterave visitatione quavis septimana aequo longior dicenda non est. Si tamen matrimonio tempore relative propinquo contrahendo serium impedimentum per tempus longum et indefinitum obstat, v. g. mors alterius utrius pa-

---

[1] Cfr. Encycl. « Casti Connubii », 31 Dec. 1930; *A. A. Sedis*, 1930, p. 564 sq.

rentis expectanda, officium publicum obtinendum, res familiaris ad negotium incipiendum etc., procatio, si ob quam gravem causam penitus abrumpenda non est, tamen suspendenda vel interrumpenda est, vel saltem visitationes notabiliter sunt minuendae. Hoc igitur in casu confessarius huiusmodi frequentes visitationes per annos continuari non permittat, quia generatim necessariae non sunt, ac propterea occasio proxima voluntaria fierent.

Adducere hic iuvabit generalia monita de proxima praeparatione ad matrimonium ex Encycl. « Casti Connubii »:

« Ad proximam boni matrimonii praeparationem maximopere pertinet eligendi coniugis studium; nam plurimum inde pendet utrum matrimonium felix futurum sit necne, cum alter coniux alteri aut magno adiutorio ad vitam christiano modo in coniugio ducendam, aut magno periculo atque impedimento esse queat. Ne ergo inconsultae electionis poenas per totam vitam luere debeant, maturam sponsi deliberationem instituant antequam personam seligant, quacum deinde perpetuo sibi degendum erit; in hac vero deliberatione in primis rationem habeant Dei veraeque Christi religionis, deinde sui ipsius, alterius sponsi, futurae prolis bono consulant itemque societatis humanae et civilis, quae ex connubio tamquam ex suo fonte oritur. Petant sedulo divinum auxilium ut eligant secundum christianam prudentiam minime vero caeco et indomito cupiditatis impetu neque solo lucri desiderio aliove minus nobili impulsu ducti, sed vero rectoque amore et sincero erga futurum coniugem affectu; praeterea eos fines in matrimonio quaerant propter quos illud est a Deo constitutum. Neque omittant denique, de eligendo altero coniuge prudens parentum consilium exquirere illudque haud parvi faciant, ut, eorum maturiore humanarum rerum cognitione et usu, perniciosum hac in re errorem praecaveant et divinam quarti mandati benedictionem, matrimonium inituri, copiosius assequantur » (*A. A. S.* 1930, p. 585 sq.).

II. CAUTELAE ADHIBENDAE IN PROCATIONIBUS LICITIS.

132. — Generatim, si procatio intuitu ineundi matrimonii est licita, illa remedia sunt adhibenda quae alibi (*Opus.* n. 142) pro occasione necessaria in universum indicavimus, quibus periculum peccandi e proximo fiat remotum.

Speciatim circa procationes hae cautelae servandae sunt.

1° Ne fiant inter illos qui sub *eodem tecto* habitant: esset enim occasio « in esse » periculosissima, maxime si semel iam lapsi sunt. Quapropter, si duo simul habitantes serio de ineundo matrimonio cogitant, alterutra pars quantocius separatam habitationem quaerat.

2° Requiritur ut, ad incipiendas determinatas procationes, quamprimum parentum consilium exquiratur. Licebit tamen iuveni, antequam puellae consensum petat, sive per litteras sive clanculum hanc convenire, ut eius dispositionem de matrimonio forte ineundo cognoscat: haec enim initia nondum procatio dicenda sunt. Puella tunc quamprimum parentes de hac propositione certiores reddat.

3° Ubi visitationes incipiunt, ante omnia curandum est ne *sint solitariae*, absque testibus; in hoc enim maximum procationum periculum situm est. Quapropter confessarius urgeat: *a*) ut sponsi, quoad eius fieri potest, sint semper in morali praesentia parentum, maxime matris, vel alterius horum vices gerentis. Profecto non prohibetur, quominus etiam soli inter se confabulentur, sed ita id fiat, ut sciant se semper esse sub aliorum custodia, sive in loco separato eiusdem cubiculi, sive relicta ianua aperta, sive saltem ob subitum alicuius ingressum in cubiculum. Praesertim etiam quo tempore sponsus a sponsa discedit, ad ianuam domus mater aliave persona familiae praesens sit oportet, vel haec sola sponsum e domo educat. — *b*) Si sponsa est sui iuris vel ancilla vel vidua, curent sponsi ut, saltem quantum facere possunt, solitudinem vitent, adeoque inter se conveniant v. g. ambulando vel sedendo in loco publico. Si solitudo vitari prorsus nequeat, maiores cautelas adhibeant oportet, praesertim ne nimis ad invicem appropinquent. Atque eodem cauto modo agant, si ob iniustam parentum oppositionem visitationes extra eorum domum necessariae sint; quo casu forte in domo parentum alterius partis haberi possunt; interdum etiam per litterarum commercium frequentiori visitationi suppleri potest. — *c*) Quia nostra aetate in multis regionibus fert consuetudo ut sponsi alterutrius familiam alibi habitantem visitent, animarum pastores et confessarii insistant, ut itinerando semper comitem habeant, quae « chaperon » vocatur, puta sororem aliamve probam sponsae parentem. Idem faciendum, si ad quamdam festivitatem, nundinas, honestas choreas, theatra ecc. vadant.

133. — 4° Visitationes nec *nimis frequentes* sint, nec *nimis protractae*. In illis enim testificationes amoris per verba, aspectus, oscula etc. paulatim quasi sensim sine sensu fiunt frequentiores ac liberiores

et a prava libidine inspiratae; flamma fit incendium quod vix exstingui potest. Hoc docet quotidiana experientia. « Tales adamantes, inquit S. Alphonsus, prius conversantur invicem ob propensionem; deinde propensio fit passio; et passio, postquam radicem in corde fixerit, mentem obtenebrat et eos in mille crimina ruere facit » (*Praxis*. n. 65). — De harum tamen visitationum frequentia regula fixa tradi nequit, sed praxis timoratorum sequenda est. Pendet etiam ex variis adiunctis. Si ambo e. g. in proxima vicinia habitant, suapte natura frequentiores et saepe breviores erunt quam si in locis diversis. Si procatio per paucos solum menses perdurat, plures visitationes permitti possunt quam si per annum. Si saepius iam lapsi sunt, ut minuantur visitationes curandum est; item si solitudo vix vitari potest. Generatim dici potest, unam alteramve visitationem quavis hebdomada per aliquot horas protractam non esse nimiam; quotidianas autem per multas horas vix permittendas esse. Attamen si quae puella etiam solito frequentiores recusare nequeat quin iuvenem ceterum honestum offendat cum periculo frustrandi optatum matrimonium, hae utpote moraliter necessariae tolerari possunt; sed tunc confessarius eo magis in servandis cautelis, praesertim in vitanda solitudine, insistat; ac praeterea ad properandas nuptias magis excitet. — Praesertim, si matrimonium iam est certo statutum et appropinquat dies nuptiarum, minuantur quoad fieri potest visitationes, vel saltem non fiant ita prolixae et intimae, sed potius breves et in media familia. Nam crescit tunc peccandi periculum ob maiorem familiaritatem, ob frequentiores cogitationes de copula mox futura, ob minorem graviditatis timorem, quippe quae matrimonio tegeretur.

134. — 5° Maxima deinde cautela adhibenda est in praebendis invicem *signis amoris*. Certe honesta huiusmodi signa licita sunt, ut puta dona, imago photographica etc. Item oscula et amplexus, qui a timoratis iuxta morum patriae, v. g. inter parentes, fratres et sorores, fieri solent, praesertim aliis praesentibus in accessu et recessu. Haec enim signa naturaliter destinata sunt ad ostendendum et fovendum sincerum et honestum illum amorem particularem, qui inter sponsos existat oportet. Neque obstat quod quaedam commotio venerea vel interdum etiam pollutio ex iis sequatur, modo haec non intendatur, sed potius statim expresse quantum potest repellatur, et modo desit etiam grave consensus periculum. Namque amor honestus monstrandus est ratio sufficiens hos malos effectus ex licita

actione profluentes permittendi; quae ratio non exstat inter alios solutos non parentes. Est haec iterum communis auctorum sententia; et etiam S. Alphonsus haec signa permittit, « ubi talis vigeret usus » (VI, 854; *H. Ap.* XVIII, 7), a. v. iuxta morem patriae.

Graviter tamen illicita sunt oscula frequentius repetita, praesertim in os, magis adhuc quae fiunt in ipso ore (oscula columbina); item amplexus pressiores per notabile tempus protracti. Haec enim omnia praecipue in iunioribus adamantibus, in mare magis adhuc quam in femina, natura sua gravem commotionem venereorum, imo haud raro pollutionem producere solent, quae nulla ratione honestari possunt. Unde talia signa neque a laicis honestis et moratis, neque a theologis longe communius licita habentur. — A fortiori reiicienda est aliquorum antiquorum auctorum sententia, quae sponsis ius tribuit quaerendi vel *directe* intendendi per illa signa delectationem *veneream*, secluso periculo pollutionis. Ratio est quia huiusmodi delectatio solum licita est iunctis matrimonio, per quod corpus in alterius transit potestatem (I *Cor.* VII, 4), non autem sponsis, qui etiam per sponsalia nullum actuale ius in alterius corpus huiusve usum acquirunt. Praeterea, pro solutis in luxuria directe intenta non datur parvitas materiae (cfr. prop. 4 ab Alexandro VII damnata); voluptas enim venerea ex instituto Creatoris solum ordinata est ad copulam; « unde, inquit S. Alphonsus, sicut sponsis vetita est copula, ita etiam tactus qui ideo permittuntur in quantum sunt ad illam ordinati » (*Hom. Ap.* XVIII, 7; ib. IX, 2; item *Th. Mor.* VI, 854). Ergo huiusmodi delectatio, directe intenta et per actus procurata, extra matrimonium gravis est inordinatio: est vera inchoatio actus pollutionis, licet incompleti. Consentiunt auctores antiqui longe plures et recentes fere omnes.

Magis disputatur, num liceat sine peccato gravi *directe* quaerere et intendere delectationem non quidem veneream, sed *sensibilem* vel *sensibilem-carnalem,* quae scilicet habetur sine commotione spirituum genitalium, sed cum commutatione alius partis corporis (cordis, pectoris, musculorum etc.). Nobis aliisque multis sic dicendum videtur. Actus, quibus talis delectatio intenditur et provocatur, *in se* quidem graviter prohibiti non sunt, quia deest obiectum in se malum, i. e. commotio venerea. Ast *practice ordinarie* graviter illiciti sunt. Etenim, iuxta auctores omnes sub gravi prohibitum est sine ratione proportionata ponere causam, quae notabiliter influit in gravem commotionem veneream. Atqui, spectata hominis inclinatione in venerea, propter intimam coniunctionem inter delectationem sensibilem et veneream, qui deliberate quaerit et intendit primam ordinarie versatur in periculo proximo incidendi etiam in delectationem veneream, quod iam est obiectum in se malum, imo saepissime etiam quaerendi et appetendi hanc alteram, a. v. in hanc consentiendi; id quod nullam ob rationem licitum est. Ita S. Alphonsus: « Ordinarie semper aderit certum periculum consentiendi in delectationem veneream, cum sensitiva tam coniunctam » (VI, 854); et in *Hom. Ap.*: « Ordinarie adest periculum incidendi in veneream tam sensibili propinquam, vel saltem in prava desideria progrediendi ad veneream » (XVIII, 7). Atqui « per se est mortale, se exponere periculo consentiendi in delectationem veneream » (*Th. M.* III, 416).

135. — 6° Denique, si umquam, praesertim procationum tempore maxime necessaria sunt *media supernaturalia*, scilicet oratio et frequentior sacramentorum usus. Idcirco sponsi, quoad possunt, confiteantur singulis vel alternis hebdomadibus quisque apud eumdem expertum confessarium, cui multum fidant omniaque sincere manifestent. Commendatur ipsis ut etiam saepius ad sacram mensam accedant, quotidie Missae sacrificio assistant brevemque meditationem instituant. Quotidie etiam specialem quamdam precem dicant ad B. M. V. vel ad Patronum particularem. Praesertim die quo se invisunt firmum renovent propositum non peccandi, Deumque instanter orent ut illud exsequantur. Valde etiam ipsis consulenda sunt exercitia spiritualia clausa in aliqua domo peracta.

Adhibitis hisce cautelis naturalibus et supernaturalibus solida adest spes fore ut sponsi hanc periculosissimam vitae periodum sine gravibus peccatis pertranseant et more vere christiano ad sanctum matrimonii sacramentum se praeparent.

III. Confessarii agendi ratio in hac materia.

136. — Si quis ad confessionem accedit, qui cum persona alterius sexus amorem facere incipit, confessarius ante omnia inquirat, num licitae sint hae procationes, id est num fiant recta intentione seu intuitu et cum spe matrimonii intra tempus relative breve ineundi (supra n. 128 sq.). Quae si certe sunt illicitae, eas prorsus prohibeat oportet, utpote occasionem proximam voluntariam. Quodsi poenitens has abrumpere non vult, certe nullatenus absolvi potest. — Sin autem licitae sunt procationes, ad ea quae sequuntur attendat prudens confessarius.

1° Imprimis adamantibus inspiret *altum conceptum* de matrimonii christiani fine et dignitate: procreare nimirum prolem ad Dei aeternam gloriam propriamque beatitudinem; mutuo amoris auxilio inter prospera et adversa felicem quoad fieri potest ducere vitam in terris et ita perpetuam consequi mercedem in coelis. Hunc in finem Christus matrimonium ad sacramenti dignitatem elevare voluit, in quo tribuitur gratia sacramentalis seu ius consequendi omnes gratias actuales, quibus coniuges tempore suo indigebunt ad gravia huius status officia obeunda oneraque ferenda. Summi igitur est momenti per honestam procationem rite se praeparare ad fructuosius hoc sacramentum recipiendum. Iuxta mensuram enim praeparationis tribuetur mensura gratiae sacramentalis. — Hae altiores de statu matrimoniali considerationes generatim libenter a sponsis accipiuntur et efficiunt, ut animum non adeo attendant ad illas delectationes carnales, quas Deus eo tantum fine huic statui adiunctas voluit ut facilius graves eius obligationes adimpleant. Hinc etiam saepius sacerdos inculcet, unice verum mutuum amorem esse felicis coniugii fundamentum, amorem, inquam, non carnalem et caecum qui externis tantum et transeuntibus corporis qualitatibus nititur, sed illum honestum, nobilem et constantem, qui in animorum unione consistit et oritur ex mutua aestimatione et reverentia, ex dotibus magis internis animi, ex concordia in iisdem mentis et cordis affectibus ac propensionibus.

137. — 2° *Utrique* graviter commendet omnes illas et singulas cautelas, quas supra (n. 132 sqq.) exposuimus, praesertim vero ne quaerant soli inter se conversari; sed libenter admittant parentum vigilantiam, etiam in determinandis illis visitationibus, tamquam necessariam suae virtutis custodiam. Sedulo eos quoque instruat de adhibendis mediis supernaturalibus orationis et sacramentorum, de quibus n. 135 locuti sumus.

Sponso specialiter, utpote qui ordinarie vehementiore instinctu carnali impelli solet, ante oculos ponat, ut in monstrandis amoris signis magnam sponsae reverentiam exhibeat, eamque usque ad diem nuptiarum puram castamque custodiat [1]. Eam ut altum pudicitiae et honestatis specimen et exemplar (« ideale ») consideret et veneretur, velut angelum carne vestitum, quam Deus ipsi totius vitae sociam animique consortem in prosperis et in adversis destinavit. Virili igitur voluntate illas amoris testificationes moderetur, nec quidquam externe faciat quod a parentibus videri non possit. Ubi se gravibus

---

[1] Belle hac de re ita S. Augustinus: « Si ducturi estis uxores, servate vos uxoribus vestris. Quales eas vultis ad vos venire, tales vos debent et ipsae invenire. Quis iuvenis est, qui non castam velit ducere uxorem? Et si accepturus est virginem, quis non intactam desideret? Intactam quaeris, intactus esto. Puram quaeris, noli esse impurus ». *Sermo* 132 (Migne, t. 38, c. 735 sq.).

delectationibus carnalibus commotum sentit, externe nihil manifestans statim eas modeste repellere conetur.

Sponsae, quae pro suo sexu passivam potius partem in opere generationis agit, confessarius potissimum insinuet, ut suavi sua et amabili agendi ratione sincerum quidem affectum erga sponsum ostendat, sed nimiam familiaritatem provocare omni ratione evitet. Neque permittat illas amoris carnalis significationes quas Deus solis matrimonio iunctis permisit (supra n. 134), sed has urbane at firmo animo refutet. Unde sponso humaniter significare conetur, se honeste tantum et digne tractari velle, neque ab ipso haberi ut obiectum quo carnali suae concupiscentiae satisfaciat. Neque credat se ita agendo sponsum offensurum, imo potius maiorem huius aestimationem et affectum sibi conciliabit. Nam licet hic, subitanea passione abreptus, illicita illa instanter petat, postea tamen, serius secum recogitans, sponsae agendi modum approbabit, eam propter eius honestatem, constantiam et dignitatem magis aestimabit et gaudebit quod adeo fidelem, integram et religiosam virginem in vitae sociam sibi coniungere possit. Contra, addat confessarius, haec illicita permittendo saepe fieri, ut sponsi, talibus delectationibus tempore procationum iam gaudentes, diutius nuptias differant, imo haud raro ut puellam adeo levem et inconstantem fastidiant et procationem abrumpant.

138. — 3° Quia, praesertim quoad luxuriam indirectam, quae graviter illicita sunt saepe non ita certo determinari possunt, caveat confessarius ne citius aliquid peccatum mortale esse pronuntiet; sed ad prudentiam, ad vigilantiam et ad moderationem eos hortetur. Ubi tamen certe mortalia committuntur, semper cum charitate eos excipiat et moneat, etiamsi recidivi fuerint, eosque ad veram contritionem firmumque propositum, maxime in vitanda solitudine, excitet. Si tamen confessarius advertit, eos in bona fide versari circa aliqua amoris signa quae in se quidem graviter illicita sint, neque ullus ex monitione speratur fructus, hanc ex prudentia omittere debet (supra n. 39). Ceterum eos tractet iuxta regulas traditas pro occasione proxima interrupta et necessaria (supra n. 32, 54 sqq.). — Si aliquoties serio iam moniti eodem modo in eadem peccata relapsi fuerint, neque nunc ullum speciale melioris propositi signum ostendant, per se quidem differendi sunt ut melius se disponant (*Opus*. thes. 13[a]-15[a]). Ast prudenter hac in re procedat confessarius, ne a sacramentis frequen-

tandis alienentur et in peiorem statum incidant; quod potissimum valet de sponso, saltem si hic est debilis in fide et raro confiteri solet (*Opus.* n. 151, 517 sqq.). Ad sponsam quod attinet, generatim facilius remedio dilatae absolutionis uti poterit, etiamsi alioquin satis disposita videatur, praesertim si est eius stabilis poenitens et frequenter ad confessionem accedit. Nam saepe contingit ut, si huic suavibus verbis absolutio per breve tempus differatur, non solum ipsa, sed per eam etiam sponsus, cui haec dilatio passim significabitur, ad meliorem frugem redeant, et deinceps ab hisce graviter illicitis se abstineant, seque modo vere christiano ad sacramentum matrimonii praeparent cum ingenti fructu pro tota eorum vita. Quae quidem experientia tum nostra tum aliorum prudentium confessariorum probantur (*Opus.* n. 459, 2° sqq.).

IV. Casus solutio.

139. — 1° Titius citius et generatim nimis severe hunc casum solvit, neque eius rationes, ita sine debita distinctione propositae, validae sunt. Nam ad p r i m u m : S. Alphonsus aliique viri sancti et graves has visitationes plus minusve frequentes idcirco dumtaxat prohibuerunt, quia illa aetate illisque in regionibus erant occasiones *voluntariae*, quemadmodum fusius in *Opere* (n. 20-28) ostendimus. Nostris autem temporibus illae visitationes, si revera intuitu matrimonii fiunt, iuxta morem etiam timoratorum, fere ubique sunt occasiones *necessariae;* unde licitae quoque sunt, modo debitis cum cautelis fiant. — S e c u n d o inquirere debuit Titius, quam ob causam parentes huic matrimonio adversentur, item utrum necne post aliquod tempus eos consensum daturos esse merito sperari possit. Si parentum oppositio est plane iniusta vel probabiliter paulatim cessabit, adamantes ius suum prosequi possunt (n. 129). Quodsi in moderatis illis visitationibus solitudo interdum moraliter vitari nequeat, erit et haec occasio necessaria. Unde Titius eas prorsus prohibere non potuit, neque iniungere ut omne commercium abrumpant et sic spei felicis et honesti matrimonii valedicant. Praescribat varia remedia quibus haec occasio necessaria e proxima fiat remota; indicet cautelas necessario adhibendas (supra n. 132 sqq.). Quodsi nihilominus saepius in peccata incidant, agat iuxta ea quae supra (n. 138) diximus.

140. — 2° Ex altera parte Caius quoque, si nihil aliud inquisivit, citius, et quidem in partem nimis benignam, hunc casum solvit et absolutionem impertivit. Primo enim sedulo indagare debebat de vero huius procationis motivo. Nimis enim saepe hi amores inter iuvenes fiunt ex animi levitate, sine ulla probabili spe matrimonii, quod inire aut non possunt, aut ab una saltem parte non serio intenditur. Quo casu Caius hanc procationem omnino prohibere debebat, utpote occasionem proximam eamque *voluntariam*, ab ipsa lege naturali vetitam. Si illi adamantes iam aliquoties eam abrumpere promiserint, sed promissum non servaverint, Caius eis absolutionem differre debebat, donec illam occasionem interruptam plane vitassent (supra n. 32 et *Opus*. n. 108 sq.).

Si illa procatio erat licita, utpote moraliter *necessaria*, Caius ut medicus eis indicare debuit remedia seu cautelas adhibendas quibus occasio remota reddatur. Quae si iam antea ab ipso vel ab alio confessario indicatae fuerint, eos interrogare debuit, quo modo et quo successu eas adhibuerint. Si iam serios conatus ad se emendandos fecerunt, Caius ut iudex eos absolvere potuit, nisi ut medicus censeat, brevem absolutionis dilationem ad plenam emendationem eis fore valde utilem; de qua utilitate ex adiunctis pro sua prudentia iudicabit (n. 54 sqq.). Sic v. g. facilius puellae, quae frequentat sacramenta et certo brevi reditura est, absolutio differri poterit quam iuveni parum religioso. — Sin autem has cautelas adhibere prorsus neglexerint, et eodem fere modo relapsi fuerint, neque nunc, etiam post paternam eius exhortationem, speciale aliquod contritionis signum ostenderint, Caius tamquam iudex per se eis, utpote recidivis formalibus, absolutionem differre debuit, donec iterum convenientes aliquo saltem modo se emendaverint, quemadmodum supra (n. 138) diximus. Attamen, si illa absolutionis dilatio graviter periculosa videtur, puta ob prudentem timorem alienationis a sacramentis — quod hodie praesertim in iuvenibus masculis haud raro contingere poterit —, absolutio sub conditione, si saltem dubie dispositi sunt, concedenda erit (*Opus*. thes. 22ª, III). Hic casus tamen non nimis facile supponendus est, praesertim quoad puellas, imo neque quoad illos iuvenes masculos qui firmiter adhuc stant in fide et praxi religiosa (ib., n. 486). Quod autem addit Caius ad suam absolvendi laxitatem excusandam, scilicet vix fieri posse quin in tali occasione adamantes non graviter peccent, hoc, inquam, absurdum est et haeresim sapit. Non enim, ut Iansenius docuit, « praecepta Dei sunt impossibilia », neque deest gratia qua possibilia fiant (Prop. 1ª damnata in Bulla « Unigenitus »). Orent illi adamantes, adhibeant remedia praescripta, et Deus eos certe iuvabit. Nam, ut ait Tridentinum: « Deus impossibilia non iubet; sed iubendo monet et facere quod possis, et petere quod non possis; et adiuvat ut possis » (*Sess.* VI, cap. 11).

Quae hic de procationibus diximus confessarii sedulo animo perpendere velint. Agitur enim de innumeris gravibus Dei offensis in hac occasione quotidiana praecavendis, deque praeparandis millenis Christifidelibus ad sanctum matrimonii sacramentum, quo eorum vita terrestris vere christiana et felix reddatur, et caelum permultis exornetur incolis Deum in aeternum laudaturis. Quare valde iuvabit hoc argumentum interdum in conferentiis moralibus tractare, ut confessarii eiusdem regionis in hac re gravissima tutam uniformemque praxim sequantur.

ARTICULUS VI.

De Procationibus intuitu matrimonii mixti [1].

141. — Matrimonia mixta ingens Ecclesiae et animabus inferre damnum, constat tum declarationibus SS. Pontificum et Episcoporum, tum quotidiana experientia et statistica [2]. Qua propter ab Ecclesia ubique severissime sunt prohibita (can. 1060). Nihilominus haec matrimonia, praecipue in regionibus mixtae religionis, fere ubique quotannis numero crescunt cum magno pastorum animarum dolore. Generatim autem haec matrimonia non ineuntur, nisi praecesserint *procationes mixtae* seu visitationes amatoriae. Unde quo huiusmodi matrimonia impediantur, ante omnia opus est praevenire ne pars catholica cum parte haeresi aut schismati adscripta illas procationes ineat. Sunt ergo tales procationes occasiones valde periculosae, non solum multorum peccatorum contra mores, sed etiam, per subsequens matrimonium, perversionis in fide cum partis catholicae, tum maxime prolis futurae. Hinc et confessarii et parochi summa diligentia curare debent, ut has pestiferas procationes praevertant. Qua de re sequentes ponuntur casus.

Casus propositi

142. — 1° Ursula, a parentibus catholicis religiose educata et frequentans sacramenta, confitetur Titio, se ab aliquo tempore procationes incepisse cum Gulielmo, iuvene sectae protestanticae ad-

---

[1] In hoc articulo passim citamus nostrum opusculum: *De matrimoniis mixtis eorumque remediis* (Marietti, Taurini-Romae, 1931). Idem anglice translatum: « Mixed marriages and their remedies » (Pustet, New York - Cincinnati, 1933).

[2] Vide hoc probatum in cit. op. n. 2-41.

scripto, a quo se turpiter tangi aliquoties permisit. Post debitas interrogationes confessarius reperit, Ursulam nullam habere gravem causam obiectivam ineundi hoc matrimonium mixtum, eam tamen, utpote sincere catholicam, illud contrahere non velle sine debita dispensatione, Gulielmum ipsi etiam promisisse se solitas cautiones praebiturum. Titius variis rationibus eam a proposito avertere conatur; sed puella cedere non vult, tum quia Gulielmum valde amat et ab ipso vere redamatur, tum quia altior huius conditio socialis et fortuna ei valde grata sunt. Nihilominus Titius censens has causas nequaquam esse sufficientes, Ursulae significat, se absolutionem dare non posse, nisi ab hoc matrimonio desistat et hanc procationem plane abrumpat. Quod quum puella promittere renuat, recedit et confitetur apud Caium.

2° Caius igitur, postquam cognovit, Ursulam peccata contra castitatem commissa sincere dolere, neque ipsam sine obtenta dispensatione haeretico nubere velle, et utramque partem paratam esse praebere debitas cautiones, ipsi iniungit ut parochum pro dispensatione adeat. Quum puella hoc libenter promittat, confessarius eam, utpote sufficienter dispositam, statim absolvit. Eius ratio haec est: aliud est forum internum, aliud externum; confessarius iudicat tantum de dispositionibus internis, parochus autem in foro externo de dispensatione. Praeterea, ait, una certe alterave vice puellae promittenti se parochum adituram fides haberi potest; si postea redit non impletis promissis, absolutionis dilatione ad hoc urgeri potest.

3° In quadam dioecesi Ordinarius, gaudens indulto Apostolico concedendi dispensationem in impedimento matrimonii mixti, sequi solet praxim eam dandi aut negandi iuxta iudicium et commendationem parochi respectivi. Hi autem diverse hac de re iudicant.

Sempronius, in sua paroecia satis multa habens huiusmodi matrimonia, saepe et serio tum publice tum privatim populum de eorum prohibitione et periculis instruit. Practice tamen, quando quis dispensationem habere vult, eam semper Ordinario commendat, modo utraque pars sincere cautiones praebere velit. Eius ratio est: *a)* quia secus amore obcaecati inibunt matrimonium mere civile vel coram ministro haeretico: a. v. periculum maioris mali; — *b)* quia melius est dare dispensationem ante matrimonium quam hoc postea revalidare, quia interim multa peccata impediuntur. Quod attinet ad certitudinem moralem de cautionum implemento eam parum curat, quia impossibile est, inquit, eam acquirere; unde contentus est de earum sinceritate in praesenti. Nullum serium conatum adhibet ut pars acatholica ante nuptias in religione catholica instruatur et convertatur, quia, ut ait, labor est irritus et conversiones occasione matrimonii parum solidae sunt. Hisce principiis consonat etiam eius praxis benigna in confessionali quoad procationes mixtas. Videt quidem Sempronius, hac dispensandi facilitate illa matrimonia semper numero crescere, et, quia cautiones parum recte servantur, eadem proportione paulatim decrescere fidelium qualitatem, et etiam eorum numerum, praesertim in postera generatione. Sed censet, praeter populi instructionem, nihil contra hoc fieri posse.

4° Terentius contra, item parochus, ut matrimonia mixta e sua paroecia arceat, numquam petit dispensationem, sed a priori quamlibet postulationem reiicit; quia, inquit, si pro uno petitur, brevi multi alii et paulatim semper plures eam habere volunt, et sic hoc detestabile malum semper magis increscet cum magna mei gregis ruina. Unde fit ut, licet multi iuvenes, hac severitate territi, ab incipiendis procationibus mixtis abstineant et matrimonium mere catholicum contrahant, alii tamen etiam bene multi matrimonium extra Ecclesiam ineant et in concubinatu vivant, cum magno etiam prolis detrimento. Quinimo quo vel maiorem suis fidelibus contra haec matrimonia incutiat horrorem, parum vel nihil curat, ut illa matrimonia mixta semel extra Ecclesiam inita revalidentur.

Quaeritur I. Estne peccatum mortale inire procationes seu conversationes amatorias intuitu matrimonii mixti?
II. Quaenam sunt confessarii officii partes circa has procationes mixtas?

III. Quaenam remedia ab animarum pastoribus contra illas sunt adhibenda?
IV. Quid in propositis casibus dicendum de agendi ratione tum Titii et Caii, confessorum, tum Sempronii et Terentii, parochorum, tum denique Ordinarii?

I. Quando procationes mixtae sint graviter illicitae.

143. — Procationes mixtae seu visitationes amatoriae inter duas personas baptizatas, alteram catholicam alteram haeresi aut schismati adscriptam, intuitu matrimonii ineundi, eadem ratione licitae aut illicitae sunt qua ipsum matrimonium mixtum. Etenim quum hae procationes fiant cum intentione post aliquod probationis tempus contrahendi matrimonium, ab hoc etiam matrimonio, velut ab obiecto, omnem suam moralitatem desumunt. Sunt quippe huiusmodi matrimonii praeparatio et ad illud consequendum directe ordinatae et intentae. Intentionem autem seu voluntatem aliquid faciendi eodem modo licitam aut illicitam esse ac ipsum obiectum, certum exploratumque est apud omnes theologos. — Atqui inire matrimonium mixtum *per se* graviter est illicitum, et *per accidens* tantum licitum fieri potest. — Ergo idem dicendum est de procationibus mixtis.

144. — Dicitur in *minore*, inire matrimonium mixtum esse *per se* graviter illicitum. Hoc patet: 1° ex lege positiva Ecclesiae, quae huiusmodi matrimonium « ubique severissime prohibet » (can. 1060); 2° ex eo quod plerumque in illo grave adest periculum perversionis cum pro parte catholica, tum praesertim pro prole nascitura; quo casu ipsa lex divina et naturalis illud prohibet; 3° ex eo quod qui tale matrimonium prohibitum init plerumque grave praebet scandalum publicum, quia ita persaepe alii fideles moventur ad idem matrimonium contrahendum. — Vide has rationes fusius expositas in op. cit. *De Matr. mixtis*, n. 66 sqq.; 46 sqq.

Per *accidens* tamen cum Ecclesiae dispensatione huiusmodi matrimonium licitum fieri potest, modo praesto sint sequentes conditiones:

1° Adsint ex parte nupturientis catholici causae graves et urgentes; 2° cautionem praestiterit coniux acatholicus de amovendo a coniuge catholico perversionis periculo, et uterque coniux de universa prole catholice tantum baptizanda et educanda; 3° moralis habeatur certitudo de cautionum implemento (can. 1061, § 1). Itaque si nupturiens non habet causam gravem tantoque periculo proportionatam, matrimonium mixtum manet ipsi graviter prohibitum, etiamsi Ecclesia quandoque, per obstinatam nupturientis petitionem quasi coacta, ad maius malum praecavendum a sua lege dispensat.

145. — Huiusmodi autem gravis causa non est singularis et ardens amor mutuus, quia non est causa proportionata periculo perversionis in fide, quod per illum amorem saepe etiam gravius redditur. Est proinde amor inordinatus, vesanus et illicitus, utpote principiis fidei et sanae rationis oppositus; qui idcirco, sicut aliae tentationes ad malum, mediis naturalibus et supernaturalibus orationis etc. vincendus est. Neque maior fortuna aut altior socialis conditio acquirenda est huiusmodi causa gravis et proportionata tanto fidei perversionis periculo (*op. cit.* n. 62 sq.). Neque quod cautiones praebere volunt, causa dici potest concedendae dispensationis pro tali matrimonio: cautiones quippe sunt mera *conditio* concedendae dispensationis, non vero *causa* cur Ecclesia dispenset.

Ex dictis ergo concludendum est, etiam graviter illicitas esse illas procationes mixtas, nisi nupturiens catholicus aliam gravem et urgentem habeat rationem huiusmodi matrimonium contrahendi. Imo, licet quis nondum intendat tale matrimonium inire, graviter tamen ipsi prohibitae sunt illae conversationes amatoriae, quia gravi se exponit periculo non solum peccandi contra mores, sed etiam contrahendi tandem matrimonium graviter illicitum; nam per illas continuatas visitationes vesanus amor semper crescit et persaepe ad illud ducit. Sunt ergo occasiones *proximae* eaeque *liberae*, quae iuxta legem divinam et naturalem sub gravi peccato vitari debent, ut omnes theologi docent.

Quae possint esse causae graves, ob quas matrimonium mixtum, ac proinde etiam procationes per accidens licitae fieri possint, diximus in op. cit. *De Matr. mixtis*, n. 64, 121.

Pro praxi generatim hoc dici potest: si nupturiens catholicus suas causas auctoritati ecclesiasticae sincere exponit, simulque verbis vel sua agendi ratione manifestat, se ita animo dispositum esse ut matrimonio sit renuntiaturus casu quo Ecclesia eas non probaverit dispensationemque negaverit, tunc obtenta dispensatione, tuta conscientia matrimonium inire potest. Sed hoc casu eo magis conscientia dispensantis oneratur ut examinet, num illae causae vere graves sint et urgeant. Si enim ita non sunt, dispensationem concedere prorsus illicitum est. Secus tamen erit, si hic nupturiens, nullam habens gravem causam, obstinata sua voluntate Ecclesiam quasi cogere vult ad concedendam *dispensationem ne quid peius accidat;* quia sic graviter committit contra reverentiam et obedientiam Ecclesiae debitam, quippe quae hoc casu non positive permittat sed velut invita toleret dumtaxat tale matrimonium, quod per se severissima lege prohibet, utpote ex praesumptione iuris parti catholicae et proli valde nociturum (*op. cit.*, n. 66, 1°).

II. Confessarii agendi ratio circa procationes mixtas.

146. — De officiis confessarii haec dicenda sunt.

Certum est, casum dispensationis in impedimento mixtae religionis pertinere ad forum *externum* Ecclesiae, i. e. ad Ordinarium ad quem, si gaudet indulto Apostolico, spectat iudicare et discernere de dispensatione danda vel neganda; praeterea ad parochum qui, nomine Ordinarii, inquirere debet de causis dispensationis, deque conditionibus praestandis, ut quae inquisierit demum ad Ordinarium referat. — Confessarius ergo, qua talis, totum hoc negotium relinquere debet parocho, ac proinde poenitentem ad hunc dirigere; neque ipsemet sententiam proferat aut quicquam decernat aut poenitentem in petenda dispensatione adiuvet. Specialiter confessarius nullo modo iudicare potest num adsit certitudo moralis de cautionum sinceritate et implemento, quae tertia est conditio ad legitimam validamque dispensationem requisita (can. 1061, § 1, 3°); nam haec certitudo a multis pendet circumstantiis, non solum ex parte sui poenitentis, sed praecipue etiam ex parte nupturientis acatholici: hunc autem confessarius non cognoscit. De causa ad dispensandum requisita aliquando quidem, audito solo poenitente, suum iudicium habere eamque satis gravem esse censere potest; sed quod causa sit in casu vere sufficiens et legitima, id declarare ipsi non convenit, quia hoc quoque pendet ex variis adiunctis privatis et publicis, quarum iudicium pertinet ad solum forum externum. Prudentia ergo generatim postulat, ut suam de gravitate causae sententiam poenitenti non proferat, ne suo praeiudicio eum in proposito forte illicito obfirmet. — Itaque confessarius per se potest tantum, imo et debet, qua doctor, poenitentem circa eius obligationes instruere et, qua iudex et medicus, absolutionem a peccatis, iuxta huius dispositionem undique perpensam, aut concedere aut differre aut negare (*l. c.* n. 119 sq.).

147. — Ex dictis pro praxi confessarii circa mixtas illas procationes haec consequuntur.

Si confessarius merito suspicatur, poenitentem habere procationes mixtas, eum hac de re *interrogare* debet; item, si hic affirmaverit, de harum procationum motivo.

Si post haec *certus* est confessarius, nullam esse ex parte nupturientis obiectivam dispensationis causam, ut doctor, ipsum *monere* debet illas procationes graviter esse illicitas, ut supra iam ostendimus. Quapropter omni ratione ipsum hortari debet ut ab his desistat; idque ordinarie etiam si hic bona fide credat illas licitas esse; nam si eum in bona fide relinquit, tum ipsum poenitentem, tum imprimis prolem futuram gravi perversionis periculo exponit, et ut plurimum scandalum orietur. Poenitens ergo qui tales procationes abrumpere non vult, non est absolutione dignus. — Dico: *ordinarie* ipsum monere et nolenti obedire absolutionem negare debet. Si tamen confessarius graviter timeat et quasi certus sit, poenitentem monitioni non esse obsecundaturum et in peiorem conditionem lapsurum, illum in bona fide relinquat et non absolutum bonis verbis ad parochum mittat, dicens res matrimoniales ad eum spectare, ut hic prius de causis et conditionibus dispensationis inquirat et iudicet.

Item si confessarius *probabiliter* quidem censeat huiusmodi causam dispensandi adesse, ordinarie poenitentem *non absolvat*, nisi hic prius parochum adierit; secus enim eum exponit gravi periculo ineundi matrimonium illicitum, sive quia in foro externo huiusmodi causa non habetur ut vere gravis et urgens, sive quia iudicatur non adesse certitudinem moralem de cautionibus. Praeterea data prius absolutione ordinarius huius benignitatis exitus erit, ut poenitens periculosissimas illas conversationes amatorias continuet, ad S. Communionem quoque accedat, utque parochum non adeat nisi brevi tempore ante nuptias, cum maiore semper periculo eas non abrumpendi et ineundi matrimonium mixtum, cum gravi etiam scandalo aliorum qui eius exemplo excitati eadem levitate procationes mixtas incipient. Atque ita confessarius causa erit, cur numerus illorum matrimoniorum semper crescat (cfr. plura in op. cit. *De Matr. mixtis*, n. 123 sqq.).

III. DE REMEDIIS AB ANIMARUM PASTORIBUS CONTRA ILLAS ADHIBENDIS.

148. — Quoniam procationes mixtae eadem ratione sunt prohibitae qua ipsa matrimonia (supra n. 143), eadem quoque remedia contra illas ac contra haec adhibere oportet. Fuse et ex professo de hisce remediis tractavimus in tertia parte operis citati: *De Matr. mixtis*, pp. 71-143; e quibus haec pauca hic extrahimus.

1º Tum Romani Pontifices tum S. Congr. S. Officii saepe praescripserunt, ut pastores animarum fideles frequenter et publice et privatim *instruerent* de gravissima prohibitione legis Ecclesiae, deque rationibus huius prohibitionis, id est de periculis horum matrimoniorum quoad fidem et mores, pro parte catholica et pro prole, deque eorum damnis in hac et in altera vita. Iam a prima pueritia in institutione catechistica identidem contra haec praemuniri debent, tum postea in scholis, in piis confraternitatibus, in concionibus et instructionibus dominicalibus, in missionibus, exercitiis spiritualibus etc. (*op. cit.* n. 93-95).

2º Aliis quoque mediis *directis et indirectis* parochi huic gravissimo malo obsistere conentur; utputa per apostolatum laicalem et operam illorum fidelium qui pro « actione catholica » laborant, per libellos et ephemerides, per conferentias publicas, per ludos et honesta oblectamenta, solis catholicis, imprimis utriusque sexus iuvenibus, destinata, per maiorem separationem catholicorum ab haereticis etiam in vita sociali et oeconomica, aliaque quae ib. (n. 96-99) exposuimus.

3º Complures Episcopi, praesertim in America Septentrionali, experientia edocti tristissimas illorum matrimoniorum consequentias pro praesenti et futuris generationibus, defectionem scilicet a fide ingentis numeri fidelium (« tremendous leakage »), tum in Synodis provincialibus adunati tum singuli statuerunt, non amplius concedere dispensationem, nisi prius pars *acatholica* per sex saltem hebdomades integrum *cursum instructionum* circa doctrinam catholicam secuta fuerit. Huiusmodi decretum, identidem ubique in quavis dioecesi publicatum et a clero parochiali cum vero zelo apostolico in praxim ductum, felicissimos ibidem produxit effectus et causa fuit conversionis plurimorum acatholicorum simulque magnae deminutionis mixtorum matrimoniorum (*op. cit.* n. 110-117). Ceterum Sedes Apostolica, dando ipsamet dispensationem aut Ordinariis concedendo indultum dispensandi, semper apponit hanc restrictionem: « Quatenus ante nuptias pars acatholica ad veram religionem adduci nequiverit ». Ergo serios conatus ad hunc finem factos fuisse supponit.

149. — 4° Quemadmodum magna in concedenda dispensatione facilitas, teste experientia, una est ex praecipuis causis cur horum matrimoniorum numerus ubique semper magis increscat, ita *prudens in dispensando severitas* efficax est remedium quo illorum numerus minuatur et paulatim crescat tum qualitas tum numerus fidelium. Loquimur scilicet de illis casibus ordinarie occurrentibus, in quibus nupturiens catholicus nullam gravem et urgentem dispensationis causam afferre potest, sed ostendit dumtaxat caecum suum et inordinatum amorem, cum voluntate obstinata Ecclesiam quasi cogendi ad hanc dispensationem concedendam. Iamvero, post diligens pro utraque praxi rationum examen, adhibita etiam statistica, hoc remedium, moderate tamen et debitis cum exceptionibus adhibitum, in opere citato (n. 132-169) ea qua par est reverentia proposuimus et commendavimus. Qua in re caput rei est, ut pastores animarum ante omnia attendant ad bonum publicum Ecclesiae, resp. suae dioecesis vel paroeciae, idque non tantum pro praesenti, sed etiam pro futura generatione (n. 72-74, 135). Aliis verbis: perpensis omnibus personarum, loci et temporis circumstantiis, attentis etiam experientia et statistica, habita quoque ratione maioris foecunditatis matrimoniorum mere catholicorum quam ceterorum, Ordinarii et parochi pro sua prudentia iudicent, quae praxis maius malum publicum sit allatura: aut *strictior* legis observantia, qua permittitur seu potius toleratur ut, praesertim initio, complures quidem obstinati matrimonium invalidum ineant et iacturam fidei faciant, sed cum probabili certitudine nunc iam multos alios, et postea semper plures, ob hanc severitatem ab his matrimoniis mixtis sese abstenturos et matrimonium mere catholicum contracturos, — aut *facilior* legis relaxatio, qua ob frequentissimas illas dispensationes haec mixta matrimonia semper magis propagentur, cum tristi illo effectu ut fidelium qualitas iam nunc valde decrescat et ut in secunda vel saltem tertia generatione fere omnes ab Ecclesia desciscant (cfr. infra n. 153).

150. — 5° Practice ergo Ordinarius loci in dispensatione danda aut neganda pro variis personarum et locorum circumstantiis variis

modis incedere potest, ut haec matrimonia et procationes ea praecedentes pro viribus antevertat.

a) Potest decreto *generali* publice edicere, dispensationem concessum non iri, nisi adsit ex parte nupturientis catholici causa vere gravis obiectiva, non vero ob solum amorem mutuum aliave motiva mere materialia. Hic modus certe maxime efficax est, quia plurimi, scientes se dispensationem obtinere non posse, procationes ne quidem incipient. Quapropter valde commendandus videtur pro iis dioecesibus, in quibus generatim fervet adhuc fides et nondum ita frequentia sunt mixta matrimonia. Nam ibidem ex stricta legis custodia, praesertim successu temporis, multo minora pro bono communi Ecclesiae et animarum exsurgent mala quam ex praxi faciliore seu ex frequentissima legis dispensatione ob solum timorem matrimonii mere civilis, quae praxis praecipua est crescentis semper eorum numeri causa. Hoc fuse ostendimus, respondendo etiam obiectionibus, in *op. cit.*, n. 136-141, n. 158-161. Notandum hic est, hanc strictam legis applicationem ibidem etiam iis in casibus prudentem et legitimam esse, in quibus, deficiente causa obiectiva, certitudo moralis de cautionum implemento haberi possit. Ratio iterum est bonum commune, ne scilicet multiplicatis exceptionibus paulatim mixta matrimonia semper increscant cum ingenti totius gregis detrimento: prudentia enim praecipit ut in conflictu bonum commune privato bono anteponatur [1]. Ad haec, cautiones, ut supra (n. 145) diximus, sunt dumtaxat conditiones dispensationis, non vero causa quae nupturientibus ius quoddam tribuat. Ceterum qui ita animo dispositi sunt ut, negata ob defectum causae dispensatione, nuptias invalidas ineant, difficulter praebebunt illam certitudinem moralem ad licitam et validam dispensationem prorsus necessariam. — De modo quo prudenter haec severior praxis introduci possit, diximus *op. cit.* n. 165.

b) Si Episcopus pro sua prudentia iudicaverit, in sua dioecesi, ubi tepidus est fidei spiritus et iam ingens habetur horum matrimoniorum numerus, ex illa praxi severiore et generali maius malum publicum oriturum esse, scilicet multo plurium defectionem a fide, etiam in postera generatione, *singulos* casus cum omnibus suis circumstantiis examinare debet, speciali adhibita diligentia circa certitudinem moralem de cautionum implemento, sine qua dispensatio invalida est (*op. cit.* n. 166).

c) Potest etiam pro circumstantiis *media* inter strictiorem et faciliorem praxim incedere via, et praxim strictiorem denegandi dispensationem restringere tum ad quaedam *territoria* (decanatus, paroecias) in quibus fides magis

---

[1] Merito ait cl. Vermeersch: « Plerumque matrimonia haec ita damnosa sunt, ut possit simpliciter negari dispensatio et assistentia, si hoc modo plures aliae mixtae nuptiae impediantur » (*Theol. mor.* 1923, III, n. 767). Item Aertnys-Damen: « Praxis (pastorum animarum) numquam petendi dispensationem nisi in casibus omnino extraordinariis, sustineri debet iis in regionibus ubi hoc modo agendi matrimonia mixta impediuntur, quamvis exinde matrimonium determinatum non impediatur » (*Theol. mor.* II, n. 706, II).

viget, tum ad certas *personas,* puta ad nupturientes natos ex familiis mere catholicis, pro quibus ordinarie non est tantum matrimonii mere civilis periculum. Hac ratione profecto iam multum decrescent matrimonia mixta, crescent mere catholica. Quod ita in eadem dioecesi non ubique et pro omnibus eadem sit dispensationis praxis et populo ansa praebeatur obloquendi et querendi, non est ita grave malum relate ad multo maius bonum quod inde sequetur. Diversa enim praxis iam ex ipso Iure servanda est, secundum quod moralis de cautionum implemento certitudo ab aliis praebetur, ab aliis non praebetur. Ceterum pro aliis etiam occasionibus proximis (v. g. choreis, oblectamentis, vestitu mulierum etc.) in eadem dioecesi ob varias circumstantias saepe iam varia habetur praxis (*op. cit.* n. 166 sq.).

d) Alia denique strictioris praxis *mitigatio* est sequi exemplum illorum Episcoporum (supra n. 148, 3°) qui decreto generali statuerunt, dispensationem non dari nisi prius pars acatholica integrum cursum instructionum in doctrina catholica secuta sit. (*Op. cit.* n. 168, n. 100 sqq.).

IV. Casuum solutio.

151. — *Ad* 1^m. — Titius casum Ursulae iuxta ordinarias regulas de monitione et absolutione poenitentis per se quidem recte solvit. Qui enim legi Ecclesiae, haec matrimonia sine gravi et urgenti causa inire severissime prohibentis, obedire renuit, vel pertinaci sua voluntate eam ad dispensandum quasi cogere vult, graviter peccat et absolutione dignus non est. Quas autem causas Ursula adducit ad petendam dispensationem, nequaquam sufficiunt (supra n. 145). Si tamen Titius valde timet, Ursulam ob absolutionis negationem ita offensum iri ut matrimonium mere civile aut coram ministro haeretico contrahat — id quod in casu non videtur supponendum —, debet a monitione abstinere et eam ad parochum remittere, dicens se absolutionem daturum, si parochus dispensationem dari posse iudicaverit (supra n. 147). Quum fideles scire soleant, causas matrimoniales ad parochum et Episcopum pertinere, hac dilatione absolutionis non facile offenduntur. Parochus, adiutus a parentibus, sua et Episcopi auctoritate facilius Ursulam a funesto proposito avertere poterit, praesertim quia haec testatur se, utpote genuine catholicam, matrimonium sine debita dispensatione inire non velle.

152. — *Ad* 2^m. — Non ita recte egit Caius. Primo enim inquirere debebat, num Ursula gravem habeat causam ineundi matrimonium mixtum, sine qua causa procationes habere iam gravis culpa est, ut

supra (n. 144) diximus. Praeterea perperam ad casum applicavit principium de distinctione fori interni et externi. Nam ad poenitentis dispositionem internam utique etiam pertinet se submittere velle legi Ecclesiae et decisioni fori externi hanc legem urgentis; de hac autem voluntate seu dispositione interna confessarius serio eam interrogare debuit. Si nullam gravem reperit dispensationis causam et puella re vera se decisioni fori externi submittere vult, iam nulla est ratio cur ipse confessarius non declaret hoc matrimonium esse graviter prohibitum adeoque illas procationes prorsus abrumpendas esse. Si dubitat de causa vel de cautionum soliditate — de qua ultima re confessarius semper dubitare debet —, et puella dispensationem habere desiderat, differat absolutionem usquedum parochus de his iudicaverit (n. 147). Error Caii est quod falso opinatur confessarium qua talem ad solum bonum sui poenitentis attendere debere et non etiam ad bonum commune. « Confessarius, inquit S. Alphonsus cum communi auctorum sententia, est minister non tantum constitutus pro consulendo bono particularium poenitentium, sed etiam pro bono totius reipublicae christianae, ideoque praeferre debet bonum commune bono privato sui poenitentis » (*Hom. Ap.* XVI, 116). Hoc praecipue obtinet in materia matrimonii mixti. Si confessarius hac in re, ut doctor, seria sua monitione et prohibitione poenitentem a tali matrimonio avertit, certe bonum publicum Ecclesiae maxime promovet et efficaciter sustentat actionem parochi et Episcopi in foro externo.

Quod addit Caius, se prima et altera vice fidere posse promissioni poenitentis de adeundo parocho, quidquid est de firmitate huius propositi, practice et in concreto in nostra praesertim materia id periculis plenum est. Nam qui tales ineunt procationes mixtas generatim non sunt ex iis qui frequenter, v. g. singulis vel alternis septimanis, confiteri solent. Nisi ergo Ursulae iam prima vice initio procationis absolutio differtur usquedum parochum adierit, ordinarie et ex communiter contingentibus confessarius eam relinquit in proximo periculo continuandi illas procationes et tardius solum adeundi parochum, quando ob maiores semper difficultates dilatio absolutionis iam non est ita aptum remedium contra illicitum huiusmodi matrimonium. Poenitentis conditio eadem fere est ac occasionarii « in esse », puta concubinarii, cui nisi prima vice absolutio differtur, ordinarie in proximo relinquitur periculo non exsequendi propositum (supra n. 42). Notandum denique est, in materia matrimonii mixti agi de periculis fidei, quae pro aeterna salute multo graviora sunt, ac propterea a confessario multo efficacius antevertenda quam morum pericula.

153. — *Ad* 3^m. — Sempronius, parochus, nimis leviter hanc quaestionem gravissimam tractare videtur. Optime sane facit populum suum sedulo de horum matrimoniorum prohibitione et periculis instruendo. Ast, si nihilominus petentibus semper dispensatio conceditur, etiam quando ex parte nupturientis nulla gravis adest causa sed dumtaxat amor inordinatus aut commoda temporalia, non solum permittitur ut hic obiective graviter peccet et se temere perversionis periculo committat, verum etiam fit ut haec lex, pro Ecclesiae et animarum salute adeo necessaria, semper magis vulneretur et tandem quasi emoriatur ac practice pro nulla habeatur. Sola praedicatio et populi instructio, si ex parte pastorum animarum non aequa severitate in custodienda lege sustentatur, remedium est parum efficax contra grassans hoc malum; quia multissimi sponte concludunt, legem, a qua ab Ecclesia adeo facile dispensatur ut eius observantia quasi a libitu populi pendeat, practice parvi esse momenti, modo dispensatio petatur et obtineatur[1]. Pro! dolor, iam eo in multis regionibus perventum est. Hoc infaustum malum matrimoniorum mixtorum velut pestis contagiosa semper magis propagatur cum immenso Ecclesiae animarumque detrimento. Postulantur quidem ab Ecclesia cautiones: praebentur quoque a nupturientibus. Sed hae cautiones, quum saepissime, teste experientia, aut nihil aut valde imperfecte serventur, praesertim quod spectat ad catholicam prolis educationem, minime obstant, quominus non solum illorum fidelium qualitas iam in praesenti valde decrescat, sed etiam ut, in sequentibus saltem generationibus, eorum pars longe maior ad haeresim aut ad plenum indifferentismum et apostasiam transeant et Ecclesiae pro semper intereant; quod iterum longa experientia et statistica comprobatur[2].

Sempronius obiicit quidem: *a)* periculum matrimonii extra Ecclesiam, si negetur dispensatio. - Sed primo tale grave periculum frequenter quasi a

---

[1] Vide hoc fusius explicatum in op. cit. *de Matr. mixtis*, n. 70, 136 sqq., 145 sqq., 158 sqq.

[2] Episcopi Germaniae in collectiva epistula pastorali anni 1922 dolentes testantur: « Accuratiores observationes ostenderunt, prolem ex mixtis matrimoniis natam generatim iam in tertia generatione plane protestanticam esse » (*l. c.* n. 37).

priori sine certis indiciis adeoque nimis leviter supponitur, praesertim quoad
illos qui ex utroque parente catholico nati sunt, et quorum plurimi negata
dispensatione tale crimen, quod publicum concubinatum esse norunt, non
committent (*op. cit.* n. 150, 167). Deinde si huiusmodi grave periculum
revera adest, ex parte Ecclesiae habetur quidem causa dispensandi, sed debita
cum prudentia hac facultate utendum est, nimirum sub his duabus conditionibus: ut adsit moralis certitudo de cautionum implemento — quae
quidem pro hisce obstinatis difficile habebitur —, et praeterea ut illa dispensatio aliis non sit scandalum seu exemplum quo excitentur ut eodem modo
importuno dispensationi insistant eamque ab Ecclesia quasi extorqueant et
mixtum matrimonium contrahant.

b) Ad alteram Sempronii obiectionem respondetur: Ecclesia, custo-
diendo pro foro externo suam legem, iure tolerat aliquot obstinatos et indifferentes in concubinatu vivere, ut ita multo plures absterreantur ab ineundo
matrimonio mixto, quod suis fidelibus praesentibus et futuris adeo funestum
esse tristi experientia novit. Est enim Ecclesia societas, quae bono privato
praeferre debet bonum publicum, quod secus nimia eius benignitate pessum-
datur. Sic etiam Sedes Apostolica, abrogando ultimis temporibus decretum
« Tametsi » et Declarationem Benedictinam, permittit permultos dispensationem non petentes in concubinatu vivere, ut hac sua severiore legislatione
fideles a matrimoniis mixtis absterreat (cfr. *op. cit.* n. 152, et n. 159 in f.).
Contra hanc generalem prudentis gubernationis normam peccare solet parochus noster.

Quod addit Sempronius, scilicet certitudinem moralem de cautionum
implemento haberi non posse, id certe admodum exaggeratum est. Nam
primo requiritur tantum certitudo moralis late dicta, quae non quidem
dubium proprie dictum, sed tamen prudentem erroris formidinem admittit
(*op. cit.* n. 82 sqq.). Deinde S. Sedes expresse postulat, et ex lege divino-
naturali postulare debet, hanc moralem certitudinem non solum de cautionum
sinceritate in praesenti, sed etiam de earum implemento in futuro; secus
dispensationem tum illicitam tum invalidam esse declarat. Ineptum ergo est
dicere, Ecclesiam quid « impossibile » postulare. Sit haec inquisitio saepe
res difficilis et operosa; sed quod Sempronius de ea non curat, gravis est in
suo officio implendo negligentia (ib. n. 81, 87 sqq.). Denique valde etiam
deficit eo quod ante nuptias nullum adhibet conatum convertendi partem
acatholicam, praetexens laborem esse inutilem et illas conversiones generatim
non esse sinceras. Experientia enim constat, prudentem operam saepe veras
et duraturas conversiones producere (ib. n. 101-115). Unde etiam S. Sedes
huiusmodi conatus adhiberi vult (supra n. 148, 3°).

Ex dictis igitur concludendum est, Sempronium parochum valde
leviter gravissimam hanc de matrimoniis mixtis quaestionem trac-
tasse. Facillimum hoc utique est; sed haec facilitas et levitas eum

coram Deo non excusabit, quia magnum damnum infert Ecclesiae et animabus ipsi concreditis (*op. cit.* n. 158 sq.).

154. — *Ad* 4ᵐ. — Terentius, alter parochus, zelum quidem ostendit contra hoc detestabile malum, sed eius zelus non est « secundum scientiam », imo nimis rigidus. Haud raro enim dantur ex parte nupturientis causae vere graves et urgentes concedendi dispensationem, ut puta quales adduximus in op. cit. n. 64. Quo casu si debitae quoque cautiones praestantur et scandalum aufertur, parochus dispensationem Episcopo commendare potest, imo interdum etiam debet, ne nimia severitate fideles quasi in desperationem agat (ib. n. 160). Praeterea Terentius matrimonia mixta invalida saepe praevenire potest, prudenter invitando partem acatholicam ad sequendum cursum instructionum de fide catholica. Sic frequenter efficiet ut haec sive ante sive post matrimonium convertatur (ib. n. 101-115). Maxime etiam culpandus est Terentius, quod illos infelices, qui semel matrimonio invalido obstricti sunt, suae sorti quasi relinquit. Est hic sane rigor intolerabilis. Si quis enim vera poenitentia factum etiam externe correxerit et ita scandalum reparaverit, grave est parochi officium ipsi parandi viam qua iterum cum Deo et Ecclesia reconcilietur (*op. cit.* n. 174 sq.).

155. — Quid demum dicendum de Ordinarii agendi ratione qua in dispensatione concedenda aut neganda sequi solet commendationem et iudicium singulorum parochorum?

Si agitur de parochis quorum zelo, scientiae et prudentiae se merito fidem habere posse crediderit, nihil huic obiiciendum videtur: parochi enim, pro sua de omnibus personarum et locorum adiunctis notitia, per se optime hac de re cognoscere et discernere possunt. Sin autem Ordinarius censuerit, certos parochos aut nimis leviter aut nimis severe hos casus tractare — uti supra Sempronius et Terentius —, eis simpliciter fidere non potest, sed eos sedulo monere debet et ipsemet, omnibus notitiis acceptis et perpensis, audiens utique alios quoque suos consiliarios, singulos casus iudicare. Praesertim si iure dubitaverit de debita adhibita diligentia rectoque parochi iudicio circa certitudinem moralem de cautionum implemento — ut supra in casu Sempronii —, iuxta huius sententiam dispensationem dare non potest, quia, ut licita et valida sit dispensatio, prorsus requiritur ut ipsemet dispensans illam certitudinem prudenter formatam habeat (*op. cit.* n. 90).

ARTICULUS VII.

De Concubinatu.

Casus propositus

156. — Magdalena, filia christiane educata, sed caeco amore seducta, validum iniit matrimonium cum adolescente luxurioso, qui brevi post eam reliquit et alteri mulieri adhaesit. Obtento divortio civili, post aliquod tempus cognovit Thaddaeum, bonae indolis iuvenem, qui eam ardenti amore prosequitur et tandem maritaliter cum ipsa vivit. Facto deinde matrimonio mere civili, pergunt in aliam civitatem longinquam, ibique iam per multos annos concorditer vivunt et quinque filios procrearunt, omnes catholice baptizatos et educatos, quorum maior decem annos natus est. Pauci tantum in illa magna civitate sciunt, eorum unionem esse illegitimam, alii plures de ea dubitant, praecipue quia ad sacramenta non accedunt. Nunc autem, tempore missionis, remorsu conscientiae acti, uterque sincere ad Deum redire vult et idcirco accedunt ad Titium confessarium. Hic, censens concubinatum esse publicum eumque propter impedimentum ligaminis per matrimonium legitimari non posse, bonis verbis dicit, eos absolvi non posse, nisi prius ab invicem prorsus separentur. Quod quum promittere nequeant, alium confessarium Caium adeunt. Hic autem, reputans hanc occasionem esse necessariam, absolutionem eis concedit, postquam tamen serio promiserunt, se abhinc non amplius peccaturos, sed ut fratrem et sororem esse victuros.

Quaeritur I. Quae remedia contra concubinatum adhiberi debent?
II. Quae sunt parochorum quoad concubinatus officia?
III. Quae sunt regulae generales circa absolutionem concubinariorum?
IV. Quid de utriusque confessarii responsione dicendum?

I. Concubinatus remedia.

157. — Concubinatus est concubitus vel fornicatio frequentata cum femina non sua, quam quis in domo propria vel aliena ad instar uxoris retinet. Dicitur autem non solum de ipsis actibus peccatorum, sed etiam de huiusmodi conditione, in qua ambo habitualiter versantur; quo sensu concubinatus gravissimam et continuam peccandi occasionem constituit. — Nostra aetate cum suis erroribus de libero amore, divortio etc., suoque spiritu indifferentiae in materia religionis, concubinatus in multis regionibus, praecipue in magnis civitatibus, est lues maxime contagiosa valdeque propagata. Quapropter summo zelo ab animarum pastoribus est impugnanda.

Pro variis adiunctis haec remedia a confessariis et parochis adhibenda aut praescribenda sunt.

158. — 1° Praecipuum remedium est *matrimonium* inter duos illegitime coniunctos, quia ita cessant et occasio peccandi et scandalum, si est publicum. Huic igitur remedio maxime insistendum est, nisi infelix matrimonii exitus timeatur. Quapropter generatim ad matrimonium recurrendum est, si concubinarii magno amore mutuo feruntur et iam diu ita vivunt; deinde si iam matrimonio mere civili sunt ligati et filiorum educationi providere debent; denique in mortis articulo. Non ita urgendum est, si concubina in alia domo habitat, vel si concubinarius eam frequentat non adeo ex vero amore quam ut pravae suae libidini satisfaciat. Casu autem quo matrimonium inituri sunt, quantum fieri potest curandum est, ut antea ad aliquod tempus separentur, quo interim et occasio peccandi et scandalum publicum cessent.

2° Si matrimonium haberi nequit, puta quia obstat impedimentum indispensabile, vel si infelix fore praevidetur eius exitus cum periculo etiam futuri divortii, tunc omnino insistendum est *separationi physicae*, nisi cohabitatio et occasio proxima sit vere necessaria. Haec necessitas adesse potest v. g.: *a*) si complices iam inierunt matrimonium civile quod rumpi nequeat; *b*) si iam nati sunt infantes quorum educationi provideri debeat; *c*) si cui ex separatione damnum valde grave vel gravis infamia oriatur, — haec tamen ratio non facile admittatur, utpote saepe ob passionem exaggerata [1]; *d*) « si femina, inquit S. Alphonsus, nequiret manuum labore se alere, aut in aliqua domo servire, aut mendicare sine dedecore aut aliquo gravi incommodo » (III, 437); in hoc autem casu femina saepe in aliquo instituto locari potest [2].

3° Si neque matrimonium, neque separatio physica fieri potest, *alia remedia* efficacia sunt praescribenda, quibus periculum peccandi e proximo reddatur remotum; de hisce vide *Opus*, n. 142. Imprimis nitendum est, ut in separatis lectis vel etiam cubiculis dormiant, ut a signis specialis amoris omnino se abstineant, imo etiam ut solum cum sola esse, quantum possint, evitent.

II. Parochorum circa concubinatus officia.

159. — Quoniam concubinarii generatim proprio motu ad confessionem non accedunt, praesertim ad parochos spectat omnibus modis procurare ut connubia illegitima in sua paroecia per sacramentum matrimonii, si fieri possit, legitima fiant atque ita millenae Dei offensae inter Christi fideles praecaveantur, animae in gratiam Dei restituantur ac salventur, et proles legitimetur ac catholice educetur. Si matrimonium fieri nequit, pro viribus curandum est ut concubini saltem separentur. — Praecipua parochorum hac de re munia sunt quae sequuntur:

1° Quia miseri illi peccatores ecclesiam frequentare non solent neque praedicationes audiunt, has perditas oves in propriis earum

---

[1] Damnum v. g. centum ducatorum (hodie saltem mille francorum aureorum) pro homine mediocriter divite, iuxta S. Alphonsum (VI, 455) aliosque, non sufficeret ad non dimittendam concubinam. — In concubinatu occulto generatim aliquo praetextu facile praeveniri potest, ne gravis infamia ex separatione oriatur.

[2] In *Opere* n. 134-136 plurimos alios casus indicavimus, in quibus huiusmodi occasio potest esse necessaria.

domiciliis visitare prorsus necesse est. Qua in re parochi in magnis praecipue civitatum paroeciis, a viceparochis aliisque sacerdotibus, et potissimum etiam a viris et mulieribus « Actionis Catholicae » adiuvari debent.

2° Ante omnia idcirco parochus habeat oportet catalogum omnium concubinatuum in sua paroecia exstantium.

3° Instituendam curet in sua paroecia associationem, cuius proprius finis est legitimare illicita connubia, v. gr. S. Francisci Regis et S. Annae, eiusque membra vero zelo animare suaque ope et consilio adiuvare studeat. Praesertim matronae vere catholicae saepenumero libenter se huic apostolatui devovere paratae sunt et optimo cum successu huic charitatis operi incumbunt.

4° In permagnis civitatibus saepe unus alterve sacerdos, saecularis aut regularis, cum facultatibus specialibus ab Ordinario destinatur, qui totum se huic uni operi tradat. Hunc igitur parochus in suo perdifficili aeque ac perutili labore omnibus quibus potest modis sustentet [1].

5° In multis regionibus, praesertim Americae Latinae, ubi ob sacerdotum penuriam et infaustas leges connubia illegitima sunt frequentissima, occasione missionum parochialium ingens numerus concubinatuum per matrimonium legitimum cessat. Has igitur missiones promoveat parochus.

6° Denique pastores animarum pro viribus obtinere satagant, ut leges civiles matrimoniales quantum fieri possit legibus Ecclesiae consentaneae sint, puta ut divortia impediantur, ut filiis illegitimis non eadem iura concedantur ac legitimis, item ut leges vel statuta a municipiis condita legitimationi concubinatuum faveant, nedum obstent. Qua in re magnum iterum subsidium, tum verbis tum scriptis, praestare possunt viri et mulieres « Actionis Catholicae ».

---

[1] In urbe metropoli reipublicae Argentinae, Buenos Aires, quae ultra 2.000.000 incolarum habet, in ecclesia Redemptoristarum canonice erectum est opus « a matrimoniis christianis ». Unus Pater, Iacobus Langenberg, qui per decem annos (1914-1924) hoc opus direxit, adiutus ab aliquibus apostolis laicis, per hoc tempus fere 10.000 concubinatuum legitimo matrimonio sanavit. Quot peccata mortalia praepedita! Quot animae salvatae!

III. Regulae generales circa absolutionem concubinariorum.

160. — Distinguendus est concubinatus publicus et occultus. In utroque autem casu occasio proxima potest esse aut libera aut necessaria. Regulae sequendae hae sunt:

A. *In concubinatu publico.*

1° Si occasio est *libera* et per matrimonium tolli nequit, neutra pars absolvi et ad sacramenta admitti potest, nisi prius separatio facta sit. Primo quidem quia est occasio « in esse », eaque oppido periculosa (n. 42). Secundo quia talis concubinatus praebet scandalum publicum, quod valde adhuc cresceret, si in hoc statu ad sacramenta admitterentur. Si concubina in aliena domo vivit, oportet ut saltem per notabile tempus se non inviserint, hocque sufficienter notum sit. Si periculum est ut clanculum a concubino visitetur, femina, si potest, alium locum illi ignotum petat, aut cum honesta socia vivat.

2° Si in concubinatu publico occasio est *necessaria* (supra n. 158, 2°), absolutio concedenda non est, nisi *a*) complices antea scandalum pro viribus reparaverint, et *b*) iam per notabile tempus adhibitis remediis se a peccato continuerint. Scandalum reparari potest, divulgando occasionis necessitatem, si nota nondum est, frequentando ecclesiam et publice ostendendo verae conversionis signa. Si scandalum ita statim reparari nequit et ceterum vere dispositi sunt, absolvi poterunt, sed ordinarie solum, si iam aliquo tempore a peccando se abstinuerint. Atvero confessarius ipsis dicat, ne publice ad S. Communionem accedant, sed solum in aliquo loco ubi noti non sunt [1].

3° In concubinatu publico si alterutra pars versatur in *periculo mortis* et tempus suppetit, antequam absolvatur, aut matrimonium contrahatur, aut separatio exigatur. Si neutrum ob adiuncta fieri potest, moribundus coram confessario et aliis etiam praesentibus poenitentem se ostendat et promittat se, si convalescat, scandalum esse reparaturum. Tunc absolvi et aliis sacramentis muniri poterit. Curet tamen confessarius, ne interim complex se osten-

---

[1] Iuxta Codicem Iuris: « Qui in concubinatu publice vivant..., excludantur ab actibus legitimis ecclesiasticis, donec signa verae resipiscentiae dederint » (can. 2357, § 2).

dat sed alio vadat, eiusque etiam effigies removeatur; alia quoque suggerat remedia ne moribundus relabatur. — Si *sensibus destitutus* sit, absolvatur sub conditione et S. Unctione absolute muniatur, nisi usque ad ipsam sensuum destitutionem sacerdotem recipere expresse recusaverit (*Opus.* n. 505).

B. *In concubinatu occulto.*

161. — 1° Si occasio est *libera*, concubinarii, etiamsi contriti sunt et separationem promittunt, ordinarie ne prima quidem vice absolvendi sunt, nisi prius physica separatio facta sit. « Experientia nimis constat, inquit S. Alphonsus, quod, obtenta absolutione, difficulter occasio postea aufertur, et sic facillime reditur ad vomitum » (III, 436). Cfr. supra n. 42 et thesis 5ᵃ in *Opere*, ubi etiam exceptiones exponuntur.

2° Si ob rationes de quibus supra (n. 158, 2°) occasio est *necessaria*, per se absolvi poterunt, si sunt dispositi; sed, si commode fieri potest, differenda est absolutio, donec per aliquod tempus, adhibitis remediis, a peccando se abstinuerint (supra n. 54 sqq.). Excipe, si redire non possint, vel sine gravi infamia S. Communionem non possint omittere. Ita S. Alphonsus: « Eo casu dico omnino expedire, quod saltem differatur absolutio, donec experimento probetur continentia poenitentis. Nisi casus esset, quod poenitens (satis alias dispositus, ut supponitur) non amplius redire posset ad se confitendum, vel si immineret necessitas communicandi ad vitandam positivam infamiam » (III, 435).

3° In *mortis periculo* constitutus generatim statim absolvatur, sed confessarius praescribat apta remedia ad praecavendum relapsum.

IV. Casus solutio.

162. — 1° Titius iusto severius egit. Non recte iudicavit in casu dari scandalum publicum. Nam iuxta can. 2197, 1° « Delictum est *publicum*, si iam divulgatum est aut talibus contigit seu versatur in adiunctis ut prudenter iudicari possit et debeat facile divulgatum iri ». Atqui quando pauci tantum in magna civitate sciunt unionem esse illegitimam, dici nequit rem iam esse divulgatam (S. Alph., III, 975); neque post tot annos prudenter iudicari potest eam divulgatum iri. Sed praeterea imprudenter egit Titius separationem in-

iungendo; nam haec occasio certe erat moraliter necessaria, sive propter matrimonium civile, sive propter infantes iam natos et grave periculum neglectae eorum educationis, sive propter maius scandalum, si per separationem divulgetur eorum unionem fuisse illegitimam, sive propter gravissimam infamiam quam putati coniuges idcirco paterentur. Contra per accessum ad sacramenta apud multos qui dubitabant scandalum cessaret; apud illos autem paucos qui unionem illegitimam esse sciebant scandalum satis reparatur, si, quos norunt moraliter separari non posse, officia boni christiani implere vident. Hisce ergo in adiunctis simpliciter absolutionem negare, nisi separatio fiat, est plane iniustum, imo periculis plenum, quia illos miseros peccatores quasi in desperationem agent.

163. — 2° Caius per se recte casum nostrum solvit. Sed debuit eis etiam media indicare, quibus in hac occasione proxima necessaria in posterum peccatum vitabunt, v. g. ut in separatis lectis dormiant, ut abstineant ab amoris signis quae inter solutos prohibita sunt, ut per instantem orationem et per frequentem sacramentorum usum gratiam perseverantiae acquirant, aliaque quae vide in *Opere*, n. 142. Deinde, si putati coniuges nondum ab aliquo tempore continentiam servaverint, ordinarie Caius, ut medicus, ipsis per aliquod tempus absolutionem differre debebat, ut prius media ad se continendum efficaciter adhiberent (supra n. 54 sq.). Excipe casum, in quo vel redire non possint, vel a Communione statim accipienda abstinere nequeant sine gravi infamia, vel aliud maius malum sit timendum. In nostro casu, si tempore missionis publice quidem ad confessionem, non vero ad S. Communionem accederent, vix non esset gravis infamia. Omnino tamen confessarius ipsis remedia contra relapsum praescribat, imo etiam, si prudenter fieri potest, ea, partim saltem, pro poenitentia imponat, puta accessum mensilem ad sacramenta per aliquod tempus.

Dixi: Caius per se casum nostrum recte solvit, supposito scilicet quod putati coniuges post publicam confessionem sine gravi infamia S. Communionem omittere non possent. Quodsi extra tempus missionis privatim ad confessionem accedunt et ex dilatione Communionis nulla gravis infamia aliudve maius malum timendum est, Caius publicum ad sacramenta accessum eis differat, quia agitur de casu gravissimo et difficilissimo matrimonii, mere civilis, quod per se est scandalum publicum. Interim de hoc casu occulto, ex sola confessione sibi noto, quamprimum scribat ad S. Poenitentiariam, exponens fictis nominibus omnia casus adiuncta, puta de necessitate cohabitationis, de periculis scandali et infamiae, de poenitentium dispositione etc. Deinde agat iuxta huius Congregationis responsum.

Eodem fere modo casus solvendus erit, si unus tantum ex concubinariis, v. g. Magdalena, vere contrita ad sacramenta accedere velit. Verumtamen tunc vel fortius remediis assignatis uti debet, ut complici ad peccandum sollicitanti omnibus viribus resistat. Sic e. g., si potest, in separato cubiculo dormiat, ianuamque clave claudat etc. Quod si illa nihilominus postea diu semper in eadem peccata relabatur, nec probabilis sit continentiae spes, tandem, quocumque suo incommodo, etiam petito divortio civili, separatio physica urgenda est, ut animam suam salvet, iuxta dicta supra (n. 59) et in *Opere* (thesi 8ª, n. 162, b). Secus absolvi nequit.

ARTICULUS VIII.
De recenti Modo Vestiendi mulierum.

164. — De hoc argumento die 12 Ianuarii 1930 e S. Congr. Concilii, « de mandato Sanctissimi Domini » PP. Pii XI, prodiit *Instructio ad Ordinarios dioecesanos*[1] quae inscribitur: « De inhonesto feminarum vestiendi more », et ita graviter exorditur:

« Vi supremi apostolatus quo in universa Ecclesia divinitus fungitur SS. Dominus Noster Pius Papa XI verbis et scriptis nunquam destitit illud S. Pauli (I *ad Timot.*, II, 9, 10) inculcare, videlicet: « mulieres in habitu ornato cum verecundia et sobrietate ornantes se, et... quod decet mulieres, promittentes pietatem per opera bona ». Ac saepenumero occasione data, idem Summus Pontifex improbavit acerrimeque dannavit inhonestum vestiendi morem in catholicarum quoque mulierum ac puellarum usum hodie passim inductum, qui non modo femineum decus atque ornamentum graviter offendit, sed nedum in temporalem earumdem feminarum perniciem, verum etiam, quod peius est, in sempiternam, itemque in aliorum ruinam miserrime vertit. Nihil igitur mirum, si Episcopi ceterique locorum Ordinarii, sicut decet ministros Christi, in sua quisque dioecesi pravae huiusmodi licentiae ac procacitati modis omnibus unaque voce obstiterunt, dirisiones nonnumquam ac ludibria ob hanc causam a malevolis illata aequo fortique animo tolerantes ».

Quoniam ergo recens hic vestiendi modus persaepe est proxima peccandi occasio tum data tum accepta, eam hic tractare ad parochorum et confessariorum utilitatem iuvabit. Sint ergo hi

---

[1] Cfr. *A. A. S.*, 1930, p. 26 sqq.

Casus propositi

165. — Carolina, puella in collegio religiosarum educata et saepe adhuc frequentans sacramenta, mundi tamen spiritu afflata, recentem vestiendi morem, in sua civitate iam diu introductum, sollicite sequi gestit, atque idcirco aestate publice incedit nudatis, quoad magnam partem, brachiis, humeris et superiore parte pectoris, itemque brevibus restrictisque vestibus; qua ratione multorum virorum, imprimis adolescentium, oculos in se attrahit. Inter hos etiam est Carolus qui, turpi erga eam flagrans amore, saepe ei obviam venire eamque alloqui studet, hacque occasione frequentibus delectationibus morosis et desideriis illicitis indulget. Advertit hoc quidem Carolina; ast quia minime intendit illius aut aliorum virorum concupiscentiam provocare, potius ex vanitate, ut formosior appareat, mundano illo et indecenti modo se vestire continuat. Hac igitur animi dispositione confessum it apud Titium qui probe eam aliunde novit, et huic praeter alia etiam ingenue confitetur quae apud Carolum adverterit. Titius autem, pro ardenti suo zelo, saepe in sacro pulpito graviter loquitur contra recentem hunc vestiendi modum, tantopere etiam ab Episcopis ipsisque Romanis Pontificibus reprobatum. In sacro quoque tribunali severe cum illis puellis agit, eisque etiam publice sacram Communionem denegat. Quapropter Carolinae, quum post gravem monitionem hunc vestiendi morem dimittere non velit, ob datum illud scandalum absolutionem, humanis utique verbis, differt usquedum resipiscat et ad meliorem frugem redeat. — Eadem severitate utitur cum Carolinae matre, hanc bonam matronam sub gravi obligans ne illum vestiendi modum in filia toleret, sed impediat.

Paulo post ad eumdem Titium accedit etiam Carolus. Cum hoc tamen benignius agendum censet, quia scandalum solum passus est; unde quum hic ceteroquin dispositus appareat, post aliqua monita salutaria absolutionem ipsi confert.

Carolina autem, aegre ferens illam absolutionis denegationem, existimat nihil grave se commisisse, a Titioque aequo severius tractatam esse; quapropter accedit ad aliud confessionale, ubi Caius sedet. Hic, censens cum multis antiquis theologis, nudationem etiam notabilem superioris partis pectoris nondum peccati mortalis incusari posse, eam absolvit. — Postero die, quum Carolina eodem modo vestita ad S. Communionem accedat, Titius nihil dicens eam praeterit. Caius vero huiusmodi mulieribus S. Communionem dandam esse arbitratur, quia, inquit, eas sicut peccatrices publicas tractare non licet.

Quaeritur I. Quae sunt principia theologica de ornatu mulierum per vestitum?
II. Quid specialiter dicendum est de recenti modo vestiendi mulierum?
III. Quomodo pastoribus animarum contra recentem hunc modum est agendum?
IV. Quid dicendum de Titii et Caii agendi ratione in variis illis sacris officiis?

I. PRINCIPIA THEOLOGICA CIRCA ORNATUM MULIERUM PER VESTITUM.

166. — 1° Ornatus mulierum per vestitum licitus est, modo sit moderatus et recto fine adhibitus, v. g. ut mulier nupta marito placeat vel eum ab aliis feminis concupiscendis avertat; item ut femina nubilis placendo ad honestas nuptias perveniat (cfr. S. Thomas, II-II, q. 169, a. 2; S. Alphonsus, III, 425). Ad hunc enim finem Deus mulieri naturalem dedit pulchritudinem, quam etiam arte et elegantia, moderate tamen et iuxta propriam uniuscuiusque conditionem, colere fas est.

2° *a*) Si mulier se ornat ex *fine graviter pravo*, v. g. ut virorum concupiscentiam provocet, peccat mortaliter. Hic finis haud raro, licet non semper cum plena advertentia, adest apud puellas quae putant, excitando ita libidinem, facilius se maritum inventuras, timentes ne secus innuptae maneant; qua intentione etiam actiones plane lascivas facile permittunt. Saepe autem falluntur; quia permulti adolescentes, etiamsi subitanea passione abrepti eas petant, sincerum tamen amorem erga puellam indole adeo debilem ac procacem nequaquam concipiunt, et postea serio cogitantes ab ea in matrimonium ducenda desistunt. Quae vero ita ad matrimonium perveniunt, infelicem frequenter ducunt vitam.

b) Sin autem mulier se ornat solum ex *ostentatione* et *vanitate*, per se venialiter tantum peccat. Haec autem vanitas, quae mulieris indoli psychologicae vere propria est, nisi seria educatione cohibetur, paulatim crescit et saepe ducit ad finem graviter pravum.

3° Sed etiam ob solam rationem *scandali* ornatus seu modus vestiendi potest esse peccatum, quando nempe hic est immoderatus. Qua in re varii dantur gradus. Si ille modus vestiendi est tantum *parum immoderatus* seu *minus decens*, ita ut ordinarie leviter dumtaxat viros ad libidinem provocet, erit solum peccatum veniale. Si contra est *valde immoderatus* et *inhonestus*, id est si ita est compositus, ut natura sua plerumque virorum, praesertim iuvenum, concupiscentiam graviter excitet, erit peccatum mortale. Unusquisque enim praecavere debet, non solum ne ipsemet gravi peccandi periculo se exponat, sed etiam ne sua agendi ratione proximo scandalum praebeat, i. e. ne sine ratione proportionata causam ponat eius ruinae spiritualis: est quippe haec lex charitatis.

4° Num vero aliquis modus vestiendi sit *valde immoderatus* et *inhonestus*, ita ut generatim virorum concupiscentiam graviter provocet, pendet primo *ex ipso vestitu*, i. e. tum ex partibus corporis quae nudatae relinquuntur, tum ex tali vestium forma qua specifica corporis muliebris conformatio magis emineat virorumque oculos et animos ad se convertat, puta vestimentis nimis angustis aut translucidis. Sed secundo pendet etiam *ex consuetudine* sive regionum in genere sive locorum in particulari. Obtinet hic proverbium: ab assuetis non fit passio. Sic in regionibus meridionalibus et tropicis, ubi ob calorem per maiorem anni partem corpus non adeo tegitur, nudatio quarumdam corporis partium minus viros movere solet quam in regionibus magis septentrionalibus. Sic etiam in civitatibus, ubi quidam vestiendi modus iam diu est in usu, hic minus excitat quam ruri et in pagis ubi hic usus nondum viget. Sic denique non idem prorsus dici potest de societatibus privatis ubi solum honestioris conditionis homines conveniunt, ac de locis publicis, plateis, tabernis, officinis, quae ab omne genus viris et feminis frequentantur.

167. — 5° Ex dictis concludere fas est, difficile esse in particulari casu determinare, utrum aliquis vestiendi modus sit graviter an leviter immoderatus et inhonestus, ac proinde utrum ratione scandali graviter an leviter dumtaxat a mulieribus peccetur. Quapropter hac in re multum fidendum est iudicio prudentium et timoratorum.

Theologi antiquiores, et cum iis S. Alphonsus (II, 55; III, 425), generatim fere unice spectant ad nudationem partium corporis, praesertim pectoris; et hac ratione docent, nudationem mamillarum semper et per se esse grave peccatum scandali, nudationem vero superioris dumtaxat partis pectoris esse peccatum grave in iis locis ubi non est consuetudo, in aliis autem esse per se tantum peccatum veniale (infra n. 170). Nituntur hac eadem ratione, quod in primis casibus viri graviter ad concupiscentiam excitari solent, non item in aliis. Haec regula, etsi pro nudatione integri pectoris et uberum ubique valet, pro recenti tamen modo vestienti non est satis determinata, ut ex supra (4°) dictis patet.

II. Quid dicendum de recenti modo vestiendi.

168. — Itaque quod attinet ad vestiendi modum mulierum recentioris aetatis, in universum dicendum est, eum esse vere indecentem honestisque moribus contrarium. Saepe enim, ut experientia constat, graviter provocat concupiscentiam virorum, maxime adolescentium, atque adeo grave scandalum praebet. Hinc omnes fere universi orbis Episcopi, ipsique Romani Pontifices eum identidem publice reprobarunt; plurimi etiam varia ceperunt ad eum inhibendum consilia. Iure dici potest, hunc morem, qui quoad substantiam iam in mundo pagano exstabat, ab inimicis religionis christianae, instigante diabolo, novissimis praecipue temporibus iterum esse introductum et efficaciter ubique propagatum, ut, sub specie culturae corporis, carnis libido excitetur, pravisque eius desideriis satisfiat. Qui enim eum maxime promovent sunt asseclae materialismi vel pantheismi, qui de anima immortali atque altera vita nihil curant et peccatum mortale flocci faciunt. Idcirco etiam quovis anno modus aliquantum mutatur, ut ipsa sua novitate virorum oculos magis ad se convertat.

169. — Magis autem *specialiter* de recentiore illo more vestiendi haec dicenda videntur:

1° Certe integra illa mamillarum seu uberum nudatio in omnibus locis ubi plures etsi honestioris conditionis viri in unum conveniunt, ergo etiam in societatibus clausis, graviter prohibita est, utpote valde immoderata, sicut supra (n. 167) theologi communiter docent. Neque iuvat per tenuissimam et pellucidam vestem has partes tegere, quia si carnis color fere aeque apparet, prava virorum libido non minus, apud aliquos adhuc magis provocatur.

2° Graviter quoque indecens et illicitus videtur ille modus recens, quo apud personas adultas partes corporis minus honestae, scilicet magna pars pectoris, humeri, brachia fere integra, crura usque ad genua, detecta relinquuntur aut tenui et pellucida tantum veste ita teguntur ut color carnis appareat; item si, cum notabili nudatione, per vestes arctas specifica muliebris corporis conformatio valde emineat. Ratio est, quia, teste experientia, haec coniunctim sumpta oculos virorum vehementer attrahere gravesque motus carnales apud multos provocare solent; neque ordinarie, spectata hominis lapsi ad libidinem inclinatione, consuetudo contra hos pravos motus praemunit. Num in regionibus tropicis, ob consuetudinem per totum annum, amplior quaedam exceptio facienda sit, prudentioribus, praesertim indigenis, decidendum relinquimus.

170. — 3° Modus vestiendi non adeo inhonestus ac supra sub 1° et 2° est descriptus, v. g. si sola superior pars pectoris est nudata, cetera autem (crura, brachia) quoad maiorem saltem partem sufficienter tecta sunt, graviter illicitus erit in locis ubi consuetudo eum nondum invexit; secus est, si consuetudo iam viget; qua de re prudentes et honesti viri illius loci aut regionis iudicare poterunt. Ratio est, quia, ut sentiunt theologi quasi communiter, moderata seu sola superioris partis pectoris nudatio, saltem vigente iam consuetudine, per se virorum libidinem non adeo graviter excitare solet.

Ait S. Alphonsus: « Si denudatio (pectoris) non esset taliter immoderata, et alicubi adesset consuetudo ut mulieres sic incederent, esset quidem exprobranda, sed non omnino damnanda de peccato mortali. Ita tenent communissime Navarrus, Caietanus, Lessius, Laymann, Bonacina, Salmanticenses et alii plurimi » (II, 55). Et paulo post: « Ubi enim non est mos, maius scandalum dabunt illae mulieres quae brachia aut crura ostendent, quam eae quae pectus — modo denudatio sit moderata — ubi talis viget consuetudo; quia assuefactio efficit, ut viri ex tali visu minus commoveantur ad concupiscentiam, prout experientia constat ». Addit nihilominus, confessarium « cum magna discretione » hac benigna sententia uti oportere, « ne indulgeat nimiae mulierum licentiae »; advertit praeterea « quod huiusmodi indecens mos enixe a praedicatoribus et confessariis, quantum fieri potest, coërcendus est et extirpandus ».

Ceterum in universum notandum est, per quamvis liberiorem vestiendi modum, quo partes minus honestae aliquantum deteguntur, licet ad grave peccatum non pertingat, pudorem et verecundiam illam naturalem, quam Auctor naturae homini indidit ac velut murum contra pravae concupiscentiae libidines constituit, pedetentim deminui atque obtundi, ita ut paulatim multo facilius ad actiones etiam impudicas sive solitarias sive data occasione cum aliis commissas perveniatur. Quam ob rem, licet maior quaedam denudatio apud parvulos non ita concupiscentiam commoveat et generatim grave scandalum non praebeat, nihilo minus res est magni momenti, ut apud puellas, imo etiam apud pueros, iam a teneris annis hoc naturale ac pretiosissimum Dei donum per modestum vestitum protegatur et communiatur, ac proinde ut hoc matribus aliisque quae eorum educationi operam dant, sedulo inculcetur.

III. REMEDIA AB ANIMARUM PASTORIBUS ADHIBENDA ET INCULCANDA.

171. — Supra memorata Instructio S. C. Concilii varia emanavit praecepta et statuta, a Summo Pontifice expresse approbata, non solum pro parochis et concionatoribus, sed etiam pro parentibus et puellarum educatoribus aliisque laicis, in quibus media contra inhonestum feminarum vestiendi morem adhibenda indicantur. Ut parochi aliique sacerdotes etiam haec postrema semper prae oculis habeant earumque observantiae advigilent, haec supremae auctoritatis ecclesiasticae statuta hic referre utile ducimus. Sunt autem quae sequuntur.

1º « *Parochi* praesertim et *concionatores,* secundum illud Apostoli Pauli (II *ad Tim.* IV, 2) instent, arguant, obsecrent, increpent ut feminae vestes gestent, quae verecundiam sapiant quaeque sint ornamentum et praesidium virtutis, moneantque parentes ne filiae indecoras vestes gestare sinant ». Cum incidunt per annum festa, quae modestiae christianae inculcandae peculiarem exhibeant opportunitatem, praesertim vero festa B. M. Virginis, parochi et sacerdotes piarum Unionum et catholicarum Consociationum moderatores, feminas ad christianum vestiendi morem opportuno sermone revocare atque excitare ne praetermittant. In festo autem B. M. Virginis sine labe conceptae peculiares preces in omnibus cathedralibus et paroecialibus ecclesiis quovis anno peragantur, habitis, ubi fieri potest, opportunis exhortationibus in solemni ad populum concione ».

2º «*Parentes,* memores gravissimae obligationis qua tenentur prolis educationem in primis religiosam et moralem curandi, peculiarem adhibeant diligentiam, ut puellae a primis annis in doctrina christiana solide instituantur atque in earum animo ipsi, verbis et exemplo, amorem virtutis modestiae et castitatis impense foveant; familiam vero, Sacrae Familiae exempla imitati, ita constituere atque gubernare satagant, ut singuli verecundiae curandae atque servandae inter domesticos parietes habeant causam et invitamentum ». — « Parentes iidem filias a publicis exercitationibus et concursibus gymnicis arceant; si vero eisdem filiae interesse cogantur, curent ut vestes adhibeant quae honestatem plene praeseferant; inhonestas vero vestes illas gestare numquam sinant ».

3° « *Collegiorum moderatrices* et *scholarum magistrae* modestiae amore puellarum animos ita imbuere enitantur, ut eaedem ad honeste vestiendum efficaciter inducantur ». — « Eaedem moderatrices ac magistrae puellas, ne ipsarum quidem matribus exceptis, quae vestes minus honestas gestent, in collegia et scholas ne admittant, admissasque, nisi resipiscant, dimittant ».

4° « *Religiosae...* in sua collegia, scholas, oratoria, recreatoria puellas ne admittant, admissas ne tolerent, quae christianum vestiendi morem non servent; ipsae vero in alumnis educandis peculiare adhibeant studium, ut in earum animo sancti pudoris et verecundiae christianae amor altas radices agat ».

5° « Piae instituantur et foveantur *feminarum Associationes,* quae consilio, exemplo et opere finem sibi praestituant cohibendi abusus in vestibus gestandis christianae modestiae haud congruentibus et promovendi morum puritatem ac vestiendi honestatem ». « In *pias* Associationes feminarum ne illae admittantur, quae inhonestas vestes induant; admissae vero, si quid postea hac in re peccent et monitae non resipiscant, expellantur ».

6° « Puellae et mulieres, quae inhonestas vestes induunt, a Sancta Communione et a munere matrinae in sacramentis Baptismi et Confirmationis arceantur, atque, si casus ferat, ab ipso ecclesiae ingressu prohibeantur ».

7° Denique praecipitur, ut « Concilium dioecesanum a vigilantia » semel saltem in anno de aptioribus modis ac rationibus ad feminarum modestiae efficaciter consulendum ex professo agat »; item ut Episcopi tertio quoque anno de his omnibus S. Congregationem certiorem reddant[1].

172. — Liceat hic addere alia quaedam media specialia, superioribus S. Sedis statutis consona et innixa, quibus parochi aliique sacerdotes pro suo zelo et prudentia gravem illum abusum impugnare possunt.

Talia e. g. sunt: *a*) pro viribus curare ut in tabernis, officinis et negotiis honestiores vestes vendantur, hortando etiam fideles ne emant in illis tabernis ubi inhonestae publice exponantur, vel saltem ut semper honestas vestes expresse postulent; — *b*) item curare ut vestium artifices elegantes quidem sed non indecentes vestes conficiant; — *c*) procurare ne diaria catholica in suis annunciationibus imagines nimis nudatas exhibeant; — *d*) spargere libellos contra recentem modum, in quibus ostenditur quomodo elegantia cum mode-

---

[1] *A. A. S.*, 1930, p. 26 sqq.

stiae regulis coniungi possit; — *e*) invitare utriusque sexus laicos ut in publicis conferentiis vera principia de licita corporis cultura exponant, falsa seu antichristiana severe reprehendant; — *f*) per tabellas in ecclesiae porticu affixas vetare ne feminae indecenter vestitae in Dei domum intrent; — *g*) invitare matronas conditionis magis distinctae ut exemplo praeeant audacterque respectum humanum conculcent, imo etiam ut inter se conveniant de certis vestibus in publicis societatibus et conventibus non gestandis; item ut e privatis domibus arceant imagines, picturas, periodica illustrata quae infantium pudorem deminuere possint; ut praesertim parvulae puellae, vel etiam pueruli, brevioribus vestibus non induantur, etc.; — *h*) providere ut feminae nomen dent associationi, quae speciali modo intendat verecundiam in vestitu tueri, impugnare huiusmodi inhonestatem. — *i*) Denique, quoad eius facere possunt, curent etiam animarum pastores, ut auctoritas civilis leges et statuta ferat contra inhonestatem quae committi solet in balneis publicis, in littore maris, in ludis gymnasticis etc., et ut quae statuta sunt severe custodiantur.

Uti videre est, adest hic certe campus vastissimus pro viris et maxime etiam pro feminis quae « ab actione catholica » nuncupantur, quarum sedula opera parochi feliciter uti poterunt in adhibendis variis illis mediis supra contra hunc gravem abusum indicatis.

173. — Ubi auctoritas dioecesana certas magisque determinatas praescripsit normas, sive pro accessu ad sacramenta et functiones ecclesiasticas, sive aliter, v. g. in scholis aut institutis educationis, hae religiose a fidelibus observandae sunt; sacerdotibus autem incumbit earum observantiam sollicite urgere. Episcopi enim, pro suo erga honestatem morum officio, auctoritatem habent determinandi, quid hac in re pro sua regione decens sit ac conveniens, quid contra in casu grave periculum aut scandalum suo gregi praebere possit.

Atvero, quia generalia monita contra recentem illum vestiendi morem saepe parum efficacia comperta sunt, complures Episcopi iam magis particulares dederunt regulas. Exemplum huius pastoralis sollicitudinis ultimis annis praebuerunt plurimi Germaniae et aliarum quoque regionum Episcopi. Pro rei momento lubet hic adducere regulas particulares, a multis illis Germaniae Episcopis praescriptas:

a) Superior corporis pars usque ad collum tecta sit oportet; — *b*) etiam superior brachiorum pars, cubito incluso, tecta sit; — *c*) crurum quoque pars superior, saltem usque ad genua inclusa, item cooperta sit; — *d*) materia vestimenti non ita translucida sit ut color carnis videri possit; — *e*) quae dicta sunt valent pro omnibus mulierum conditionibus, etiam pro puellis nondum adultis. — *f*) Hae regulae servandae sunt, praesertim quidem in functionibus ecclesiasticis: in solemnitate primae Communionis infantium; in accessu ad sacramenta, etiam Baptismi, Confirmationis et Matrimonii; imo accedentes ad sacram mensam, contra has regulas vestitae, a sacerdote S. Communionem distribuente in silentio praetereundae sunt. Sint etiam normae generales pro vita civili, sed non stricte sub obedientia praeceptae, ita ut hic, pro locorum et personarum adiunctis, paulo maior quaedam libertas, non tamen immodica, relinqui possit [1].

In permultis aliis dioecesibus Episcopi generatim dumtaxat praeceperunt, ut mulieres quae inhoneste vestitae ad sacram mensam accederent, praeterirentur. Quia vero sacerdotes in singulis casibus saepe difficulter de illicita in vestiendo immodestia iudicare possunt, varia hac in re inter eos exstat praxis, alia largior, strictior alia. Donec aliae regulae magis particulares ab auctoritate respectiva statuantur, arbitramur in dioecesibus magis septentrionalibus sacerdotes non nimii rigoris esse inculpandos, si hac in re regulas sequantur quas supra ab illis Germaniae Episcopis datas vidimus. Reverentia enim S. Eucharistiae debita positivam quamdam in vestiendo modestiam postulat, maiorem utique quam quae in vita civili adhibetur; et laxior illius praecepti generalis interpretatio facile fidelibus scandalum praebet vel saltem admirationem, ac denique alia quoque Episcoporum monita generalia contra recentem morem parum efficacia redderet.

IV. CASUUM SOLUTIO.

174. — Titius merito quidem in *sacro pulpito* immoderatum illum mulierum vestiendi morem improbavit: hoc enim et SS. Patres aliique sacri oratores fecerunt, et etiamnum faciunt Episcopi, laudante, imo praeeunte Summo Pontifice (supra n. 164). Caveat tamen Titius ne prudentiae regulas migret, neve generatim omnes quae recentem modum sequi videantur peccati mortalis reas esse dicat: sunt namque, ut diximus, varii in hoc modo vestiendi gradus; et praedicatores in genere tantum et modo concionatorio loquuntur. « Cum ego, inquit S. Alphonsus, munus concionatoris gessi, pluries etiam hunc perniciosum usum fortiter conatus sum exprobrare; sed quum hic officium agam scriptoris de scientia morali, oportet ut dicam quod iuxta veritatem sentio et quod a doctoribus didici » (II, 55).

---

[1] Cfr. *Um Sitte und Sittlichkeit* (Düsseldorf, 1926), S. 119 ff.

Quoad *modum concionandi* haec notentur:

a) Ordinarie in concione publica praestat brevia monita dirigere ad parentes, praesertim ad matres, potius quam ad ipsas puellas; — *b*) puellis in primis commendetur verecundia ac dignitas cum suavitate coniuncta; inspiretur eis magna aestimatio et amor virtutis castitatis et pudicitiae, extollendo eius pulchritudinem et praestantiam, laudando modestiam in vestitu easque quae hac in re exemplum praebent; — *c*) viri et iuvenes serio moneantur, ut feminas leviter et procaciter se vestientes severe et honeste tractent, ut praesertim iuvenes, si de eligenda sibi vitae consorte agitur, non externa specie vanisque vestium illecebris se seduci sinant — quod factum postea tardius dolerent —, contra ostendant, honestam quidem elegantiam, minime vero inhonestum vestiendi morem sibi placere, seque ante omnia attendere ad verum amorem et animi dotes, in religione fundatas.

175. — Ad *denegationem absolutionis* quod spectat, distinguendum est. Si Carolina publice incedere solet eo modo vestita, quem supra (n. 169, 1°, 2°) descripsimus, neque eum moderari vult, generatim recte egit Titius absolutionem ipsi denegando; dat enim Carolina verum scandalum. Neque enim solum praedicare contra hoc grave scandalum sufficit: si praxis in confessionali doctrinae non concordat, haec praedicatio parum efficiet et scandalum grassari continuabit; imo haud paucae puellae ex levitate iocando de illo praedicatore ridebunt, quasi contentae quod ita ipsius et aliorum oculos ad se attraxerint. — Quapropter etiam matres paterne quidem sed serio monendae sunt, et si repetita monita sunt inutilia, absolutionis dilatione cogendae sunt ut gravia sua officia impleant et scandalum, in quantum possunt, tollant. Si ita erat casus matris Carolinae, Titii agendi ratio non reprobanda erat.

Sin autem Carolinae vestiendi modus non adeo valde inhonestus erat, sed tamen vere indecens (quo modo supra n. 169, 3° diximus), ita ut superior pars pectoris detecta esset, cetera vero essent satis honeste tecta et composita, Titius iusto severius egisse videtur. Talis enim simplex nudatio iam erat per consuetudinem in illa civitate introducta; quo casu, iuxta theologos (*l. c.*), grave scandalum iam non erat. Neque etiam puellae intentio graviter prava erat. Itaque ob solum scandalum Carolina peccati mortalis culpanda non erat. « Aliquantulum ubera detegens, ait S. Alphonsus, non peccat graviter, per se loquendo, si forte inde in generali alii scandalizarentur » (III, 425). Intellige: *aliqui in generali;* secus autem esset, si ob nondum introductam consuetudinem viri communiter inde scandalum caperent. Attamen si mulier scit, aliquem *in particulari* — ut Carolus in nostro casu — ex tali pectoris nudatione grave pati scandalum, certe ex charitate sub gravi debet positive eius aspectum et occursum vitare, verum non semper — quia charitas non obligat cum tanto incommodo —, sed solum una alterave vice, donec alter advertere possit se fugi ab illa. Ita S. Alphonsus (II, 54) cum communi.

176. — Quid vero si Carolus eam visitet intuitu matrimonii, et Carolina advertat eum illa partiali pectoris nudatione valde delectari, imo etiam turpes motus experiri iisque consentire? Num tunc sub gravi obligari potest indecentem hunc vestiendi modum dimittere? Negative respondendum esse videtur, saltem *per se loquendo*; modo non intendat Carolum ita turpiter provocare, sed solum per maiorem illam formositatem ei magis placere et ita ad aptum matrimonium pervenire. Illa enim nudatio non est, ut vidimus, graviter scandalosa, et maior spes perveniendi ad nuptias ratio satis gravis videtur permittendi illa peccata Caroli. Grave igitur scandalum in casu non est datum, sed solum acceptum. Est tamen serio exhortanda, ut modestius, etsi iuxta conditionem suam eleganter, se vestiat, etiam ex vero amore erga animam futuri sponsi. — Dixi: *per se* loquendo; si enim Carolina modestius se vestiendo Carolo perinde placeret, vel si ipsamet leviore illo vestitu versaretur in proximo periculo consentiendi in delectationes morosas vel permittendi etiam actiones externas graviter turpes — quod quidem haud raro erit —, graviter iterum obligaretur modestius se vestire.

177. — Quod denique attinet ad *S. Communionis denegationem*, certe recte fecit Titius, si in eius dioecesi Ordinarius illa particularia de vestitu dedit praecepta (supra n. 173). Si Ordinarius in genere tantum praecepit, ut mulieres indecenter vestitae in sacra mensa praetereantur, probari etiam potest Titii agendi ratio, ut ibidem diximus. Sin autem Episcopus nihil de denegatione S. Communionis praescribendum esse duxerit, sed rem totam reliquerit prudentiae sacerdotum, Titius sane magis caute procedere debet, ne intempestivo zelo maiora mala adducat: non paucae enim puellae et mulieres adeo offendi possent ut forte a sacramentis alienarentur, praesertim si haud ita firmae starent in fide et religione. Certe si agitur de inhonesto

vestiendi modo per se graviter scandaloso (cfr. n. 169, 1°, 2°), hae, ut supra (n. 171, 6°) praecipit S. C. Concilii, « a sancta Communione arceantur » oportet; sed casus ita ad sacram mensam accedendi in plerisque locis haud ita saepe occurrunt. Quoad ceteras, quae accedunt detecta solum superiore pectoris parte, aliove modo minus decenti indutae, optimum est, si sacerdotes illius regionis in conferentiis moralibus uniformem hac de re praxim statuant et sequantur. Qua in re statuenda prae oculis habendum est, num ille modus vestiendi iam diu introductus sit, num etiam mos existat ita accedendi ad S. Communionem, num spes sit illa ratione extirpandi aut saltem multum deminuendi hunc abusum, num bonum commune offensioni aut forte etiam defectioni aliquarum praevaleat. Certe in locis ubi fides magis elanguit, mitius agendum est et plura toleranda sunt quae alibi severiore agendi ratione eliminari possunt. — Haec de solutione Titii.

178. — Caius vero, ut ex dictis iam satis liquet, generatim aequo laxius hac in re processit, tum in danda absolutione, tum in distribuenda S. Communione. Primo immerito appellat ad auctoritatem S. Alphonsi et communem theologorum doctrinam. Hi enim loquuntur dumtaxat de sola nudatione superioris partis pectoris (supra n. 170), non vero de more vestiendi recentiore aetate introducto, quo ingeniosa certe malitia vestes ita saepe constrictae et corpori adaptatae sunt, ut prava concupiscentia sponte apud plurimos stimuletur (supra n. 166, 4°). Praeterea falso ratiocinatur Caius putans publicis dumtaxat peccatoribus S. Communionem negari posse. Nam non tantum ob grave scandalum datum, sed etiam ob solum indecentem modum accedendi ad sacram mensam ita agere licet. Ob similem enim rationem eadem poena aliis quoque infligi potest, utputa duobus rixantibus ut alter altero prior sacrae mensae assideat, pueris ex levitate ridentibus et iocantibus quum S. Communionem adeunt etc. Neque etiam illi Ordinarii qui specialem vestiendi modum pro sacra Communione praescripserunt (supra n. 173) innuere voluerunt, omnes aliter accedentes esse publicas peccatrices, sed populum suum docere voluerunt, quanta reverentia etiam in modo vestiendi SS. Eucharistiae sacramento exhiberi debeat. Quid ergo Caius agere possit aut debeat, patet ex supra dictis de Titio.

Carolus denique tractandus est ut vere occasionarius. Neque ratio scandali a Carolina accepti eum excusat: huiusmodi enim scandalorum plenus est mundus. Quapropter si occasio est plane libera,

Carolinae ex industria occurrere, in eamque deliberate et diu oculos defigere evitet oportet. Sin autem occasio est moraliter necessaria, v. g. si adest intentio et spes futuri matrimonii cum puella, iuxta supra (n. 136 sqq.) dicta tractandus est, nisi forte ob debilem eius fidem ad maiora vitanda mala mitior quaedam praxis sequenda est (n. 140).

ARTICULUS IX.

De Radiophonia.

Casus propositus

179. — Eusebius, bonus paterfamilias et vere christianus, in domo sua instituit apparatum radiophoniae, excitatus praesertim ab uxore et filiis qui huius usu maxime delectantur. Verum enim vero, aliquo elapso tempore, ipse eiusque uxor experti sunt, illo instrumento haud raro transmitti quae honestis moribus ipsique religioni et fidei adversantur. Imo ipse Eusebius, aliquoties audiens quae a ministris haereticis in concionibus dominicalibus vel ab incredulis contra fidem et doctrinam moralem Ecclesiae vel aperte dicebantur vel callide insinuabantur, iisque respondere nesciens, haud parum est commotus, in sua fide aliquando leviter tentatus, suaque pristina pietate aliquatenus labefactatus. Quapropter angitur conscientia et Titium confessarium suum rogat, quid agere debeat.

Quaeritur I. Quae sunt radiophoniae pericula?
  II. Quando graviter peccatur contra fidem vel bonos mores auscultando radiophoniam?
  III. Quid animarum pastoribus et confessariis faciendum est contra radiophoniae abusum?
  IV. Quid de casu Eusebii?

I. Pericula radiophoniae.

180. — Novum inventum radiophoniae, ultimis annis late ubique introductum et propagatum, magna utique pro societate habet commoda et utilitates, habet quoque sua eaque gravia incommoda

et damna; timendum autem est, ne haec magis quam illa excrescant. Accidit hic quod contigit cum arte typographica, quae a quatuor saeculis et dimidio per libros, folia etc. universum invasit mundum, quae multa certe pro animarum salute attulit bona, sed, quae hominis est in falsam libertatem inclinatio, maiora etiam mala, praecipue aeterna. Quinimmo pro multis illimitatus radiophoniae usus varia ratione ipsa libertate artis typographicae periculosior fieri potest. Per illam enim mundus, Christi inimicus, cum omnibus suis concupiscentiis, oblectamentis et periculis facilius et sponte intrat in ipsum sanctuarium familiae christianae: audiuntur orationes omne genus, conciones ministrorum haereticorum, conferentiae inimicorum Ecclesiae, per quas pessimi errores sparguntur, veritates et virtutes christianae haud raro deridentur; assistitur concentibus musicis saepe valde profanis et lascivis, cantilenis levioribus; quibus omnibus phantasia pravique sensus, iuvenum imprimis, maxime excitantur. Est idcirco radiophonia haud raro proxima peccandi occasio contra fidem vel mores, eaque omnibus accessu facillima, et adultis et pueris puellisque, tum plurimis unitis tum singulis in locis solitariis. Est etiam occasio universalissima, quae ubique quotidie praesto est et unica transmissione saepe decem vel etiam centena millia hominum attingit, tum in magnis civitatibus tum in pagis vicisque. Licet ergo verba personae absentis per instrumentum transmissa non tanta per se efficiant quam si orator ipse videatur et audiatur, nihilominus si ipsum orationis argumentum graviter fidem aut mores offendit, fieri nequit quin funestum in auditorum mentem et sensus effectum exerceant. Neque hic iuvat censura gubernii civilis; namque haec de erroribus contra doctrinam catholicam generatim parum curat; ad mores quod spectat est talis censura persaepe nimis indulgens, in plurimisque regionibus valde laxa, quippe quae sub libertatis et artis praetextu multa permittit vere inhonesta, uti constat ex censura circa spectacula aliasque huius saeculi peccandi occasiones[1].

Haud mirum igitur quod haec nova rerum conditio iam exci-

---

[1] Radiophoniae pericula speciatim etiam memorat Pius XI in Encycl. *de christiana iuventutis educatione* diei 31 Dec. 1929. « Nostris temporibus, inquit, eo plenius ac diligentius evigilandum est, quo plures iuvenibus imperitis faciendi morum pietatisque naufragii occasionem increbescunt, maxime ex impiis obscenisque libris, quorum satis multi nefarie parvo veneunt ac propagantur, ex « cinematographicis » ludis, nunc autem ex « radiophonicis » quoque auditionibus, quae cuiusvis generis lectionem — sicut « cinematographa » quodlibet spectaculum — plerisque exhibent atque faciliorum reddunt » (*A. A. S.,* 1930, p. 81 sq.).

tavit vigilantiam multorum Episcoporum, qui graviter fideles sibi commissos monuerunt ad temperatum radiophoniae usum, ita ut ad honestos dumtaxat fines adhibeatur, excludantur autem pericula. Ast hic labor; facile enim, ut diximus, ubique penetrat, ad admodum difficilis est in singulorum agendi rationem custodia.

II. QUOMODO GRAVITER PECCARI POSSIT PER USUM RADIOPHONIAE.

181. — Generatim peccari potest tum *directe*, prava voluntatis intentione, tum *indirecte*, ratione periculi, scandali etc.

Directa voluntatis intentione graviter peccat qui auscultat conciones vel conferentias haereticorum vel incredulorum de rebus fidei et morum eo fine ut, dubitans de doctrina catholica, oppositam etiam cognoscere et, si sibi magis arrideat, amplecti possit, vel saltem in suo de catholica doctrina dubio perseverare; — item qui audit turpia ut de iis morose delectetur.

Saepius vero variis modis *indirectis* per usum radiophoniae peccatur, tum contra morum honestatem, tum contra fidem et religionem.

1° Ad *bonos mores*, praesertim castitatem, quod attinet, eodem fere modo per radiophoniam peccari potest quo per libros obscenos vel per turpia colloquia, videlicet: *a)* si quis auscultans obscena, cantilenas, musicam lascivam etc. se exponat proximo periculo consensus in peccatum mortale; *b)* si quis ita, sine ratione proportionata, se exponat periculo provocandi in se effectum venereum, puta pollutionem vel gravem commotionem; *c)* si quis, ea approbando, aliis daret scandalum, vel si parentes et superiores permittant ut eorum filii vel subditi haec periculosa auscultent.

Notandum tamen est, in praxi per usum radiophoniae non ita facile contra bonos mores graviter peccari quam per lectionem pravorum librorum: *a)* tum quia illae transmissiones obiter tantum et velut per transennam audiuntur, libri autem manent, et quae in his turpia sunt maiore artis astutia sunt descripta, facile iterum atque attentius releguntur magisque memoriae et phantasiae imprimuntur; — *b)* tum quia transmissiones radiophoniae ad hominum multitudinem diriguntur, libri vero directe privatis personis usui sunt; unde censura auctoritatis publicae generatim non ita facile permittit ut graviter turpia et obscena transmittantur. Minus etiam quoad mores periculosus est usus radiophoniae quam sunt theatra et choreae, quia quae oculis etiam videntur citius ad sensus internos perveniunt pravamque concupiscentiam excitant, quam quae solo auditu percipiuntur.

Licet ergo contra morum honestatem non ita saepe peccetur per radiophoniam ac in permultis aliis huius aetatis occasionibus, nihilo tamen minus per eam iuvenibus et ad libidinem valde dispositis haud raro grave creatur peccandi periculum; et certe immodicus illius usus spiritui vere christiano facile graviter nocet atque ansam praebet innumeris peccatis venialibus, tum in spiritu velut assistendo oblectamentis valde mundanis nimisque levibus, tum otiose terendo multum tempus pretiosum. Unde praesertim clerici, religiosi et qui in mundo pietatem colunt magna cum moderatione radiophonia utantur oportet, auscultantes solum quae vere utilia sunt vel saltem, aliquoties per modum honestae recreationis, in se indifferentia.

182. — 2° Multo vero perniciosior fieri potest usus radiophoniae propterea quod per eam saepissime etiam graves errores contra *fidem et religionem* catholicam sparguntur. Transmitti enim solent conciones et sermones ministrorum protestantium, praesertim die dominica habiti; tum earum responsa ad varia dubia privata circa religionem proposita, quae responsa ordinarie tolerantiam dogmaticam vel potius libertatem quidlibet credendi continent; item allocutiones vel sic dictae conferentiae scientificae, historicae, litterariae, paedagogicae, morales, politicae rationalistarum, socialistarum aliorumque incredulorum; qui omnes hoc instrumento utuntur, ut plurimos a veritate et fide catholica avertant suisque pessimis erroribus in re morali, sociali aliisque imbuant.

Iamvero quoad haec transmissa contra fidem et doctrinam catholicam variis modis graviter peccari potest:

183. — *a*) Ratione *periculi* perversionis. Sic graviter contra fidem peccat mediocriter in religione doctus, qui *saepe* vel *regulariter*, licet ex curiositate, conciones, allocutiones vel sermones auscultat, qui eamdem materiam tractant ac libri de quibus agit canon 1399, videlicet sermones « qui haeresim vel schisma propugnant, aut ipsa religionis fundamenta quoquo modo evertere nituntur » (ib. 2°), — « qui religionem aut bonos mores, data opera, impetunt » (3°), — sermones « quorumvis acatholicorum, qui ex professo de religione tractant, nisi constet nihil in eis contra fidem catholicam contineri » (4°), — « qui quodlibet ex catholicis dogmatibus impugnant vel derident, qui errores ab Apostolica Sede proscriptos tuentur, qui cultui divino detrahunt, qui disciplinam ecclesiasticam evertere contendunt, et qui data

opera ecclesiasticam hierarchiam, aut statum clericalem vel religiosum probris afficiunt » (6°), — « qui duellum vel suicidium vel divortium licita statuunt, qui de sectis massonicis vel aliis eiusdem generis societatibus agentes, eas utiles et non perniciosas Ecclesiae et civili societati esse contendunt » (8°)[1], — « qui res lascivas seu obscenas ex professo tractant, narrant aut docent » (9°), puta neo-malthusianismum, amorem liberum vel homosexualem, divortium, adulterium etc. — Quamquam ergo horum omnium auditio saepe non ita periculosa est ac lectio librorum, ut supra iam diximus, ac proinde non eaedem prorsus normae illis ac hisce simpliciter applicari possunt, nihilo tamen minus hos gravissimos errores frequenter et quasi habitualiter ope radiophoniae audire, etsi non ex iure ecclesiastico, ex iure tamen naturali per se graviter prohibitum est, quia communiter proximum periculum spirituale praestant; fieri enim nequit, quin, praesertim auditores ordinarii et mediocriter in religione eruditi, auscultantes illa viva voce magnoque saepe ardore declamata, grave exinde damnum in fide patiantur; quo casu etiam illi qui licentiam libros prohibitos legendi habent a prohibitione iuris naturalis non eximuntur (can. 1405). Ob huiusmodi grave periculum etiam S. C. S. Officii in declaratione 10 Maii 1770 dixit: « Catholicis *regulariter* non licere haereticorum aut schismaticorum concionibus... interesse ».

Ordinarie tamen leve peccatum contra fidem non excedunt quae sequuntur: 1° tales sermones *raro* et *obiter* tantum ex mera curiositate audire, v. g. celebrem aliquem oratorem[2]; 2° item sermones vel exhortationes dominicales mere religiosas quae nihil ex professo contra fidem continent; 3° item eos audire ob iustam aliquam causam, v. g. ad refellendos errores etc. In hisce enim omnibus generatim leve tantum vel remotum erit periculum; ac proinde, si haec ex iusta causa fiunt, nullum erit peccatum.

184. — *b*) Ratione *scandali* huiusmodi sermones per radiophoniam auscultare erit mortale, si quis sua laude vel commendatione alios movet ad eos frequenter cum periculo fidei audiendos.

---

[1] Huc eadem ratione pertinent etiam sermones socialistarum et communistarum qui ope radiophoniae societatem civilem et ordinem naturalem evertere nituntur.

[2] Ex lege tamen *particulari* potest esse peccatum grave concionem ministri haeretici ex mera curiositate semel tantum audire, vel etiam haereticorum functioni religiosae passive assistere. Sic Romae ob rationem specialem instructione Cardinalis Vicarii die 12 Iulii 1878 hoc edictum est: « Strictissime vetatur ingredi mera curiositate et scienter aulas et templa protestantium tempore collationum (« conferenze »), et graviter peccant omnes qui mera curiositate collationes protestantium auscultant, et adsistunt, quamvis materialiter, caeremoniis acatholicis » (*Acta Sanctae Sedis*, XI, 173 sq.).

c) Ratione *cooperationis* praeterea mortale erit, si quis nomen dat societati radiophoniae, quae saepe conciones vel conferentias contra doctrinam catholicam transmittit eo fine ut suos errores etiam inter catholicos propaget; imo qui hoc modo « haeresis propagationem sponte et scienter iuvat... suspectus de haeresi est » (can. 2316). Graviter etiam hac ratione peccant parentes vel superiores non impedientes ne eorum filii vel subditi has conferentias audiant.

d) Ratione *communicationis* in sacris assistere per usum radiophoniae concioni dominicali ministri protestantis ordinarie non erit peccatum grave; quia non est assistentia seu participatio activa in sacris (can. 1258, § 1): haec enim, iuxta mentem Ecclesiae, praesentiam realem et corporalem in eodem loco vel aula ubi sacra aguntur postulare videtur; hinc e. g. assistentia Missae per radiophoniam non valet ad praeceptum implendum. Potest tamen talis assistentia fieri communio graviter prohibita in locis parvis, ubi haeretici non habent proprium ministrum sed in unum conveniunt ad aliquam functionem sacram per preces, cantus etc. publice habendam, in qua etiam per radiophoniam auditur concio alicuius ministri absentis. Huic exercitio active orando et cantando assistere videtur esse illicita communicatio in divinis, non adeo ratione concionis sed potius ratione ipsius sacrae functionis, in qua quis partem activam habet. Referenda huc sunt verba S. Alphonsi ex Busenbaum mutuata: « In Germania audire conciones haereticorum, deducere funus..., non habentur signa professiva fidei, vel *communionis* cum haereticorum *sacris*. Unde, seclusis aliis, v. gr. scandalo, periculo, prohibitione, et si ex iuxta causa fiant, licent » (*Th. Mor.* II, 16).

III. DE AGENDI RATIONE ANIMARUM PASTORUM ET CONFESSARIORUM CONTRA RADIOPHONIAE ABUSUM.

185. — 1° *a)* Summopere desiderandum est, ac propterea animarum pastoribus pro viribus nitendum — praesertim per viros « Actionis Catholicae », — ut in omnibus regionibus habeatur institutum centrale radiophoniae catholicae vel saltem vere honestae. Quando vero gubernium civile aut ipsummet huius artis monopolium exercet, aut eius exercitium relinquit societatibus sic dictis neutralibus, quantum possunt satagant, ut seria quaedam censura habeatur, neve emittantur quae morum honestati, religioni vel bono publico contraria sunt, quinimo emittantur quoque quae vere catholica sunt.

b) Sicubi exstat huiusmodi institutum centrale radiophoniae catholicae, curent animarum pastores ut catholici huic soli nomen dent; item ut adscribantur ephemeridi catholicae quae pro quavis hora transmittenda annuntiat: « Index (Dux) radiophoniae catholicae », reiectis aliis quae persaepe proposita inhonesta et anticatholica indicant.

c) Loquendo de variis peccandi occasionibus fideles etiam contra pericula radiophoniae moneant, ne scilicet auscultent quae fidei aut morum honestati adversantur, ita ut fideles probe sciant etiam per radiophoniam graviter peccari posse. Parentes quoque serio hortentur, ut liberis invigilent, ne his periculis domi vel alibi se exponant.

d) Sicubi Ordinarii locorum speciales statuerunt leges circa radiophoniae usum, parochi has religiose servandas curent[1].

186. — 2° Confessarii poenitentibus qui frequenter radiophonia utuntur applicent regulas generales circa interrogationem, monitionem et absolutionem occasionariorum. Specialiter vero ad haec attendant:

a) Generatim erit occasio proxima *per se* et *absoluta* ac proinde sub gravi vitanda, auscultare *frequenter* quae per radiophoniam contra fidem et religionem transmittuntur (supra n. 183 sq.).

b) In regionibus ubi satis severa existit censura quoad honestatem publicam, ita ut raro tantum transmittantur quae bonis moribus graviter adversantur, frequens vel assiduus radiophoniae usus *communiter* non praebet periculum proximum peccati gravis (supra n. 181). Potest tamen esse occasio proxima *relativa* pro aliquo in particulari ob specialem rationem. Neque enim illa censura ita severa aut potius aequa esse solet, ut omnes passim, et adulti et aetate iuniores, et matrimonio iuncti et soluti, et homines hisce rebus assueti et facile gravibus tentationibus commoti, quaecumque transmissa sine periculo audire possint.

---

[1] In multis institutis religiosis a superioribus prohibitum est radiophonice instrumentum, ne spiritus huius mundi Dei sanctuarium invadat spiritumque recollectionis opprimat. Potest tamen haud raro gravis adesse ratio admittendi huiusmodi instrumentum in seminariis vel in scholis religiosorum, puta ad scientias artesque excolendas. Ut autem in ephebei vel in oratorii iuvenibus recreandis tuto adhiberi possit, maxima opus est Rectoris prudentia et vigilantia, penes quem clavis huius instrumenti caute custodienda est, ne adolescentes pro libito et animarum damno radii aditionibus abutantur. Ita in Synodo Dioec. Mediolanensi anni 1932 (art. 64).

c) Si confessarius sive spontanea poenitentis confessione sive interrogando noverit, usum radiophoniae suo poenitenti praebere grave periculum lapsus in peccatum mortale — quod, ut diximus, facilius quidem in rebus fidei quam in rebus morum accidet —, ipsum ut vere occasionarium tractare debet, constitutum in occasione proxima sive necessaria sive, ut plurimum, libera. — Ceterum, in universum confessarius poenitentes, maxime qui pietati dediti sunt, ad usum moderatum huius instrumenti hortetur, ne, auscultando saepe nimis levia et mundana, spiritus vere christianus infirmetur, tempus saltem inutiliter teratur et Deus venialiter offendatur.

IV. Casus solutio.

187. — Iuxta superius dicta, Titius Eusebio sub gravi prohibere debet, ne ipse eiusve domestici frequenter radiophonia utantur, auscultando conciones aut conferentias contra fidem et doctrinam catholicam, imo ne semel vel iterum quidem, quando transmissa grave periculum peccandi contra fidem praebent. — Quoad ea quae parum honesta, nimisque levia vel mundana sunt (cantilenas subobscenas, musicam lascivam etc.), sedulo Eusebium moneat, ea audire esse per se peccatum saltem veniale, imo aliquando, praesertim pro filiis, posse fieri peccatum mortale, si nempe prava eorum concupiscentia per ea valde excitatur. Unde graviter eum hortetur, ut usui radiophoniae serio advigilet, in primis quoad domesticos, v. g. clavem instrumenti apud se servando, et permittendo ut ea solum auscultentur quae vere utilia vel honesta sunt iuxta indicationem ephemeridis catholicae. Eusebius, utpote bonus christianus, hisce monitis probabiliter morem geret. Atvero, si forte in posterum in propositis exsequendis, sive quoad se sive etiam, ex nimia indulgentia, quoad domesticos, graviter negligens fuerit, et iam serio monitus negligentiam non correxerit, Titius ipsum ordinarie etiam per dilationem absolutionis ad debitam vigilantiam adhibendam urgere debet, idque omnium maxime si de periculis fidei agitur. Si confessarius non ita prudenti severitate contra periculosum radiophoniae usum procedit, timendum est, ne haec familia illius occasione in avita religione et morum honestate graviter tepescat et magis magisque mundana fiat, cum plurimis Dei offensis et omnibus tristibus effectibus qui ex indifferentia religiosa consequi solent.

ARTICULUS X.

De pravis Cauponis et Consortiis.

188. — Per *cauponam* vel *tabernam* hic intelligimus domum, in qua complures, potissimum viri vel iuvenes, relaxandi animi gratia, convenire solent, ibique per aliquod tempus cum sociis vel amicis familiariter conversantur, bibunt, ludunt, aliisve oblectamentis fruuntur. Caupona seu taberna, hoc latiore sensu accepta, non solum peccato ebrietatis ansam praebere potest, sed ob prava consortia aliis quoque peccatis, puta contra castitatem, contra fidem etc., idque praesertim in civitatibus, ubi illae domus non ab operariis tantum et plebeiis, sed a melioris etiam conditionis viris et iuvenibus visitari solent. — Quia autem cauponae nostris etiam temporibus valde frequens sunt peccandi occasio multarumque animarum ruina, de his quoque agendum nobis est, ut videamus quo modo illas visitantes a Christi ministris tractari debeant, et quibus mediis graviora earum mala inhiberi possint. — Praemittuntur igitur hi casus.

Casus propositi

189. — 1° Leonardus, inde ab anno matrimonio iunctus, ab aliquo tempore regulariter quavis Dominica frequentare coepit cauponam quamdam, ibique diu cum aliis bibit et ludit, ita ut haud raro ob potus excessum omnino mentis impos fiat, turpiloquia et blasphemias eructans. Quod quum iam quinquies vel sexies contigerit, post sex fere menses quodam die festo accedit ad Titium, qui ipsi iniungit, ut hanc cauponam prorsus evitet. Cui Leonardus respondet, se hoc promittere non posse, quia in illa saepe negotia tractare debeat, quibus suam familiam sustentet. — Quid Titio faciendum est?

2° Gustavus, operarius, saepe frequentando cauponas ab aliquibus iam annis est valde habituatus in vitio ebrietatis aliisque peccatis quae hoc comitari solent. Hinc status sui officia graviter neglexit et uxorem filiosque ad veram miseriam redegit; idque passim in eius loco notum est. Vult tamen adhuc praeceptum Paschale implere, et idcirco accedit ad Caium, quem benignum confessarium esse audivit. Hic tristem eius conditionem noscens sive iam ex publica fama sive ex quaestionibus in confessione positis, graviter ipsum monet, hortatur eique Dei poenas minatur, ita ut tandem Gustavus se sincere dolere profiteatur et ardentibus protestationibus promittat, se numquam amplius in cauponam intraturum. Nihilominus Caius ipsi dicit, eum prius scandalum publice datum reparare debere, et ideo eum per quindecim dies differt, quo se emendatum esse etiam publice ostendat. Quam dilationem aegre accipit poenitens et dicit, se, nisi absolvatur, non amplius ad confessionem rediturum, obtestans se nunc vere dolere et firmiter proponere. Caius tamen de sua sententia non desistit eumque sine absolutione dimittit. — Quid de hac agendi ratione dicendum?

3° Claudius, christiane educatus et nuper studens universitati adscriptus, ab aliis studentibus seductus, saepe cum his visitat cauponam quamdam amoenam, in qua inserviunt puellae vestibus et moribus leves. Cum hisce autem frequenter familiarius agit, iocando et ridendo, utens verbis lepidis et ambiguis, manuum lusibus, tactibus levibus in pectore et facie, osculis vel amplexibus obiter datis etc. Post tres menses adit Titium confessionem instituturus. Qui ulterius eum interrogando comperit, saepe quidem hos actus imperfectos ex levitate et affectu sensuali vel ex respectu humano erga socios contigisse, haud raro tamen etiam ex formali libidine. Existimans ergo, poenitentem adeundo illam cauponam versari in periculo, non quidem certo, sed tamen graviter probabili iterum peccandi mortaliter, ipsi sub gravi iniungit, ut hanc cauponam, utpote occasionem proximam saltem relativam, prorsus vitet. Respondet Claudius, se illos amicos, e patria iam notos, vitare non posse, neque proinde eis valedicere, si hi illam cauponam intrare velint. Insistit autem Titius et paterne graviterque ipsum hortatur; sed incassum. Quapropter ipsum tandem humanis verbis dimittit, donec hoc firmum propositum sumpserit. Claudius ergo, volens omnino praeceptum Paschale implere, adit Caium. Hic eodem modo eum interrogat idemque comperit ac Titius, et iterum eodem modo hortatur, dicens hanc cauponam adire esse valde periculosum et saltem peccatum veniale. Cui Claudius tandem serio dicit: « Dic mihi, Pater, estne peccatum mortale hanc cauponam cum illis amicis adire? Tunc hoc non faciam; secus hoc tibi promittere non possum ». Caius, considerans lapsum in grave peccatum in casu esse solum probabilem, eius autem vitationem etiam probabilem esse, quia Claudius non ut plurimum ibi cecidit, ipsi respondet, una alterave tantum vice illam cauponam cum sociis adire nondum esse peccatum grave; quapropter, si poenitens hanc prorsus vitare non velit, eum saltem remedia adhibere et praecipue orare debere ne ibi cadat. Quod quum Claudius promittat, ipsum absolvit. Si postea poenitens redibit, ita Caius secum ratiocinatur, clarius experientia patebit, utrum adsit stricta obligatio necne illam cauponam, tamquam occasionem proximam, vitandi. — Quid de utriusque confessarii agendi ratione dicendum?

Quaeritur I. Quandonam cauponae sunt occasio proxima?
II. Quae regulae a confessariis observandae sunt in absolvendo frequentantes eas?
III. Quae media ab animarum pastoribus adhiberi possunt contra pravas cauponas?
IV. Quomodo casus propositi solvendi sunt?

I. Quando cauponae sint occasio proxima.

190. — Cauponae, moraliter spectatae, in se sunt indifferentes, omnemque moralitatem desumunt ex fine, ex periculo aliisve circumstantiis.

1° Cauponae *honestae* sunt ex fine, qui est procurare homini decentem animi relaxationem; ac propterea eas frequentare licet, modo servetur moderatio in tempore, potu, ludo etc. Per se igitur occasiones peccandi sunt tantum *remotae*, quales ubique habentur in mundo. Huiusmodi honestae cauponae exstant ubique terrarum, in civitatibus et ruri.

> Clericis tamen Ecclesia prohibuit solius recreationis causa cauponas adire, sicut dicitur in Codice Iuris: « Clerici... tabernas aliaque similia loca sine necessitate aut alia iusta causa ab Ordinario loci probata ne ingrediantur » (can. 138).

2° Possunt tamen etiam honestae cauponae, licet communiter in iis ut plurimum non peccetur, alicui in particulari fieri grave peccandi periculum et occasio proxima propter aliquam circumstantiam personarum, v. g. amici, personae alterius sexus, sive propter immoderationem in potu, ludo etc., sive propter nimiam frequentationem cum neglectu officiorum status. Erit tunc haec caupona occasio proxima *per accidens* et *relativa*.

191. — 3° Ast nostra praesertim aetate multae cauponae sunt *inhonestae* et *ex professo pravae* ob varia peccandi pericula et occasiones, quae ibidem sponte se offerunt vel etiam de industria praebentur, quales sunt perversi socii, prava diaria, ludi aleatorii, potus qui usque ad ebrietatem ministratur, colloquia contra bonos mores aut contra religionem eiusque ministros, puellae inservientes sua levitate publice ad inhonestas actiones provocantes vel aliquando etiam privatim gravioribus peccatis occasionem praebentes. In aliquibus habentur quoque musica lasciva, cantilenae, saltationes liberiores etc. (« cafés chantants »). Tales cauponae ex professo inhonestae ubique quoque exstant, non solum pro plebeiis et operariis, sed, in civitatibus maxime, etiam pro ditioris conditionis viris et praesertim iuvenibus.

Huiusmodi ergo cauponae inhonestae habendae sunt ut *occasio proxima per se* et *absolute*, quia in iis communiter plerumque peccatur. Possunt quidem esse occasio proxima unius alteriusve tantum speciei peccatorum, puta ebrietatis ob potum, impudicitiae ob personas leviores alterius sexus et turpiloquia, blasphemiae vel profusionis pecuniae ob ludum et potum, peccatorum contra fidem ob prava diaria et impios socios, contra caritatem ob scandala, rixas etc., neglectus officiorum status erga uxores in egestate relictas vel erga filios ob prava exempla et malam educationem etc. Atvero, quum fere omnes hae occasiones seducentes in illis cauponis inhonestis coniunctae inveniantur, plurimi has habitualiter frequentantes, in primis operarii et plebeii, fere omnia peccata recensita in illis committere solent. Hinc in universum tristissimae sunt illarum frequentationis sequelae pro honestate et religione in vita tum privata, tum domestica, tum civili et sociali. Verissime dici potest: in paroeciis ubi multae existunt huiusmodi cauponae, vita honesta vereque christiana gravem patitur ruinam et emoritur, viget contra vita mundana sensibusque dedita, morum corruptio, impietas.

II. Regulae pro confessariis quoad frequentantes cauponas.

192. — 1° Confessarius poenitentes qui cauponas visitare solent, si merito suspicatur eos ibi graviter peccare, hac de re prudenter interroget, eosque paterne contra earum pericula praemuniat.

2° Ubi confessarius ex poenitentis confessione noverit, determinatam quamdam cauponam, etsi in se honestam, huic esse occasionem proximam ob vere grave ibidem peccandi periculum, talem cauponam recreationis causa adire prorsus prohibeat; id permittat solius necessitatis causa, puta ad implendum officium, negotium, ut aliquando debent aurigae, mercatores etc.; sed tunc tantum in quantum opus est et adhibitis remediis. Hac tamen in re non nimis fidat eorum assertis. Saepe enim, ob affectum ad occasionem, necessitatem eam adeundi exaggerant; unde serio inquirat, annon alio loco aliove tempore negotia sua, etsi cum aliquo incommodo, tractare possint. — Praeterea in determinanda taberna ut occasione proxima prudens confessarius non solum advertat ad peccatum ebrietatis perfectae — quod quidem praesertim initio non ita frequenter et facile committitur —, sed ad alia quoque peccata supra (n. 191) recensita, uti sunt impudicitiae, turpiloquia, blasphemiae, neglectus officiorum status etc. — Saepe etiam occasio peccandi non est caupona per se, sed talis caupona, tale socii, talis potus, tarda hora, ludi etc.; qua circumstantia remota, ipsa visitatio iam non erit graviter periculosa. Attamen cauponae per se pravae et inhonestae, de quibus supra (n. 191), ut occasio proxima *per se* et *absoluta*, omnibus omnino prohibendae sunt, nisi necessitas eas brevi adire prorsus postulaverit.

3° Quoad absolutionem sequatur regulas de peccantibus ob occasionem proximam interruptam (supra n. 32). Videlicet, qui non sunt habituati sed *sempliciter recidivi*, si iam aliquoties, v. g. bis terve, promissa fefellerint, neque remedia assignata adhibuerint, neque etiam post ferventem confessarii exhortationem ullum speciale dispositionis signum praebuerint, bonis verbis absolutio per breve tempus eis differatur, donec potiora verae emendationis signa dederint. Si tamen graviter timendum est, ne hi propter absolutionis dilationem sacramenta deserant et in peius ruant, absolutio eis sub conditione concedatur, modo nunc saltem dubie dispositi sint, neque adsit grave scandalum publicum; de quo vide infra n. 196.

4° Ebriosi, qui inveteratum habent se inebriandi *habitum*, puta singulis septimanis aut aliquoties saltem in mense, et publicum dant scandalum, ne absolvantur, neque tempore Paschali, nisi per aliquod tempus se a potu abstinuerint et scandalum reparaverint. Neque eorum protestationibus aut etiam lacrimis est fidendum, quia saepe signa sunt potius excitationis nervorum quam firmi propositi voluntatis. Excipitur si quis conversione prorsus extraordinaria donatus fuerit; quod tamen raro accidit (cfr. infra n. 196 in f.).

193. — 5° Denique iis qui in cauponis facile peccant, maxime per excessum potus, varia *remedia* pro variis adiunctis a confessario sunt inculcanda aut praescribenda. Praeter generalia, ut sunt oratio et sacramentorum frequentatio, haec sunt magis particularia, alia praeservativa alia medicinalia:

a) Saepe, puta quovis mane, renovare propositum non visitandi talem cauponam periculosam, tales socios seductores etc., eiusque exsecutionem brevi prece Deo vel B. Mariae Virgini commendare.

b) Eligere sibi unum alterumve honestum amicum quo quis familiariter utatur, vitatis, quoad fieri potest, ceteris laboris sociis qui saepe tabernas frequentare solent.

c) Sibi statuere certam quamdam modicam potus mensuram quae numquam excedatur; semper aliquis dicere potest, maiorem quantitatem suae sanitati nocere.

d) Adscriptio alicui piae confraternitati, in qua singulis dominicis vespere habetur conventus cum precibus, cantu, conferentia etc.; vel saltem alicui associationi catholicae, in qua etiam honestae recreationi datur locus.

e) Iuvenes mercedem quam operando merentur, parentibus

tradant, et parca pecuniae summa ab his ad se recreandum concessa contenti sint.

f) Operariis, iuvenibus et viris, graviter suadeatur, ut post laborem statim domum redeant. Quod ut libentius faciant, confessarius etiam matribusfamilias commendet, ut maritis et filiis vitam domesticam vere acceptam et amoenam reddant, domus munditia et modesto ornatu, cibis bene praeparatis, suavibus suis moribus, infantium blanditiis, ludis etc.

g) Generatim iuvenibus et viris utiliter commendatur, ut nomen dent societati « a temperantia » dictae, a Summis quoque Pontificibus pluries laudatae, vel etiam huius tesseram sumant («pledge»); idque licet in bibendo excessum non committant, tum ut hoc malum adeo nefastum praeveniant, tum ex charitate, ut aliis exemplo monstrent virilem illam sobrietatem etiam in hac terra felicem parere vitam.

h) Iis qui in vitio ebrietatis sunt valde habituati, cuiusvis cauponae visitatio prorsus interdicenda est; quia si semel aliquid potus inebriantis gustaverint, vix iam se continere possunt. Hi praesertim mercedem quam opera merentur statim uxoribus tradere debent, reservata sibi modica summa, aliaque adhibere remedia hactenus indicata. Si quando ipsis, ratione negotii, est moralis necessitas intrandi cauponam, paucis rem expediant et nihil ibi bibant.

i) Iidem si domi se inebriare solent, potum periculosum, quem forte ibidem habere debent, loco clauso conservent huiusque clavem uxoribus tradant.

j) Denique saepe occurrunt viri potatores iam diu adeo in vitio ebrietatis habituati, ut hoc quasi altera natura factum sit, in quibus non solum vis voluntatis admodum sit debilitata, sed ipsa quoque sanitas corporalis graviter concussa (« delirium tremens » etc.). Hisce confessarius commendet ut etiam medici corporalis consilium et opem expetant, quo remedia efficaciora adhibeantur. Horum primum est *sanatorium* ad hunc finem institutum. Alterum est *hypnotismus*, quod tamen moderate et solum sub cura medici experti et optime catholici est applicandum. Experientia constat, huiusmodi miseros habituatos utriusque medici et spiritualis et corporalis therapia saluti tum animae tum corporis restitui posse.

III. Media a parochis adhibenda contra pravas cauponas.

194. — Ante omnia parochi eiusque sacerdotes cooperatores curent ut cognitum habeant, quae in sua paroecia sint tabernae honestae, quae minus honestae, quae prorsus pravae. Saepius inter se hac de re loquantur, itemque de mediis contra pravas adhibendis.

Media ipsis magis specialiter pro suo officio commendanda haec sunt:

1° *Concionando* parochus certe identidem fideles contra pravas tabernas graviter praemonere debet: sunt enim scandala publica eius gregi vere pestifera. Ast semper expressis verbis distinguat cauponas honestas a pravis et inhonestis. Priores etiam ut bonas laudare potest, propterea quod homines a pravis avertunt. Quod si facit, potiore iure, quin aliquem merito offendat, fideles monere potest contra posteriores; imo boni caupones ipsi quasi grati existent quod honestis viris suas tabernas velut commendaverit. Ut autem fideles a pravis cauponis vitandis avertat, describat damna physica et moralia, privata, domestica et publica, quae ab illas frequentantibus incurruntur. Describat in primis funestissimas sequelas vitii ebrietatis, quod hominem dignitate entis rationalis privat eumque semper magis infelicem reddit cum in hac tum praesertim in altera vita.

2° Quod attinet ad *S. Communionem publice* dispensandam attendat parochus ad regulam Iuris: « Arcendi sunt ab Eucharistia publice indigni, quales sunt... manifesto infames, nisi de eorum poenitentia et emendatione constet et publico scandalo prius satisfecerint » (can. 855, § 1); item: « Infamia facti contrahitur, quando quis, ob patratum delictum vel ob pravos mores, bonam existimationem apud fideles probos et graves amisit, de quo iudicium spectat ad Ordinarium » (can. 2293, § 3). Iamvero ob pravos mores bonam existimationem apud fideles probos et graves certe amiserunt illi caupones qui tabernas *per se* et *absolute pravas* et inhonestas tenent (supra n. 191); praeterea illi potatores qui publice noti sunt ut vere *habituati* in vitio ebrietatis (supra n. 192, 4°). Hi igitur neque tempore Paschali statim ad S. Eucharistiam publice admittendi sunt. Merito enim fideles offenderentur et scandalum paterentur, si illos ad sacram Mensam accedere viderent, qui nihil emendati, forte eodem vespere vel paucis diebus post, idem peccatum publicum committerent.

3° Quantum possunt procurent parochi, ut per leges vel statuta municipalia numerus cauponarum restringatur; item ut vespere hora tempestiva claudantur. Haud raro comis quaedam atque humana visitatio apud loci magistratum aliosve officiales ad hoc obtinendum proderit.

4° Saepe quoque iuvabit adire ipsos caupones, saltem qui non sint aperti religionis inimici, et amice cum iis loqui, laudando bonos, exhortando haesitantes, appellando tam ad eorum conscientiam christianam quam ad commoda temporalia quae consequantur, si eorum taberna publice ut honesta habeatur et ab omnibus sine nota infamiae frequentari possit.

5° Operam etiam dent, ut in sua paroecia instituantur aulae vel exedrae quae « recreatoria » vel « patronatus » vocantur, in quibus praecipue iuvenes masculi conveniunt, ut sub debita vigilantia honeste se recreent per ludos, cantum, musicam, conferentias, parva spectacula, etc.; quibus utile dulci misceatur. Ad illa saepe etiam eorum parentes aliique invitentur.

6° Utiliter quoque in paroecia sua instituent et fovebunt sectionem societatis temperantiae per abstinentiam sive totalem sive partialem: huicque saltem partiali laudabiliter ipsi quoque Ecclesiae ministri nomen dabunt ut exemplo praeeant.

7° Iuvat pariter festa ecclesiastica, functiones liturgicas et extraliturgicas peragere cum solemni pompa externa, musica, cantu, decoro ornatu, luminibus etc., ut ita fideles, etiam viri et iuvenes, a pravis consortiis, tabernis aliisque inhonestis oblectamentis avertantur.

8° Interdum gregi suo exercitia spiritualia vel sacras missiones tradendas curent, in quibus iuvenes et viri, sive directe in conferentiis sive indirecte per praedicationes veritatum aeternarum, contra mundi periculosas occasiones, in primis etiam contra pravas cauponas, praemuniantur.

Denique varia remedia, supra (n. 193) confessariis proposita, etiam parochi eorumque coadiutores nota habeant et pro re nata applicent.

IV. Casuum solutio.

195. — *Ad* 1ᵐ. — Haec caupona Leonardo certe est occasio proxima, quam si frequentare continuat, grave est periculum contrahendi etiam habitum ebrietatis aliorumque peccatorum. Neque enim ad oc-

casionem proximam constituendam opus est, ut Leonardus in eo plerumque aut frequentius lapsus fuerit. Quapropter recte fecit Titius ipsi omnino interdicendo ne eam amplius adeat. Neque facile credat poenitenti dicenti, eam adire sibi esse necessarium, sed de eo sedulo inquirat: ordinarie enim illa negotia sine notabili damno vel incommodo alio tempore vel loco tractari possunt. Si tamen Leonardus illam cauponam re vera sine gravi damno vitare nequit, potest illam adire, sed solum in quantum necessarium est, adhibitis interim remediis quibus periculum remotum reddatur, puta finito negotio statim recedat, potui et ludo ne indulgeat, aliisque remediis supra (n. 193) indicatis. Haec si serio promittit, Titius eum absolvere potest; sed simul paterne eum hortetur, ut brevi, v. g. post mensem, redeat quo in suis bonis propositis confirmetur. Si poenitens promissis, Titio aut alii confessario factis, infidelis fuit et cauponem iterum visitavit, ad summum, si dispositus videatur, adhuc una alterave vice absolvi poterit. Ordinarie tamen multo melius erit, si Titius, tamquam medicus, bonis verbis ei absolutionem per breve tempus differat, donec vitando cauponam se emendaverit; idque praecipue facere debet, si periculum est fore ut Leonardus intra annum ad confessionem non redeat. Nam si interea relabitur, ille unus annus sufficiet, ad pessimum illum ebrietatis habitum contrahendum qui adeo difficulter dimittitur et pro tota vita tristissimos effectus producere solet. Quare initio praesertim huic vitio remedia efficaciora sunt opponenda. — Haec casus solutio valet de quacumque caupona in qua Leonardus ita labi solet. Si tamen ob aliquam particularem circumstantiam (v. g. sociorum) in una tantum caupona ita caderet et non in aliis, illa una erit ipsi occasio proxima prorsus vitanda. Ad alias quod attinet, confessarius ipsum graviter hortetur ad moderationem et ad adhibenda remedia praeventiva de quibus supra n. 193.

196. — *Ad* 2^m. — Caius recte egit, si saltem Gustavo rationibus persuadere conatus est de necessitate huius dilationis, neque eum asperis verbis dimisit. Est enim Gustavus ob malos mores manifeste infamis apud omnes probos et graves fideles illius loci (supra n. 194, 2°), atque idcirco scandalis publice datis prius publice etiam satisfacere debet. Neque obstat, quod poenitens per illa signa specialia ipso momento confessionis satis dispositus esse videtur. Nam primo in tali bibulo valde dubia adhuc manet illa dispositio (supra n. 192, 4°). Sed praecipue quia « confessarius, ut ait S. Alphonsus, est minister non

in ignorantia invincibili et ita debilis est in fide ut monitio magis nocitura quam profutura praevideatur (cfr. supra n. 39 sqq.). Sed in nostro casu maius malum ex monitione timendum non est; quia Claudius firmiter stat in fide et declaravit, se cauponam et pravos amicos vitaturum, si hoc ipsi sub gravi iniungeretur.

Si Caius egisset sicut Titius illamque cauponam adire prorsus prohibuisset, Claudius deinceps haec loca, quae tot ex eius sodalibus sunt occasio ruinae animae, vitasset, alios honestos amicos elegisset, et ita verisimiliter bonus christianus mansisset, postea bonus quoque paterfamilias evasisset et, si etiam ingenii dotes et fortuna iuvant, tempore futuro Ecclesiae et societatis civilis ornamentum et validum auxilium fieri poterit. Contra Caius, non graviter prohibendo hanc cauponam adire, Claudium relinquit in probabili peccandi periculo, ac proinde sua indulgentia erit causa probabilis illius lapsus in graviora semper peccata omniumque malorum quae ex hisce in praesens et in futurum consequentur. Intendit quidem Caius postea, si poenitens ad ipsum redierit et tunc fere semper vel saltem frequentius relapsus fuerit, ipsi imponere strictam obligationem vitandi hanc cauponam; sed fucum sibi facit; omnia enim plane incerta sunt. Primo quidem dubium est, utrum Claudius ad ipsum sit rediturus an apud alium confessionem instituturus; dubium quoque, quando sit rediturus: forte diu post, quum poenitens propter hanc occasionem in peccata multo graviora lapsus fuerit; dubium denique, num postea, quando ob repetitos relapsus magis debilitatus et obcaecatus fuerit, eodem modo sit adhuc dispositus ac nunc, ut scilicet Caio, strictam obligationem vitandi hanc cauponam et amicos iniungenti, sit adhuc obtemperaturus. Quapropter undique crescunt pericula, quibus sine ulla ratione poenitens exponitur. Imprudenter ergo Caius in re tanti momenti, quanti est mors animae per peccatum mortale, tali tristi experientia edoceri vult. Huiusmodi agendi ratio in sacri tribunalis praxi est certe valde periculosa. Valet hic illud Ovidii, seu potius rectae rationis praeceptum: « Principiis obsta; sero medicina paratur, cum mala per longas invaluere moras ».

198. — Principia, quibus huius casus solutio innititur, sunt principia de vitando probabili peccandi periculo, quae supra (n. 4 sqq.) brevi et in maiore nostro *Opere* fusius (n. 36-51) explicavimus et rationibus internis, ex dogmate quoque et Concilio Tridentino sumptis, demonstravimus. Sunt quoque munita gravissima auctori-

tate externa (*Opus*. n. 52 sqq., 63 sqq.). Valent autem haec principia non solum de cauponis, sed de omnibus fere occasionibus quas in hoc opere tractavimus. Maxime ergo ad vitae praxim et ad aeternam salutem pertinent. — Ad confessarium autem, qua doctorem, spectat monere, et qua medicum, relapsum praecavere. Persaepe etiam poenitentes de his interrogant, utrum scilicet graviter ipsis prohibitum sit necne, adire hanc illamve determinatam occasionem voluntariam, in qua lapsus, omnibus perpensis, non quidem certo, sed solum probabiliter praevidetur futurus aeque ac non futurus. Quibus confessarius necessario responsum aut affirmativum aut negativum dare debet.

Quae quum ita sint, hos « casus conscientiae de praecipuis nostrae aetatis occasionibus » concludere licet gravibus illis verbis ex priore nostro *Opere* « De Occasionariis et Recidivis » (n. 48) mutuatis:

« Nemo ignorat, quot et quantis periculis, hisce imprimis temporibus, tam boni mores quam ipsa fides exponantur, v. g. periculosis libris et diariis, consortiis et societatibus, scholis, ludis, spectaculis etc. Iamvero, si huiusmodi pericula sine ulla iusta causa adire tum solum sub gravi prohibetur, quando quis in iis moraliter certo labitur, et non iam quando lapsus est vere et solide probabilis, ingens exinde oriretur periculum pro fide et moribus Christifidelium. Nam plurimi de peccato levi nihil curant, ac proinde haec pericula in quibus probabiliter lapsuri sunt, adibunt, utpote a morali Christiana et a confessariis non graviter prohibita. Adde, quod pericula, quibus Christiani initio suae in mundo conversationis exponuntur, generatim non sunt illa quae moraliter certo cum lapsu sunt coniuncta, v. g. lupanar, liber ex professo impius vel obscenus, theatrum valde turpe, etc., sed illa alia plurima quae probabiliter tantum cum lapsu connexa sunt, probabiliter etiam non connexa: nemo enim statim a summo incipere solet. Si itaque haec gravia et probabilia pericula sine ulla causa adire sub levi dumtaxat prohibitum esset, permulti certe ea initio suae iuventutis non vitarent, et sic ad gravissima et probabilissima pericula, in quibus moraliter certus est lapsus, sensim et quasi sponte transirent. Atque ita, ut nobis quidem videtur, haec aequo remissior sententia etiam pro paedagogia Christiana exitiosa esset et pedetentim ad magnam morum relaxationem animarumque ruinam conduceret ».

INDEX

Pag.

Prooemium v

SECTIO PRIMA
De occasione peccandi in genere variisque eius speciebus.

ARTICULUS I.
De periculo probabili et occasione proxima.

Casus 1. *De notione periculi probabilis deque obligatione illud vitandi* 1
    I. Notio periculi probabilis 3
    II. Obligatio vitandi periculum probabile . . 3
    III. Casus solutio 8
Casus 2. *De notione occasionis proximae deque criteriis quibus cognoscitur* 11
    I. Definitio occasionis proximae 12
    II. Quomodo occasionem proximam esse dignoscatur . 13
    III. De occasione proxima in casu 15
    IV. Casus solutio 16
Casus 3. *Periculosa quaedam occasionis proximae definitio* 18
    I. Proposita definitio improbatur 19
    II. Difficultati ex auctoritate respondetur . . 21
    III. Casuum solutio 22

	Pag.
Casus 4. *Occasio proxima a priori. Causa proportionata*	24
I. Occasio proxima ob nimii affectus signa	25
II. Casus solutio iuxta causam proportionatam	25
Casus 5. *Occasio proxima ut causa movens*	28
Casus solutio	28
Casus 6. *Occasio proxima et periculum probabile in communi*	30
Casus solutio	30

ARTICULUS II.

De occasione proxima voluntaria.

Casus 1. *Varia confessariorum praxis circa occasionem voluntariam interruptam*	33
I. Regula generalis de absolvendis peccantibus ob occasionem voluntariam interruptam	35
II. Casuum solutio	35
Casus 2. *De modo vitandi occasionem proximam voluntariam*	38
Casus solutio	39
Casus 3. *De facienda monitione circa obligationem vitandi occasionem proximam voluntariam*	40
I. Ignorantia invincibilis circa obligationem vitandi occasionem proximam	42
II. Quando facienda, quando omittenda sit haec monitio	42
III. Casuum solutio	43
Casus 4. *Praxis circa occasionem voluntariam continuam seu « in esse »*	44
I. Regula generalis de absolvendis versantibus in occasione continua	46
II. Casuum solutio	47
Casus 5. *Occasionarius « in esse » et canon 886 C. I. C.*	49
I. Casuum solutio	51
II. De interpretatione can. 886	53

ARTICULUS III.
De occasione proxima necessaria.

Pag.

CASUS 1. *Officium confessarii ut medici in occasione proxima necessaria* 57
    I. Principium generale in hac quaestione . . . 58
    II. De remedio dilationis absolutionis in occasione necessaria 58
    III. Casus solutio 60
CASUS 2. *Occasio necessaria in casu extremo deserenda* . . 61
    I. Regula generalis de occasione necessaria in casu extremo 62
    II. Casus solutio 63
CASUS 3. *Occasio proxima physice relinquenda etsi gravia damna obstant* 65
    I. Solutio casus iuxta mentem S. Congr. Indicis . . 66
    II. Rationes oppositae refutantur 67
CASUS 4. *Occasio necessaria ob damnum infamiae* . . . 68
    I. Solutio casus iuxta veriorem sententiam . . . 69
    II. Periculosa solutio iuxta sententiam oppositam . 70

SECTIO ALTERA
De occasionibus in particulari.

ARTICULUS I.
De Scholis pravis.

CASUS PROPOSITI 74
    I. Principia de iuventutis institutione in scholis acatholicis 75
    II. Quandonam liceat liberos committere scholis acatholicis 79

III. Magistri et inspectores catholici in scholis acatholicis . 83
IV. Officia pastorum animarum circa scholas . . 84
V. Casuum solutio 86

ARTICULUS II.
De pravis Libris.

§ 1. — *De diariis pravis* 90
CASUS PROPOSITI 90
    I. Principia de lectione diariorum acatholicorum . . 92
    II. Confessarii officia circa prava diaria . . . 93
    III. Casuum solutio 95
§ 2. — *De libris obscenis* 97
CASUS PROPOSITUS 97
    I. Libri obsceni lege naturali aut ecclesiastica prohibiti 97
    II. Casus solutio 100
§ 3. — *De libris prohibitis ob fidei periculum* . . 101
CASUS PROPOSITUS 101
    Casus solutio 102

ARTICULUS III.
De Choreis, praesertim recentibus.

§ 1. — *De variis chorearum speciebus deque confessarii circa eas officiis* 105
CASUS PROPOSITI 105
    I. Variarum chorearum, praesertim recentium, pericula 106
    II. Quando sint occasio proxima 109
    III. Causae adeundi choreas 110
    IV. Confessarii circa choreas officia . . . 112
    V. Casuum solutio 113
§ 2. — *De parochi circa choreas officiis* . . 116
CASUS PROPOSITI 116
    I. Parochi circa choreas officia 116
    II. Media contra eas adhibenda 118
    III. Casuum solutio 121

ARTICULUS IV.
De Theatris et Cinematographis.

	Pag.
Casus propositi	123
I. Theatrorum et cinematographorum pericula	124
II. Quando sint occasio proxima	126
III. Rationes excusantes ab adeundo publico spectaculo	127
IV. Pastorum animarum et confessariorum circa ea officia	128
V. Casuum solutio	130

ARTICULUS V.
De Procationibus seu Visitationibus amatoriis.

Casus propositus	133
I. Quando licitae sint procationes	135
II. Cautelae adhibendae in procationibus licitis	138
III. Confessarii agendi ratio in hac materia	142
IV. Casus solutio	145

ARTICULUS VI.
De Procationibus intuitu matrimonii mixti.

Casus propositi	148
I. Quando procationes mixtae sint graviter illicitae	151
II. Confessarii agendi ratio circa procationes mixtas	153
III. Remedia ab animarum pastoribus contra illas adhibenda	155
IV. Casuum solutio	158

ARTICULUS VII.
De Concubinatu.

Casus propositus	163
I. Concubinatus remedia	164
II. Parochorum circa concubinatus officia	165

III. Regulae generales circa absolutionem concubinariorum . 167
IV. Casus solutio 168

ARTICULUS VIII.
De recenti Modo Vestiendi mulierum.

Casus propositi 172
    I. Principia theologica circa ornatum mulierum per vestitum 173
    II. Quid dicendum de recenti modo vestiendi . . 175
    III. Remedia ab animarum pastoribus adhibenda et inculcanda 177
    IV. Casuum solutio 180

ARTICULUS IX.
De Radiophonia.

Casus propositus 185
    I. Pericula radiophoniae 185
    II. Quomodo graviter peccari possit per usum radiophoniae 187
    III. De agendi ratione animarum pastorum et confessariorum contra radiophoniae abusum . . . 190
    IV. Casus solutio 192

ARTICULUS X.
De pravis Cauponis et Consortiis.

Casus propositi 193
    I. Quando cauponae sint occasio proxima . . 195
    II. Regulae pro confessariis quoad frequentantes cauponas 197
    III. Media a parochis adhibenda contra pravas cauponas 200
    IV. Casuum solutio 201

EIUSDEM EDITORIS

CAPPELLO FELIX M., S. J.
Prof. in Pontificia Univ. Gregoriana.

PRAXIS PROCESSUALIS

In-8 gr., 1940, pag. 224   L. 14 —
                                           Legato *in tela* » 27 —

...l'opera espone la maniera pratica con la quale devono farsi i vari processi canonici indicando moduli e formule dei singoli atti. E' opera perciò indispensabile, data la sua singolarità, alle Curie e a quanti si occupano di materia processuale. La fama del dotto Canonista della Gregoriana è la più efficace garanzia di limpida chiarezza e di ordinata precisione scientifica...
                                                                Civiltà Cattolica.

TRACTATUS CANONICO-MORALIS DE SACRAMENTIS

IUXTA CODICEM IURIS CANONICI:

Vol. I. **De Sacramentis in genere** — De Baptismo, Confirmatione et Eucharistia. Accedit APPENDIX: De iure Ecclesiae Orientalis. Editio tertia, **1938**, emendata et aucta. In-8, pag. XIV-900   (*In ristampa*)

Vol. II. **De Poenitentia.** Accedit APPENDIX: De Ecclesiae Orientalis disciplina. Editio quarta, **1944**, emendata et aucta. In-8, pag. XII-940
                                                                                    L. 70 —

Vol. II. Pars II. **De Extrema Unctione.** Accedit APPENDIX: De iure Orientalium. Editio altera, **1942**, emendata et aucta. In-8, pag. XVI-266
                                                                                    L. 20 —

Vol. II. Pars III. **De Sacra Ordinatione.** Accedit APPENDIX: De iure Orientalium. In-8, 1935, pag. XII-716   L. 28 30

Vol. III. **De Matrimonio:** Pars I. Editio IV, **1939**, emendata et aucta. In-8, pag. XXVIII-528   L. 26 20

Vol. III. **De Matrimonio:** Pars II. Accedunt APPENDICES: De iure Orientalium et de iure italico post Concordatum vigente. Editio IV, **1939**, emendata et aucta. In-8, pag. 544   L. 26 20

...le nuove edizioni del P. Cappello sono sempre rifacimenti. Essi sono accolti con estremo interesse dagli studiosi e dai Sacerdoti data la competenza e la eminente autorità del chiaro Professore della Gregoriana. La completezza e la precisione con cui sviscera le questioni, la chiarezza delle organiche trattazioni ... e il perfetto equilibrio delle deduzioni e giudizi sono le doti principi di questa classica opera divenuta ormai difficilmente superabile...
                                                                                  Palestra del Clero.

EIUSDEM EDITORIS

A CORONATA P. MATTHAEUS, O. M. C.
Doctor et Lector Iuris Canonici.

Institutiones Iuris Canonici
AD USUM CLERI

Vol. I. Liber I: **Normae Generales.** Liber II: **De Personis.** In-8 max., editio II emendata et aucta, 1939, pag. VIII-954 — L. 75 —

Vol. II. Liber III. Pars I: **De Rebus.** In-8 max., editio II emendata et aucta, 1939, pag. IV-520 — L. 31 50

Vol. II. Liber III. Pars. II. **De Sacramentis: De Baptismo, Confirmatione, Poenitentia, Eucharistia, Extrema Unctione.** In-8 max., 1943, pag. VIII-620 — L. 35 —

Vol. II. Liber III. Pars III. **De Sacramentis: De Ordine et Matrimonio.** In-8 max. *(sub praelo.)*

Vol. III. Liber IV: **De Processibus.** In-8 max., Editio II emendata et aucta, 1941, pag. IV-717 — L. 60 —

Vol. IV. Liber V: **De Delictis et Poenis.** In-8 max., 1935, p. IV-676 » 31 50

Vol. V. **Index rerum** totius operis et Appendices. In-8 maximo, 1936, pag. IV-390 — L. 21 —

...uno fra i più importanti lavori usciti dopo il Codice è certo quello del P. Coronata, che ha saputo conciliare una chiara esposizione, accessibile a tutti, con un metodo scientifico, una soda dottrina e un'ampia erudizione. E' un'opera necessaria al Sacerdote che desidera avere una chiara e precisa conoscenza delle canoniche disposizioni circa il suo ministero...
Civiltà Cattolica.

L'ouvrage nous paraît un des meilleurs, des plus riches et de plus complets dans la catégorie des *Institutiones:* est de ceux dont on ne se dispense pas.
Revue de l'Université d'Ottawa (Canadà).

... Même érudition, même clarté d'exposition et même solidité de doctrine que dans les volumes précédents; autant de qualités qui le recommandent comme l'un des meilleurs manuels de droit canon parus en ces dernières années. L'usage de deux sortes de caractères dans le corps même du livre (sans parler des notes) aide le lecteur à distinguer aisément ce qui est fondamental de ce qui est explication. *Christus* (Francia).

... Dobbiamo vivamente congratularci con il dotto canonista per avere con questa sua opera pienamente corrisposto a quanto gli studiosi si attendevano ed auguriamo ad essa il più schietto successo. *Studium* - Roma.

... anche se si tien conto di opere simili pubblicate altrove, non esitiamo a dire che a questa spetta un posto fra i primi per solidità di pensiero, nitidezza di esposizione, corredo non esuberante ma sufficiente di richiami alle fonti ed alla letteratura saggiamente scelta fra i canonisti, e non di rado anche fra i civilisti... *Rassegna di morale e di diritto* - Roma.

— **Jus Publicum Ecclesiasticum.** Introductio ad Institutiones Canonicas ad usum scholarum. Editio altera emendata et aucta **Pactis lateranensibus accommodata.** In-8 max., 1934, pag. XX-318 *(in ristampa)*

...il nome dell'A., la sorprendente divulgazione della prima edizione sono efficaci presentazioni di un manuale, come il presente, che giudichiamo il migliore in materia...
(Scuola Cattolica).

EIUSDEM EDITORIS

COMPENDIUM IURIS CANONICI
AD USUM SCHOLARUM

Vol. I. **Introductio - Ius publicum - Normae Generales - De Clericis - De Religiosis - De Laicis.** Accedit Appendix: *De jure concordatario italico*.
In-8, editio III emendata, 1944, pag. XXIV-662.   L. 65 —

Vol. II. **De Rebus - De Processibus - De Delictis et Poenis.** In-8, editio II emendata, 1942, pag. XXIV-678.   L. 35 —

Clarissimus A., jam optime meritus de scientia juris can., opus scripserat: *Institutiones Juris Canonici ad usum utriusque cleri et scholarum* 5 vol. constans, eo fine ut obviaret defectibus aliorum manualium, quae aut nimis voluminosa aut nimis succincta visa fuerant, praesentis operis publicatione fatetur se impegisse defectui prioris generis manualium: ex quo, cedens precibus plurium magistrorum, hoc *Compendium* exaravit. Hic ortus, hic finis.

Consulto « Jus Publicum » praeposuit huic operi, ut melius inservire possit utilitati scholarum. Post indicem generalem amplam dat bibliographiam auctorum qui post p omulgationem C. J. C. scripserunt. Sequitur tractatus de Jure Publico, de Normis Generalibus, de Clericis, de Religiosis, de Laicis. Ad calcem, ante indicem rerum, ponitur index canc um in opere relatorum. Methodus eadem est quae servatur in opere *Institutionum*. Claritas facilitatique styli nil obest: typographice maximam opus laudem meret: distinctis characteribus satis factum est paedagogicis exigentiis.

Duobus voluminibus opus absolvetur. Auspicare licet optimum exitum. Qui « Manuale » conficit ob oculis ponat id esse; « manuductio » pro scholaribus, ita ut locus detur vivae voci antecessoris: secus periculum adest ut schola degeneret in meram lectionem.

Gregorianum

...diligenti studio lectioni huius voluminis incubuimus et totum invenimus dignum quod omnino probetur et quam maxime laudetur...   (*Ephemerides Lovanienses*).

...gl'indiscutibili pregi di questo Compendio sono quelli di una mirabile chiarezza, non turbata dalla necessaria concisione, la sua completezza, la sua precisione terminologica e l'esattezza delle sue definizioni...   (*Archivio di diritto ecclesiastico*).

...metodico, chiaro, preciso nell'esposto, l'A. domina con sicurezza la materia aggiornata alla giurisprudenza, ai decreti e alla letteratura che la riguardano. In questa seconda edizione notiamo le felici aggiunte circa l'A. C. e il diritto Concordatario Italiano...
(*Civiltà Cattolica*).

INTERPRETATIO AUTHENTICA
Codicis Juris Canonici et Jurisprudentia S. Sedis circa ipsum.
In-8 max., 1940, pag. 456   L. 28 —

Liber, magna cum diligentia confectus, utilissimus, immo necessarius, est, non solum magistris pro usu scholae sed etiam et praecipue omnibus magistratibus ecclesiasticis, quibus Codicis iuris canonici ad praxim deducendi occasio quotidie offertur.
(*Comm. Fratrum Minorum*).

Manuale Practicum iuris disciplinaris et criminalis regularium
In-8 max., 1938, pag. 276   L. 18 90

Quod multorum erat in votis *Manuale practicum iuris disciplinaris et criminalis Regulari*um P. Matthaeus Conte a Coronata perfecit. Auctor iam satis notus omnibus scientiae canonicae cultoribus ob varia opera iam edita et maximo favore accepta, summa cum diligentia, solita clara methodo usus est, quo fit ut hoc *Manuali* uti possint etiam illi Superiores, quibus iuris canonici scientiae addiscendae tempus deest. Opus utillimum, pene dixi necessarium, est omnibus Superioribus et ministris tribunalium, ex eo praesertim quod nullum, hucusque post Co-

EJUSDEM EDITORIS

dicis iuris canonici promulgationem manuale huiusmodi completum in lucem prodierit. Est autem manuale completum, idest normas statuens practicas pro omnibus casibus occurrentibus ut ex rubricis titulorum constat. Opus tribus libris dividitur. In libro primo variae procedurae iudiciales et extraiudiciales describuntur; idest titulo primo variae procedurae poenales extraiudiciales ad applicanda remedia poenalia monitionis, correctionis, praecepti et vigilantiae necnon poenitentias canonicas; deinde agitur de inflictione poenarum in casu scandali, et per modum praecepti necnon ex informata conscientia. Titulus alter est de amotione administrativa Superiorum localium. Titulo tertio late exponitur procedura criminalis ordinaria. Titulo quarto agitur de variis proceduris pro dimissione religiosorum ab Ordine. Libro secundo affertur elenchus delictorum contra quae agere Superiores possunt aut debent. Libro tandem tertio afferuntur octoginta formulae utillimae pro praxi, maxima ex parte ab auctore ipso confectae.

Auctor est iudex synodalis in Archidioecesi Genuensi, ex quo officio eiusdem scientiae canonicae experientia accessit, quae duo sunt optimae operis commendationes.

Opus quidem Ordinibus regularibus inscribitur at etiam Ordinariis locorum et Curiis dioecesanis utillimum erit. *Civiltà Cattolica*

... un'ottima guida pratica per la conoscenza del diritto disciplinare e criminale dei Regolari. La parte dottrinale è sufficiente ed espressa con chiarezza e precisione, mentre ampio e utilissimo è il prontuario di formule da usarsi nella compilazione degli atti giudiziali ed extra giudiziali... (*Civiltà Cattolica*).

— **DE LOCIS ET TEMPORIBUS SACRIS**, Codicis Iuris Canonici Libri III, Pars altera — Tractatus theorico-practicus complectens titulos: **De ecclesiis - De oratoriis - De altaribus - De sepultura ecclesiastica - De diebus festis - De abstinentia et ieiunio**, cum indice Canonum quorum citatio aut interpretatio habetur in opere, et locupletissimo indice analytico-alphabetico. In-8 max., 1922, pag. XX-340   L. 14 70

TER HAAR P. FRANCISCUS

De Occasionariis et Recidivis

In-8 max., II ed. riveduta e corretta 1940, pag. XVI-450   L. 35 —

Nel vasto campo della teologia morale, la questione degli occasionari e recidivi domina tutte le altre... Naturalmente, la questione si trova trattata in tutti i manuali di teologia morale; ma mentre per quasi tutte le altre parti della Morale esistono speciali monografie, per i penitenti occasionali e recidivi *non possedevamo ancora un trattato ex professo, sufficientemente ampio e adattato ai bisogni del tempo*, tolto quello del *Berardi*, dal quale la presente opera del P. Ter Haar molto differisce, e lo *supera per maggior abbondanza della materia, per maggior copia di argomenti*, per una *esposizione più chiara* e per una *trattazione più ordinata* e sistematica. Il ch. A. riporta le sentenze di *tutti* i *moralisti più insigni*, e pur attribuendo agli argomenti estrinseci di autorità tutto il peso che meritano, egli *insiste principalmente su le ragioni intrinseche e teologiche*, e dà la *controprova di ciascuna sua tesi* con la confutazione delle obiezioni e delle difficoltà mosse da teologi di opinione più larga o più rigida.   *L'Osservatore Romano*.

L'esperienza odierna, in cui purtroppo sono moltiplicate le *occasioni*, e diminuite le forze di resistenza ai mali *abiti*, convince della opportunità e praticità di una *profonda disamina* del grave argomento. L'averla compiuta con tanta *ampiezza di erudizione e solidità di ragionamento* è certo grande elogio per l'autore di questo libro. Anche il metodo quasi scolastico tenuto in commentare il testo medesimo di S. Alfonso, ricavandone lucide tesi e spiegandole prima con ragionamenti teologici e filosofici, poi con larga citazione di teologi, sia nella dimostrazione sia nella confutazione di obiezioni, piace e giova per la solidità e chiarezza che ne risulta; molto più che l'A. non si è perciò trattenuto dal completario con utili digressioni su punti di speciale importanza. Di fronte al noto omonimo trattato del *Berardi* (1909) l'opera rappresenta certo *un cospicuo progresso* intrinseco, per la maggior *copia di dottrina* e *profondità di argomentazione*, estrinseco, per la *chiarezza di metodo e modernità di espressione*.

Il Monitore Ecclesiastico.

Printed in Italy.

Tipografia della Casa Editrice Marietti - Torino, Via Legnano 23.
Finito di stampare il 28-VI-1944.